工信精品
电子信息系列教材

U0733562

数字芯片后端设计基础与实践

（微课版）

田晓华◎主编

贺敬凯 汤顺 王旭 王颖◎副主编

Digital IC Physical
Design

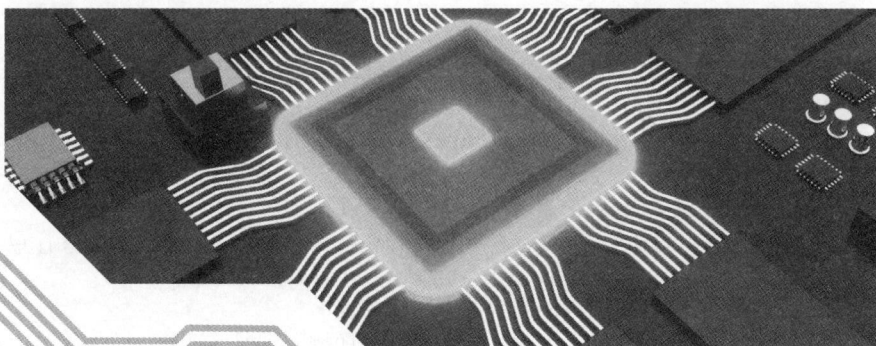

人 民 邮 电 出 版 社
北 京

图书在版编目（CIP）数据

数字芯片后端设计基础与实践：微课版 / 田晓华主编. -- 北京：人民邮电出版社，2025. --（工信精品电子信息系列教材）. -- ISBN 978-7-115-66436-5

Ⅰ. TN402

中国国家版本馆 CIP 数据核字第 2025KW4958 号

内 容 提 要

本书结合编者多年的数字芯片后端设计经验编写，辅以多个项目实践，以帮助读者提升实操能力。

本书主要介绍数字芯片后端设计相关知识及相关工具的使用。全书共 11 个模块，其中模块一为数字芯片后端设计基础；模块二～模块十以实际的数字芯片后端设计流程为主线，介绍数字芯片后端设计的相关内容，包括逻辑综合、形式验证、可测试性设计、布局布线、物理验证、RC 参数提取、静态时序分析、仿真验证、芯片流片前签核等；模块十一为数字芯片后端设计全流程项目实践。

本书可以作为高等院校电子信息及集成电路相关专业的教材，也可供集成电路领域的科研人员和工程师参考。

◆ 主　　编　田晓华

　　副主编　贺敬凯　汤　顺　王　旭　王　颖

　　责任编辑　赵　亮

　　责任印制　王　郁　焦志炜

◆ 人民邮电出版社出版发行　　北京市丰台区成寿寺路 11 号

　　邮编　100164　电子邮件　315@ptpress.com.cn

　　网址　https://www.ptpress.com.cn

　　北京市艺辉印刷有限公司印刷

◆ 开本：787×1092　1/16

　　印张：14　　　　　　　　　　　2025 年 9 月第 1 版

　　字数：391 千字　　　　　　　　2025 年 9 月北京第 1 次印刷

定价：59.80 元

读者服务热线：(010)81055256　印装质量热线：(010)81055316
反盗版热线：(010)81055315

前　言

党的二十大报告提出："推动战略性新兴产业融合集群发展，构建新一代信息技术、人工智能、生物技术、新能源、新材料、高端装备、绿色环保等一批新的增长引擎。"集成电路是新一代信息技术重点发展的核心产业链之一，我们要坚持自主创新，持续攻坚关键核心技术，推动产业链发展，为高质量发展增添新动能。

集成电路作为电子信息产业的基础和核心组成部分，其相关产业已成为关系国民经济和社会发展的基础性、先导性和战略性产业，并在宏观政策扶持和市场需求提升的双轮驱动下快速发展。近年来，我国电子信息产业持续高速增长，芯片产业进入快速发展期。

本书主要内容为数字芯片后端设计实践，不涉及模拟或混合电路的芯片设计。与后端设计相对，前端设计是指芯片在进行物理设计（布局布线）之前的设计内容。

本书按模块化方式编排，共 11 个模块。模块一介绍芯片设计相关的背景知识，即数字芯片后端设计基础；模块二主要讲述逻辑综合；模块三主要讲述形式验证；模块四主要介绍可测试性设计；模块五主要介绍数字芯片后端设计十分重要的阶段——布局布线；模块六主要介绍物理验证；模块七介绍用于精确计算连线时延的 RC 参数提取；模块八为静态时序分析；模块九主要介绍仿真验证；模块十主要介绍芯片流片前签核的相关工作；模块十一结合前面模块介绍的知识点讲解数字芯片后端设计的全流程。本书内容按照教学层次进行了差异化设计，目录中标注星号（*）的模块内容适用于本科及以上教学层次，其他模块适用于专科及以上教学层次，各院校可根据培养目标灵活组合教学内容。

本书由深圳信息职业技术大学微电子学院和深圳市微纳集成电路与系统应用研究院策划，教材、企业工程案例等由双方共建的"芯火"产业学院组织教师、行业工程师共同汇编、整理而成。微纳集成电路与系统应用研究院蔡致立工程师参与了本书编校和案例优化的大量工作。本书的编写得到了鹏城实验室研究员、中国科学院大学和浙江大学兼职教授陈春章老师的指导和大力支持，在此表示衷心的感谢！同时，感谢参与本书策划、编写、案例及资源开发的教师和微纳集成电路与系统应用研究院刘永新副院长、蔡致立、林嘉生、陈乐等工程师！

本书配套资源可扫描封底二维码或登录人邮教育社区（www.ryjiaoyu.com）下载查看。由于编者水平有限，书中难免存在疏漏之处，敬请同行和读者批评指正。

编　者
2025 年 6 月

目　录

模块一　数字芯片后端设计基础

集成电路（Integrated Circuit，IC）是利用微电子工艺在一个半导体基片上集成多个电子元件及其互连线，以执行特定功能的电路。芯片是用管壳封装好的集成电路。芯片体积很小，通常是计算机或其他电子设备的一部分。数字芯片后端设计是指将数字芯片前端设计产生的门级网表通过 EDA（Electronic Design Automation，电子设计自动化）设计工具进行布局布线并进行物理验证等，最终产生供制造用的数据的过程。作为连接设计与制造的桥梁，合格的数字芯片后端设计者既要懂得数字芯片设计方面的专业知识，掌握相关设计软件的使用方法，还要熟悉芯片加工厂的制造流程、制程原理，了解芯片加工厂提供的各种库文件的使用方法。本模块将为大家介绍数字芯片后端设计的基础知识。

1.1　CMOS 工艺介绍

CMOS（Complementary Metal-Oxide-Semiconductor，互补金属氧化物半导体）芯片的制造工艺有很多种，如 n 阱工艺、p 阱工艺、双阱工艺和 SOI（Silicon On Insulator，绝缘体上硅薄膜）工艺。本节将以 n 阱工艺为例介绍 CMOS 工艺。

图 1-1-1 所示为简化的 CMOS 工艺流程。

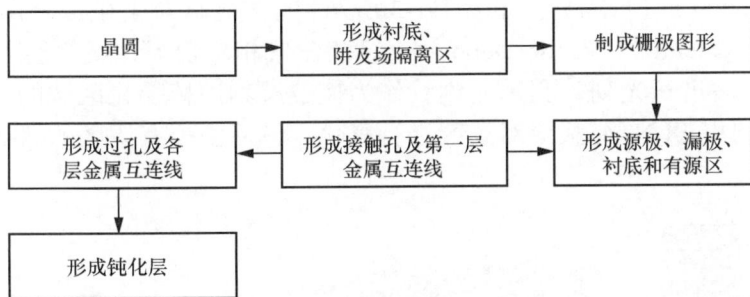

图 1-1-1　简化的 CMOS 工艺流程

① 从最初的晶圆开始，通过向其注入不同类及不同浓度的粒子，在纯净的晶圆上形成制造晶体管所需的衬底、阱及场隔离区。

② 制成晶体管栅极图形。

③ 通过扩散或离子注入的方式形成源极、漏极、衬底和有源区。

④ 栅极和有源区形成后，通过接触孔将需要连接的地方与第一层金属互连。

⑤ 由于芯片都采用多层互连工艺，因此，第一层金属沉积完成后需与其他几层金属互连，这些不同层金属通过过孔相互连接。

⑥ 所有互连线完成后，需形成钝化层，将芯片与外界隔开。

n 阱是 20 世纪 80 年代采用的一种工艺方法，现代多采用双阱工艺，但无论哪种工艺，其基本原理是相同的。这里以 n 阱多晶硅栅的 CMOS 工艺为例，简要说明逻辑电路中的基本单元——反相器的制造过程。图 1-1-2 所示是 n 阱 CMOS 反相器的截面图和剖面图。

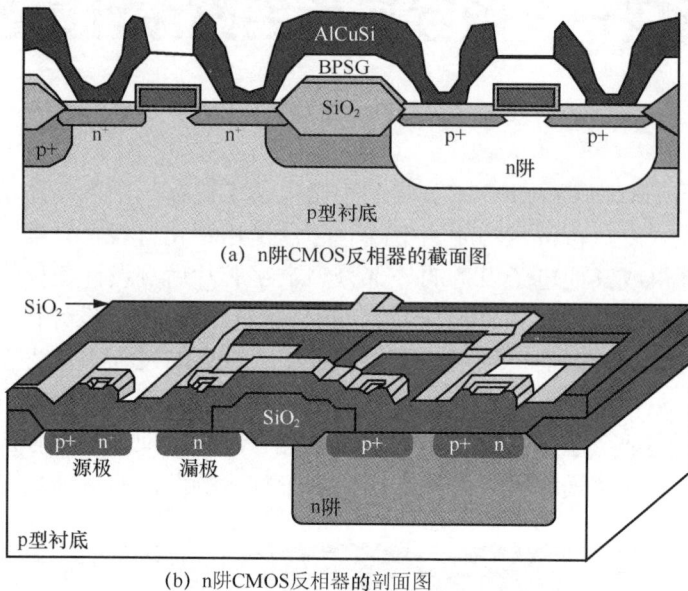

(a) n阱CMOS反相器的截面图

(b) n阱CMOS反相器的剖面图

图 1-1-2　n 阱 CMOS 反相器的截面图和剖面图

1. 形成场氧

CMOS 工艺需要把 NMOS（N-Metal-Oxide-Semiconductor，N 型金属氧化物半导体）和 PMOS（P-Metal-Oxide-Semiconductor，P 型金属氧化物半导体）做在同一个晶圆上。整个工艺从 p 型衬底开始，晶体管的源区和漏区统称为有源区，其余区域通过场氧化层（Field Oxide，FO）进行隔离。如图 1-1-3 所示，首先在硅片上生成一层 SiO_2 氧化层，再通过 CVD（Chemical Vapor Deposition，化学气相沉积）在氧化层上形成一层 Si_3N_4 氮化层；然后进行光刻，利用光刻胶作为掩蔽层刻蚀掉曝光区域的 Si_3N_4 层和 SiO_2 层；去胶后利用 Si_3N_4 掩蔽层对场区进行氧化，最后去掉有源区的 Si_3N_4 层和 SiO_2 层。

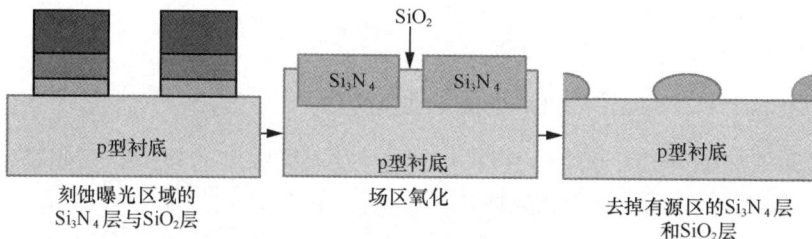

图 1-1-3　形成场氧

2. 制作 n 阱

形成场氧区后制作 n 阱。如图 1-1-4 所示，先进行氧化反应，形成一层较厚的 SiO_2 作为掩蔽层；然后利用掩模和光刻胶通过光刻技术确定出阱区窗口，刻蚀掉阱区的 SiO_2 层；最后用扩散或离子注入以及退火工序调整 n 阱掺杂的浓度，形成 n 阱。

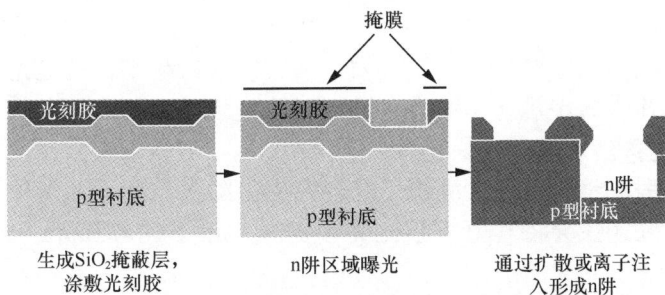

图 1-1-4　制作 n 阱

3．制作栅极

场氧与 n 阱制作完成后，按照硅栅工艺制作栅极。如图 1-1-5 所示，先在硅表面生成一层高质量的 SiO_2 作为栅氧，再通过 CVD 在栅氧上沉积一层多晶硅，最后利用光刻、刻蚀技术形成所需的栅极图形，如图 1-1-5 所示。

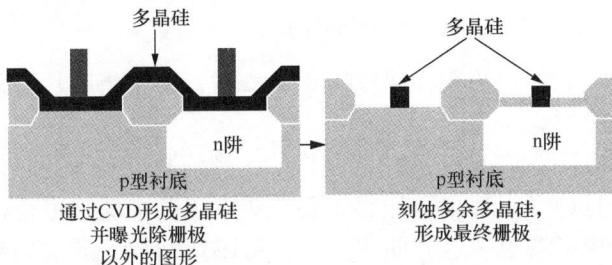

图 1-1-5　制作栅极

4．制作有源区

根据自对准工艺，源极、漏极应在栅极之后制作，因为这样栅极下方的沟道区可以受多晶硅保护而不被掺杂，栅极两侧是晶体管所需的高掺杂源和漏区。其中 NMOS 注入磷（P）或砷（A_s）形成 n^+ 区，PMOS 注入硼（B）形成 p^+ 区，最后在整个硅片上沉积一层较厚的 SiO_2 作为电绝缘层，为下一步金属互连做准备，如图 1-1-6 所示。

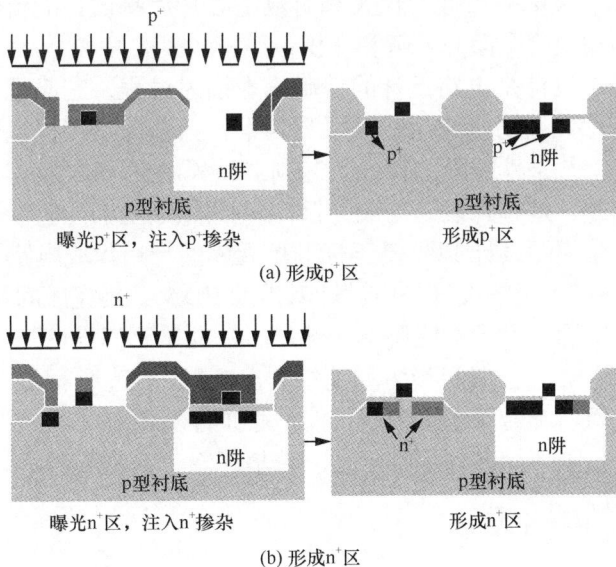

(a) 形成 p^+ 区

(b) 形成 n^+ 区

图 1-1-6　制作有源区

5. 形成接触孔

反相器的 NMOS 管和 PMOS 管做好后，将它们连接起来，通过光刻和刻蚀技术引出源极、漏极、衬底和阱的接触孔。

6. 形成金属互连线和钝化层

形成接触孔以后在整个硅片上沉积一层金属铝（Al）和铜（Cu）作为金属互连线，有接触孔的地方金属互连线会将其填充形成欧姆接触，如图 1-1-7 所示。

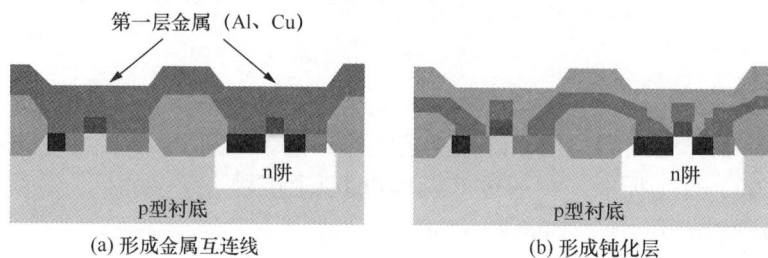

(a) 形成金属互连线　　　　　　　(b) 形成钝化层

图 1-1-7　形成金属互连线和钝化层

其他区域则由于场氧化层的存在而被隔离。最后，为了将芯片与外界隔离，还要在顶层金属上沉积一层钝化层。

当然，上述介绍的只是 CMOS 反相器制作的示意流程，实际的芯片制造需要经过非常多的工艺和步骤，而且许多步骤和操作都需要在对应工艺中反复进行，因此这里不做更深入的介绍。如果大家想了解更多这方面的知识，可以查阅相关图书和资料。

1.2　数字芯片设计基础理论

芯片设计课程的理论基础涉及的范围是比较广泛的，本节主要从后端设计者的角度系统全面地介绍后端设计者需要具备的一些基本理论知识，首先讲述晶体管级电路设计，然后介绍门级电路设计以及模块级电路设计，最后介绍芯片级电路设计，让大家对数字芯片后端设计的流程以及需要具备的基础知识有全面的了解和认识。

版图（布局布线）设计是电路设计的精确物理描述过程，它必须遵守制造工艺、设计程序以及仿真结果的一系列约束，其任务是根据电路功能和性能要求以及工艺条件的限制设计工艺制造过程中必需的光刻掩模版。版图设计与芯片制造工艺紧密相连，是芯片设计的最终目标。版图设计可以分为全自动版图设计、半定制版图设计和全定制版图设计 3 种。基于标准单元库的专用集成电路（Application Specific Integrated Circuit，ASIC）版图设计是由设计者借助 EDA 工具完成的，属于半定制版图设计。定制版图（人工版图）设计在底层单元设计、标准单元库设计及模拟电路设计中仍发挥着重要的作用。利用 EDA 工具可以方便地绘制出矩形、多边形、互连线等各种复杂图形，同时可实现缩放、裁减、旋转等图形编辑功能。必须注意的是，版图设计必须遵循前端电路设计的结果及晶圆代工厂的设计规则，是一份集严谨、缜密和艺术为一体的工作。

1.2.1　晶体管级电路设计

晶体管是芯片的基础构成元素。没有晶体管，就不会有现在的电话、电视、手机等。第一个晶体管于 1947 年 12 月 16 日诞生在贝尔实验室，发明人分别是威廉·肖克利（William Shockley）、约翰·巴丁（John Bardeen）和沃尔特·布拉顿（Walter Brattain）。

晶体管从诞生到现在，一直服务于人类并改变着人们的生活。特别是从晶体管到芯片的演进，推动着人类社会快速发展。晶体管的尺寸同样也在摩尔定律的推动下不停地发展，从早期的微米、深亚微米级发展到如今的纳米级。

随着晶体管尺寸的不断缩小，单位面积上可集成的晶体管数量急剧增加，推动了芯片设计规模的不断增大和复杂度的不断提升，导致各种效应日益显著，从而对后端设计工作者的要求也越来越高。晶体管作为芯片设计的基础单元，后端设计者在工作中需要熟悉其工作原理。

下面以静态 CMOS 反相器为例，介绍晶体管级电路设计以及对应电路的版图设计。

如图 1-2-1 所示，静态 CMOS 反相器由 PMOS 和 NMOS 两个晶体管构成，它们的栅极连接相同的输入端 V_{IN}，漏极相连作为输出端 V_{OUT}。PMOS 管的源极与电源 V_{DD} 相连，NMOS 管的源极与地的 V_{SS} 相连。根据 n 阱硅栅 CMOS 工艺，PMOS 管和 NMOS 管需要分别做在 n 阱和 p 型衬底内，因此，图 1-2-2 中的 n-well 代表掺杂的 n 阱，整个背景即 psub 代表 p 型衬底。版图中 PMOS 管的有源区（源极和漏极）宽度为 2μm，NMOS 管的有源区（源极和漏极）宽度为 1μm，沟长均为 0.5μm。为了指明有源区是 p^+ 掺杂还是 n^+ 掺杂，需

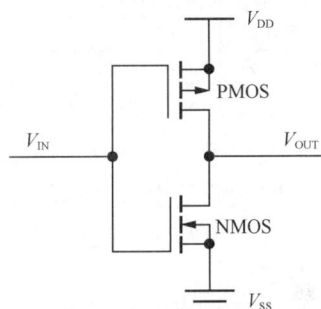

图 1-2-1 静态 CMOS 反相器电路

要用额外的 p^+ 层和 n^+ 层加以表示。因此所有在 p^+ 层范围内的有源区都是 p^+ 掺杂，所有在 n^+ 层范围内的有源区都是 n^+ 掺杂。晶体管的版图形状非常简单，只需要画一条横跨在有源区层上的多晶硅就可以，栅极的两边分别是晶体管的源极和漏极，栅极的长度 L（注：学者常常将它误认为宽度）在本例中等于 0.5μm，这样两个晶体管就都做好了。下面需要通过接触孔和第一层金属将 PMOS 管的源极与电源相连接，将 NMOS 管的源极接地，漏极相连作为输出 V_{OUT}。值得注意的是，电路中 PMOS 管和 NMOS 管的衬底分别与电源和地连接，因此版图中两个晶体管的衬底通过有源区引出，再与电源和地相连。

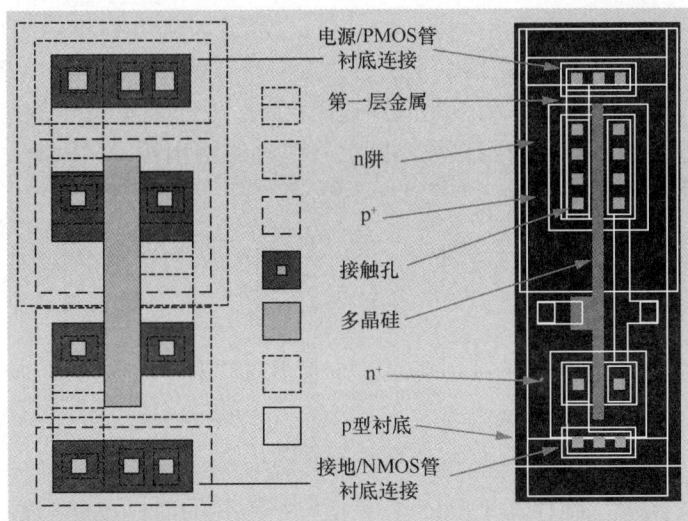

(a) 简化版图　　(b) 实际版图

图 1-2-2 静态 CMOS 反相器版图

晶体管长度 L 在工艺与版图中也称为特征长度。为了方便计算和设计，也常将它的 1/2 记为 X。电路和版图设计中采用与计算机软件的子程序调用类似的层次化电路设计方法，这有利于计算机资源的管理、组元的重用、版图的维护与验证等。

1.2.2 门级电路设计

门级电路设计需要调用标准单元库。常见的标准单元分为组合逻辑单元和时序逻辑单元，如表 1-2-1 所示。

表 1-2-1　标准单元类型

标准单元	类型	种类	特征
组合逻辑单元	非反向型	BUF、AND、OR	逻辑关系简单
	其他	MUX、XOR、TBUF、AOI/OAI	逻辑关系复杂
时序逻辑单元	锁存器	锁存器（如 D 锁存器）	电平驱动，时序复杂
	寄存器类	寄存器（如 D 触发器）、计数器、存储器（如 ROM、RAM）	前沿驱动，时钟控制

使用组合逻辑单元搭建的电路就是组合逻辑电路，亦简称组合电路。在组合电路中，任意时刻的输出信号与信号作用前电路的状态无关，输出仅取决于该时刻的输入信号。

组合电路包括反向逻辑电路、非反向逻辑电路、其他常用逻辑电路、特殊功能的逻辑电路等。

标准单元通常由静态互补 CMOS 电路结构实现，这种结构具有互补对偶的上拉网络（Pull-Up Network，PUN）与下拉网络（Pull-Down Network，PDN），其特点是电路简单，容易设计，鲁棒性强，每一时刻每个门的输出总是通过电阻连至 V_{DD} 或 V_{SS}，适用于自动化的综合工具和布线工具。反向逻辑电路有反相器（inverter，INV）、与非门（NAND gate）、或非门（NOR Gate）。反向逻辑电路中，与非门和或非门的输入端数量通常为 2~4 个，当输入端数量为 1 时，电路等效于反相器。非反向逻辑电路有缓冲器（Buffer，BUF）、与门（AND Gate）、或门（OR Gate）。同样，非反向逻辑电路中，与门和或门的输入端数量通常为 2~4 个，当输入端数量为 1 时，电路等效于缓冲器。实际应用中，输入端数量太多有可能会引起时序收敛的问题。其他常用逻辑电路有多路选择器（Multiplexer，MUX）、异或门（Exclusive OR Gate，XOR）、与或非门（AND-OR-INV Gate，AOI）和或与非门（OR-AND-INV Gate，OAI）等，特殊功能的逻辑电路包括加法器、乘法器和除法器等复杂逻辑功能电路。

使用时序逻辑单元搭建的电路就是时序逻辑电路，也简称时序电路，其特点是在任意时刻，输出信号不但同当前的输入相关还同上一时刻的输出相关，因此，时序电路具有记忆功能。它包括锁存器和寄存器，如图 1-2-3 所示。

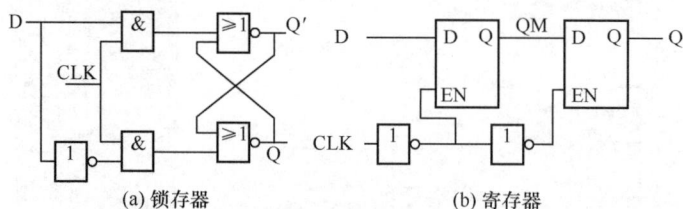

(a) 锁存器　　　　　　　　(b) 寄存器
图 1-2-3　锁存器和寄存器

在数字电路设计中，锁存器（Latch）专指电平敏感的时序电路。寄存器（Register）通常由锁存器构成，它会在时钟信号的上升沿或下降沿触发时，将输入值锁存并输出。任何由交叉耦合的门形成的双稳态电路（包括振荡电路等）都可称为触发器（Flip-Flop）。它是与时钟信号相关的时序电路，在模块级电路中会有介绍。

以上两种时序电路主要用于时钟电路设计，其中寄存器最早被用于 ASIC 设计，它受时钟信号控制。锁存器更多地被用于快速通信时钟电路的设计。

1.2.3 模块级电路设计

模块级电路设计主要指模块单元的设计，大致可以分为五大类，其中典型的有 ROM（Read-Only Memory，只读存储器）和 RAM（Random Access Memory，随机存储器）两种。从功能上看，它们也属于时序逻辑电路。存储单元可以通过独立设计制造并自成芯片产品，也可以根据芯片设计的逻辑功能需求，利用内存编译器（Memory Compiler）灵活设计成不同位数、不同存储容量、不同形状的嵌入式存储模块供 ASIC 和 SoC（System on Chip，片上系统）使用。

第一类模块单元为 ROM，包括 NOR ROM、NAND ROM、EPROM（Erasable Programmble Read Only Memory，可擦编程只读存储器）、EEPROM（Electrically-Erasable Programmable Read Only Memory，电可擦编程只读存储器）等。

第二类模块单元为 RAM，包括 SRAM（Static Random Access Memory，静态随机存储器）和 DRAM（Dynamic Random Access Memory，动态随机存储器）两大类。SRAM 具有低功耗、低噪声、速度快等优点，其缺点是要用到 6 个晶体管，占据面积较大，如图 1-2-4 所示。

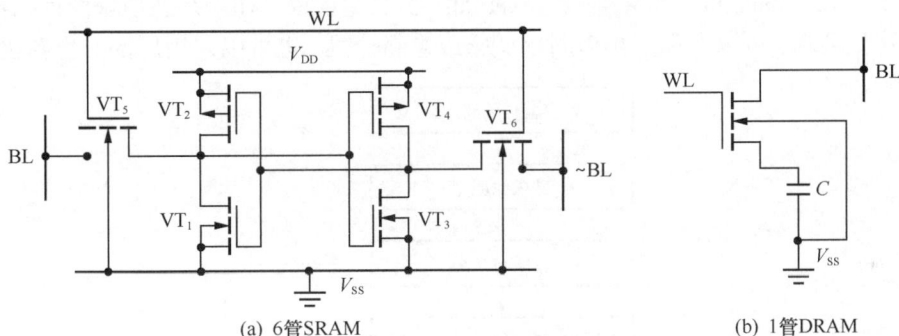

(a) 6管SRAM   (b) 1管DRAM

图 1-2-4 存储电路基本单元

第三类模块单元为专用模块。例如，ASIC 设计中常用的客户自有工具（Customer Owned Tooling，COT）模块和专用标准产品（Application Specific Standard Parts，ASSP）模块，目前 ASIC 设计中多用 ASSP 模块代替 COT 模块。SoC 设计中常用的数字信号处理器（Digital Signal Processor，DSP）等也属于专用模块。

第四类模块单元为"黑盒"商业 IP 模块。目前，它被越来越多地用在 SoC 设计中。商业 IP 模块的特点是电路设计不公开，典型的是以 ARM 为代表的各种处理器和 ASSP 模块，标准单元也被列为物理 IP 模块。从 IP 厂商建库的角度看，它们的设计过程与第三类模块单元的设计过程相同。

第五类模块单元为数字电路中不可缺少的模拟电路模块，典型代表为时钟锁相环（Phase-Locked Loop，PLL）模块。PLL 电路设计属于模拟电路范畴，而从建库的角度看，它又属于第四类模块单元设计。

1.2.4 芯片级电路设计

芯片级电路设计分为展平式设计和层次化设计。通常情况下，展平式设计是芯片设计中最基本的一种方法。比较常见的例子是数字芯片的标准单元库，其设计流程如下：先将晶体管设计好，经过仿真、建立版图后对逻辑门单元进行仿真、建模；标准单元建模完后，进入模块级物理设计；最后在芯片级调用模块，再经过布局、时钟树综合、布线以及功耗分析、时序分析、噪声分析等，进行最终签核，如图 1-2-5 所示。

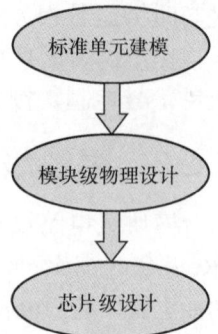

图 1-2-5　展平式设计

工艺尺寸的不断缩小、设计规模的不断扩大、设计复杂度的不断提升，导致后端设计的难度、周期都在增加，给 EDA 工具和计算机带来了巨大的挑战。依然沿用传统的展平式设计流程已经不能满足设计的要求了，而且会带来时序收敛困难、迭代周期长等问题。因此，层次化设计登上了芯片物理设计的"舞台"，其将庞大的设计划分成多个模块，对各个模块进行并行设计，大大缩短了设计周期，降低了设计难度，使得原来复杂的设计简单化，为后端设计者减少了不少工作量。层次化设计方法将设计分成多个模块后对每个模块进行展平式设计，包括独立的布局布线、时钟树综合等过程，直到完成整个模块设计，最后在顶层进行组装，如图 1-2-6 所示。

层次化设计方法的最大优点是将很大的设计分化成多个小设计。如果出现时序问题，可能只存在于个别模块，重点解决局部问题，则复杂性变低。同时，每个工程师承担的工作量也变小，完成设计的时间周期会缩短，从而加快了设计收敛。如果某些模块设计指标（如时序）不能达到要求，可以在顶层再做时序调整或重新分割，也可以采用局部的重新物理综合。

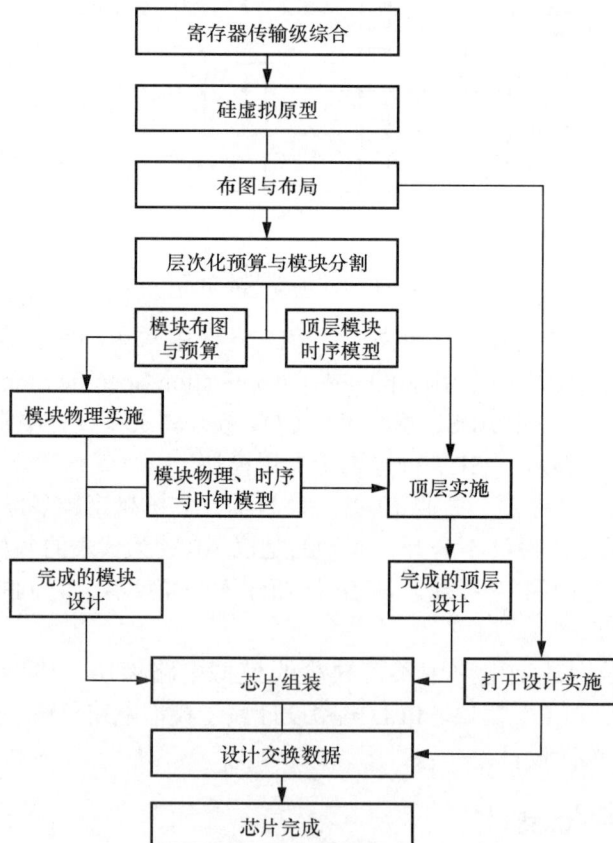

图 1-2-6　层次化设计

展平式设计方法和层次化设计方法各有利弊，需要根据设计者的喜好和设计公司的特点进行选择。对于较大的设计项目，展平式设计的实施周期较长，其优点是不用进行边界约束，能够在芯片的全局范围内进行优化，与自上而下的层次化设计相比，较容易获得更好的时序结果。而层次化设计将串行作业转变为并行作业，能够在很大程度上缩短设计周期，从而加快芯片产品的面市时间。但是，层次化设计需要设计者具备较丰富的设计经验，当时序约束分配到底层宏块单元后，每个模块与其他相关宏块和顶层之间的时序约束需要独自收敛。如果某些模块不能收敛，它会要求在顶层重新做约束。所以当设计能采用展平式设计方法完成时，设计者会倾向于采用展平式设计方法。当公司的人力资源和软件资源都比较充分时，一般会借助 EDA 公司已经建立的层次化设计流程进行芯片设计，以提高设计效率和质量。

1.3　标准单元库介绍

标准单元库包括版图库、符号库、电路逻辑库等，具体包含组合逻辑、时序逻辑、功能单元和特殊类型单元，是芯片后端设计过程中的基础部分。调用预先完成设计并优化的库单元进行自动逻辑综合和版图布局布线，可以极大地提高设计效率，加快产品进入市场的时间。

标准单元库
介绍

因此，有实力的芯片设计公司及晶圆厂都倾向于建立一套完整的、与工艺线相对应的、内容丰富的、设计合理且参数正确的单元库来完成芯片的设计与制造。

随着芯片工艺技术的迅速发展，SoC 的规模越来越大，设计也越来越复杂。尽可能使用已验证的、可重复使用的 IP 库是缩短设计周期、保证设计一次成功、降低 SoC 设计成本的关键。标准单元库是 IP 库中最基本的一种，是芯片设计的基础，对设计的性能、功耗、面积和成品率都至关重要。

晶圆厂提供的基本标准单元库虽然应用普遍，但是其性能无法满足要求高或者有特殊需求的设计，且在一些重要指标下存在如下不足。

① 在性能方面，厂家的基本标准单元并不是性能最好的，因为这类单元的设计结构很单一，使用的基本是经典结构。尽管工艺越来越先进，但是单元实现却一直都采用基础的结构，因此单元的性能无法得到最大的发挥。

② 在灵活性上，厂家的标准单元种类是有限的，稍复杂的逻辑就不得不通过拼接多个基础单元来实现。如果同类复杂逻辑在电路中需求较多，拼接的结果不但会导致逻辑级数增多，信号延迟增加，还会造成后端布线资源紧张、布线面积浪费等问题，这将增大成本和性能开销。

③ 在购买性能上，更好的标准单元库价格不菲。针对不同的应用，IP 厂家提供了细分的各类具体单元库，各种不同库的价格也不同，比如高性能库、低功耗库等。即使高价购买厂家的高级标准单元库，实现的电路结果也并不一定令人满意。

1.3.1　物理库

物理库文件一般以 .lef 为后缀，是一种物理交换格式（Library Exchange Format），最早由 Cadence 公司开发，是对标准单元版图的物理描述，也是布局布线工具需要用到的重要文件格式。LEF 文件一般分为两部分：技术 LEF（Technology LEF）文件和标准单元 LEF

文件，其内容通常是通过对版图轮廓的每个折点定义坐标来对版图进行物理描述的。

① 技术 LEF 文件的主要内容是布局布线的 DRC（Design Rule Check，设计规则检查）规则和晶圆厂商的工艺信息，比如互连线的最小间距、最小厚度、最小宽度，电容、电阻和电流密度的大小，以及过孔类型和走线轨道的宽度等。

② 标准单元 LEF 文件主要用于定义库中各类单元的物理信息，如单元摆放区域、面积和对称性，这些在布局的时候需要用到；而在布线的时候则需要用到单元的输入输出（Input/Output，I/O）端口的布线层号、禁止布线区域、几何形状及天线效应等工艺参数。

除 Cadence 公司外，其他 EDA 厂家也有各自定义的物理库文件结构。例如，Synopsys公司采用 Milkyway 格式的物理库文件，在物理库文件内部采用视图定义各类器件的信息，并采用同样的 Milkyway 格式定义用户的数字后端项目。不同 EDA 厂家之间可以采用通用格式文件进行数据交换设计。

1.3.2 时序库

时序库的文件信息是数字芯片设计中十分重要且使用频率十分高的信息。逻辑综合、静态时序分析等关键环节都离不开时序库的支持，一般时序库文件常用的格式是 Liberty，以.lib 为后缀。.lib 文件是由 Synopsys 公司开发的专门用于描述物理单元的时序以及功耗方面信息的关键库文件。为了确保数据的精准度，时序库文件通常采用一种非线性的查找表格式。例如，一个单元的延时以及功耗信息可以视为以输入信号转换时间和输出信号负载电容为输入参数的二维函数，所以每一组输入信号转换时间和输出信号负载电容都能在查找表中对应查到这个单元的延时值。完整的查找表通常包含一维、二维和三维等几种形式，分别对应不同数量自变量的函数关系。此外，采用更先进的 CCSM（Composite Current Source Model，Synopsys 公司的复合电流源模型）、ECSM（Effective Current Source Model，Cadence 公司的有效电流源模型）生成的时序库不仅在纳米级工艺下时序比较精确，同时包含单元的噪声信息。时序库文件内容比较多，一般情况下有两大部分，即时序库的基本属性和每个单元的具体信息。常用的时序库文件有.lib 文件、.db 文件。

以下先以 SMIC（中芯国际半导体制造有限公司）180nm 工艺库为例介绍单元库的基本属性内容。时序库的基本信息示例如图 1-3-1 所示，其中包括以下几方面的信息。

```
delay_model : table_lookup;
capacitive_load_unit (1,pf);
current_unit : "1mA";
leakage_power_unit : "1uW";
pulling_resistance_unit : "1kohm";
time_unit : "1ns";
voltage_unit : "1V";
library_features (report_delay_calculation, report_power_calculation, report_noise_calculation);
voltage_map (VDD, 1.65);
voltage_map (VNW, 1.65);
voltage_map (VPW, 0);
voltage_map (VSS, 0);
voltage_map (BIASNW, 1.65);
voltage_map (VDDI, 1.65);
voltage_map (VDDO, 1.65);
voltage_map (VDDE, 1.65);
voltage_map (VDDG, 1.65);
voltage_map (VSSO, 0);
voltage_map (BIASPW, 0);
default_cell_leakage_power : 0;
default_fanout_load : 1;
default_inout_pin_cap : 1;
default_input_pin_cap : 1;
default_leakage_power_density : 0;
default_max_transition : 4.667;
default_output_pin_cap : 0;
default_wire_load_mode : top;
in_place_swap_mode : match_footprint;
input_threshold_pct_fall : 50;
input_threshold_pct_rise : 50;
nom_process : 1;
nom_temperature : 0;
nom_voltage : 1.65;
output_threshold_pct_fall : 50;
output_threshold_pct_rise : 50;
slew_derate_from_library : 0.75;
slew_lower_threshold_pct_fall : 20;
slew_lower_threshold_pct_rise : 20;
slew_upper_threshold_pct_fall : 80;
slew_upper_threshold_pct_rise : 80;
```

图 1-3-1　时序库的基本信息示例

① 单元库的名称，工艺、电压和温度（Process Voltage Temperature，PVT），文件的版本号以及生成日期等。

② 库中参数（电流、电压、电容以及时间）的基本单位。

③ 定义该单元库所属的类型，如快的（fast）、典型的（typical）、慢的（slow），及其在该类型下的电压、温度的具体数值。

④ 定义时序和功耗的查找表模板，其中一维、二维的查找表模板如图 1-3-2 所示。

```
lu_table_template (delay_template) {
  variable_1 : input_net_transition;
  variable_2 : total_output_net_capacitance;
  index_1 ("0, 0.008, 0.024, 0.055, 0.118, 0.244, 0.496, 1");
  index_2 ("0, 0.008, 0.024, 0.055, 0.118, 0.244, 0.496, 1");
}
lu_table_template (mpw_constraint_template) {
  variable_1 : constrained_pin_transition;
  index_1 ("0, 0.211, 0.526, 1");
}
lu_table_template (mpw_template) {
  variable_1 : related_pin_transition;
  index_1 ("0, 0.211, 0.526, 1");
}
power_lut_template (passive_power_template) {
  variable_1 : input_transition_time;
  index_1 ("0, 0.008, 0.024, 0.055, 0.118, 0.244, 0.496, 1");
}
power_lut_template (power_template) {
  variable_1 : input_transition_time;
  variable_2 : total_output_net_capacitance;
  index_1 ("0, 0.008, 0.024, 0.055, 0.118, 0.244, 0.496, 1");
  index_2 ("0, 0.008, 0.024, 0.055, 0.118, 0.244, 0.496, 1");
}
lu_table_template (waveform_template_name) {
  variable_1 : input_net_transition;
  variable_2 : normalized_voltage;
  index_1 ("0, 1, 2, 3, 4, 5, 6, 7");
  index_2 ("0, 1, 2, 3, 4, 5, 6, 7, 8, 9, 10, 11, 12, 13, 14, 15, 16");
}
```

图 1-3-2　一维和二维的查找表模板

接下来介绍每个单元的具体延时及功耗信息，它们分别套用了上述的查找表模板。下面我们通过具体的例子来介绍这种查找表的具体内容，如图 1-3-3 所示。

```
cell_rise (delay_template) {
  index_1 ("0.005867, 0.0183, 0.04317, 0.09134, 0.1893, 0.3851, 0.7767, 1.56");
  index_2 ("0.0001681, 0.003344, 0.009696, 0.022, 0.04701, 0.09703, 0.1971, 0.3971");
  values ( \
    "0.1461, 0.1692, 0.2102, 0.2882, 0.4454, 0.7594, 1.387, 2.641", \
    "0.151, 0.1741, 0.215, 0.293, 0.4503, 0.7642, 1.392, 2.645", \
    "0.159, 0.182, 0.223, 0.301, 0.4582, 0.7721, 1.399, 2.654", \
    "0.1725, 0.1956, 0.2366, 0.3145, 0.4718, 0.7856, 1.413, 2.667", \
    "0.1928, 0.2159, 0.2568, 0.3348, 0.492, 0.8059, 1.433, 2.688", \
    "0.2169, 0.2399, 0.2809, 0.3588, 0.516, 0.8298, 1.457, 2.711", \
    "0.241, 0.264, 0.305, 0.3829, 0.5401, 0.8539, 1.481, 2.736", \
    "0.2574, 0.2804, 0.3214, 0.3994, 0.5566, 0.8703, 1.497, 2.752" \
  );
}
```

图 1-3-3　时序库单元上升延时查找表示例

结合图 1-3-1 和图 1-3-2，cell_rise 这个参数表示输入信号从低电平经过这个单元变成高电平时的器件延时，delay_template 参数是在时序库文件的开头定义的 8×8 查找表模板，如图 1-3-3 所示。这个延时参数是由输入信号转换时间和输出信号负载电容所决定的，它们分别对应图 1-3-3 中的 index_1 和 index_2。针对每一组 index_1 和 index_2 的值，在对应的 8×8 查找表中都能唯一找到该单元的延时值。例如，当输入信号转换时间的数值为 0.005867 并且输出信号负载电容的数值为 0.0001681 时，上升延时值为 0.1461ns。

以上仅以单元延时参数为例来阐述这种查找表的结构，但每个单元还有功耗等参数，限于篇幅不再赘述。正因为时序库文件提供了详细的标准单元时序信息，EDA 工具才能充分利用时序库进行时序分析计算。时序库文件除了.lib 文件以外，还有.db 文件，两者内容是一样的。.lib 文件可以通过 Synopsys 公司的 Design Compiler（DC）综合工具转化为.db文件，具体命令如下。

```
read_lib libname.lib          #读取要转化的时序库文件
write_lib libname -format db   #将.lib文件转化为.db文件
```

其中 libname 是原时序库的名称，要保证与.lib 文件中定义的库名称相同。

一般来说，完整时序库中的.lib 文件，对于传统工艺节点通常至少提供 3 种类型的库文件，分别对应不同的 PVT 环境，供设计者根据实际条件选用，分别是 fast、slow、typical，其中 fast 代表低温高压，slow 代表高温低压，而 typical 则表示温度与电压介于 fast 和 slow 二者之间。以中芯国际 SMIC 0.18μm 工艺的时序库为例，fast 库中的电压为 1.98V，温度为 0℃；slow 库中的电压为 1.62V，温度为 125℃；而 typical 库中的电压为 1.8V，温度为 25℃。.db 文件是 Synopsys 工具的专有格式。采用.db 文件可以加速 Synopsys 工具读取时序库的速度。相对于.lib 文件，.db 文件包含相同信息，但文件体积更小。

1.3.3 功耗库

基于标准单元库的芯片设计方法是超大规模集成电路（Very Large Scale Integrated circuit，VLSI）设计的主流技术，设计低功耗的标准单元库成为一种降低芯片功耗的有效方法。芯片的低功耗设计贯穿芯片设计的整个过程，可在不同的设计层次进行功耗优化。常用的功耗库文件为.lib 文件。

1．架构级
架构级低功耗设计技术主要有同步电路、异步电路和片上网络（Network on Chip，NoC）等。
2．系统级
系统级低功耗设计技术主要有多电压域管理、多时钟域控制以及动态电压频率调节（Dynamic Voltage and Frequency Scaling，DVFS）技术（根据系统工作负载的需求适时调节系统工作频率或工作电压，以降低系统功耗）。

3．模块级
模块级低功耗设计技术包括电路逻辑算法优化以及时钟关断技术等。在电路实现层面，这包含单元版图及其电路结构优化、芯片布局布线的改进（以减少其寄生电容）、时钟树的优化、单元尺寸的调整以及单元库的低功耗优化等。
4．工艺级
工艺级低功耗设计技术主要包括降低器件的工作电压、改变工艺参数以及采用多阈值器件等。相比其他低功耗设计技术，低功耗单元库技术因作用于设计的较低层次，对系统架构以及逻辑实现的影响最小，因此具有良好的可移植性。低功耗单元库主要分为两类：一类通过优化单元尺寸来降低功耗，另一类通过设计新型低功耗单元电路结构来降低功耗。

1.3.4 噪声库

工业界的噪声库主要包括两个，一个是 Cadence 公司于 2000 年提出的 CDB（Common Data Base，通用数据库）库，另一个是 Synopsys 公司在 2006 年提出的噪声电流源模型（Current Source Models for Noise，CCSN）所对应的外延时序库。与时序库采用的 ASCII（American Standard Code for Information Interchange，美国标准交换码）格式相比，CDB 库采用二进制数据形式，内容主要包括 3 个方面：每个单元的输入噪声限值、V_{ds}-I_{ds} 传输曲线、单元端口的电容值。常用的噪声库文件为.lib 文件和.cdb 文件。

1.3.5 标准单元库设计

标准单元库是数字芯片后端设计中经常用到的一类库，主要包括时序库和物理库，也就是设计中经常用到的.lib、.lef、.def、.gds、.cdl 等文件。标准单元库的具体内容如下。

①　所有单元都是等高的矩形，或者高度是基本高度的整数倍，以确保在电路设计阶段不会使用非常规尺寸。

②　为保证各单元与其他单元在组合时不会引起 DRC 错误，所有版图都要用预先定义的模型进行设计。

③　由于经典布线器采用基于网格的方法进行布线连接，为简化布线工具的算法，减少计算机占用的内存资源，所有单元 I/O 端口的位置、大小、形状都应尽量满足网格间距的要求，以提高布线器的效率。

④　电源线和地线一般位于单元的上下边界，以便于连接共享，减小芯片面积。

标准单元版图设计得到的物理库和时序库文件可以被芯片设计调用，也可以供更复杂的模块单元设计调用。

1.4　数字芯片设计流程介绍

数字芯片设计通常分为前端设计和后端设计。前端设计指的是 RTL（Register Transfer Level，寄存器传输级）代码级设计；后端设计主要指从门级网表到 GDS Ⅱ（Graphic Design System Ⅱ，图形设计系统 Ⅱ）的整个过程，也被称为后端物理设计。本书介绍的数字芯片设计均指的是后端设计。

数字芯片设计
流程介绍

后端设计主要包括 4 个方面：物理版图布局布线、物理验证、时序分析和等价性检查。如果考虑功耗的设计，还需要进行功耗分析。以上所有工作都完成且没有设计问题，后端设计才真正完成。如果其中有一个阶段没有完成或者存在问题，都需要进行再次迭代，直到确保没有任何问题才可以投片给晶圆厂进行生产。

下面具体介绍数字芯片后端设计的主要步骤，这些内容在后续模块会详细讨论。

首先，物理版图布局布线主要步骤包括布图规划、电源规划、时钟树综合（Clock Tree Synthesis，CTS）、布线、芯片收尾等，具体流程如图 1-4-1 所示。

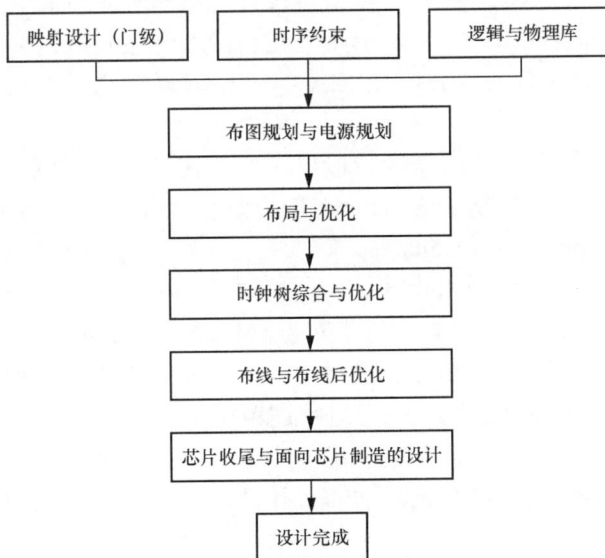

图 1-4-1　物理版图布局布线流程

其次，后端设计需要进行物理验证，主要包括 DRC、LVS（Layout Versus Schematic，版图与原理图一致性检查）、ERC（Electrical Rule Check，电气规则检查）等物理规则检查。

再次，后端设计需要进行时序分析和功耗分析。时序分析主要包括建立时间、保持时间、移除时间、恢复时间等参数的校验。功耗分析主要关注的是功耗、电源电压降、电迁移等。

最后，等价性检查旨在确保综合网表、最终生成的网表、RTL（Register Transfer Level，寄存器传输级）代码之间的设计功能保持一致。

以上所有检查项通常伴随整个物理设计过程多次进行。

1.5 数字后端 EDA 工具介绍

在后端全定制设计流程中，不同的设计阶段需要用到多种相对应的 EDA 工具，如版图设计工具、特征化提取工具、物理验证工具和寄生参数提取工具等，这些工具对设计至关重要。常用的 EDA 工具主要由 Cadence、Synopsys 和 Mentor（已被 Simens 收购）三大公司推出。下面为大家介绍主流的数字后端 EDA 工具。

数字后端 EDA
工具介绍

1. 库编译工具

Library Compiler（LC）是 Synopsys 公司推出的库编译工具。任何 ASIC 设计的核心都包含一些逻辑单元的工艺库，这些库记录了每个单元的功能描述、时序信息、面积大小及其他相关信息。在将信息转换为可被所有 Synopsys 应用程序使用的格式之前，LC 会分析文本信息的完整性与正确性。

用户可以通过在 Linux 命令行中输入 lc_shell 来启动 LC，并且 LC 的所有功能在综合工具 dc_shell 中也可以使用。

2. 逻辑综合工具

Synopsys 的 DC、Design Compiler Topological（DCT）、Design Compiler Graphic（DCG）构成了一套功能强大的逻辑综合工具，可根据设计规范和时序约束生成最佳的门级综合网表。除了具备高层次综合能力外，Synopsys 还包含静态时序分析引擎，提供现场可编程门阵列（Field Programmable Gate Array，FPGA）综合和布局链接（links-to-layout，LTL）解决方案。

DC 是 Synopsys 综合工具的命令行接口，通过在 Linux 命令行里输入 dc_shell 或 dc_shell-t 来调用。dc_shell 是基于 Synopsys 自身语言的格式，而 dc_shell-t 使用的是标准工具命令语言（Tool Command Language，TCL）。

Design Vision（DV）是 DC 的图形化前端版本，通过输入 design_vision 命令来启动。DV 也支持电路原理图的生成，并且通过点对点高亮显示来分析关键路径。

DCT 是 DC 的物理综合特性版本，通过输入 dc_shell-topo 命令来启动。它可以读入设计的物理信息并通过分析单元的物理信息进行逻辑优化。

DCG 是 DCT 的扩展，它可以在物理优化的基础上对设计的布线拥塞程度进行分析。它也是通过输入 dc_shell-topo 命令来启动的，并且允许用户为特定的网络指定使用哪些金属层来进行布线。

虽然初学者最初可能更喜欢用 DV，但是在较为熟悉 Synopsys 命令之后，他们很快就会转为使用 DC。

3．可测试性设计工具

DFT Compiler（DFTC）是包含在 DC 全套工具中的 Synopsys 测试插入工具。该工具用于在设计中插入可测试性设计（Design For Testability，DFT）特性，如扫描插入和边界扫描。所有的 DFTC 命令直接从 dc_shell 或 psyn_shell 中调用。

4．主流特征化工具

在后端全定制设计中，业界主要使用 Cadence 公司和 Synopsys 公司的特征化工具来完成大部分的后端特征化提取工作。

（1）Abstract Generator

Cadence 公司的 Abstract Generator 是一个高级的单元物理版图信息提取工具，它通过分析单元版图、连接关系、工艺信息和定义的单元模型要求产生抽象化结果。该结果主要包括单元大小与类型、I/O 引脚信息、阻塞块信息和天线效应信息。Abstract Generator 使用这些抽象化数据来替代版图复杂信息，提高布局布线工具的性能。Abstract Generator 工具的界面如图 1-5-1 所示。

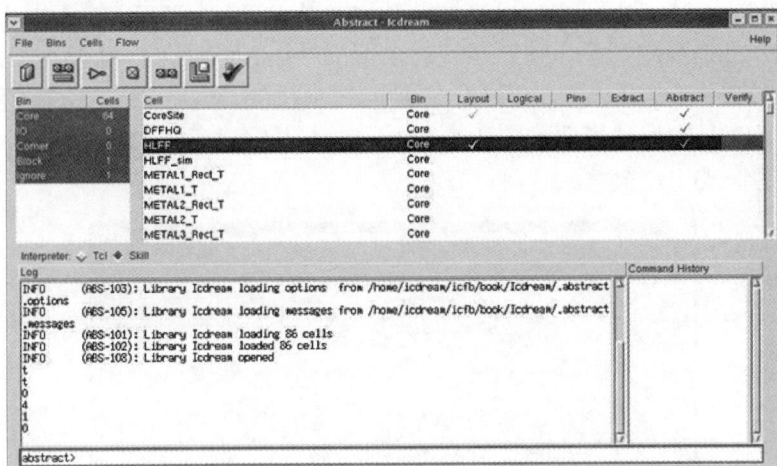

图 1-5-1　Abstract Generator 工具的界面

（2）Liberate

Cadence 公司的 Liberate 能够自动生成最新建模格式的单元时序库。Liberate 可以使用 ECSM 对时序、功耗、信号完整性等进行建模，也可使用 CCSM 来精确地进行噪声、多电压、电压降的建模，并使用这些模型进行时序和功耗分析。

（3）SiliconSmart

Synopsys 公司的 SiliconSmart 针对不同的电压、温度等环境参数或自创的单元进行时序特征化提取。SiliconSmart 是一种新型特征化解决方案，使用新的特征化库取代之前的特征化工具 NanoChar，它包括模型特征化引擎、库质量校验器及模型转换等功能。此外，SiliconSmart 还具备同时进行特征化和模型精确度验证的能力，主要面向代工厂、IDM（Integrated Device Manufacture，集成设备制造商）或 IP（Intellectual Property，知识产权）提供商的内部库开发团队。

5．主流寄生参数提取工具

对于后端全定制设计，业界主要使用 Cadence 公司、Synopsys 公司和 Mentor 公司的物理验证和寄生参数提取工具来完成后端物理验证和寄生参数的提取工作。

（1）QRC Extraction

Cadence 公司的 QRC Extraction 能快速且准确地提供并分析全芯片的寄生参数，并可将其用于 45nm 以下的先进制程。QRC Extraction 为下一代工艺节点提供了物理精确的寄生参数提取能力，包括基于敏感性和化学机械抛光（Chemical Mechanical Polishing，CMP）模型的提取。QRC Extraction 可为基于单元库的数字设计提供超越其他提取技术的、有制造意义的硅精度，其分布于多重网络处理器和计算集群的近似线性性能缩放可显著缩短处理时间。它还为 Cadence Encounter 数字 IC 设计平台提供了基于设计签核的强大多边际条件支持和精确的增量式参数提取功能。

（2）Star-RCXT

Synopsys 公司的 Star-RCXT 是 EDA 领域内寄生参数提取解决方案的业界标准，它为 ASIC、SoC、数字定制、内存和模拟电路的设计提供了统一的解决方案。Star-RCXT 解决方案的先进功能包括变化敏感型寄生参数提取、基于 CMP 的光刻敏感型寄生参数提取、电感参数提取以及模拟混合信号设计流程，能够与行业领先的物理验证、电路仿真、时序分析、信号完整性分析、功率分析、可靠性评估以及从 RTL 到 GDSII 的流程实现完美集成，易用性较好，并可提高生产率，缩短产品的上市周期。Star-RCXT 已被各领先的晶圆代工厂采用，以应对在 45nm 及以下工艺中所遇到的建模挑战。

Star-RCXT 工具的启动界面如图 1-5-2 所示。本书后续模块七将采用 Star-RCXT 工具提取数字芯片版图的 RC 参数。

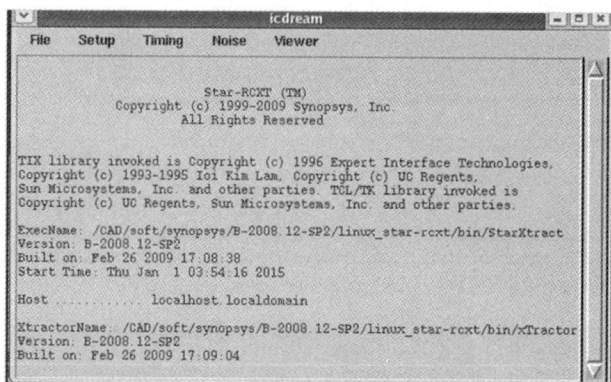

图 1-5-2　Star-RCXT 工具的启动界面

（3）Calibre xRC

Mentor 公司的 Calibre xRC 是全芯片寄生参数提取工具，提供晶体管级、门级和混合级寄生参数的提取功能，支持多层次的分析和仿真。Calibre xRC 为模拟与混合信号 SoC 设计工程师提供了一种独立于设计风格和设计流程的、单一的寄生参数提取解决方案。对模拟电路或者小型模块的设计工程师来说，Calibre xRC 提供了高度的精确性以及与版图环境之间的高度集成。对数字、大型模块以及全芯片的设计而言，Calibre xRC 的层次化多边形处理引擎提供了足够的性能。使用单一的寄生参数提取工具，设计小组可以避免维护和支持多种寄生参数提取工具的昂贵代价。Calibre xRC 可以非常方便地在流行的版图环境中通过 Calibre Interactive 实现调用。Calibre xRC 和 Calibre RVE 集成在一起，可实现模拟和数字结果的高效率调试，并且在版图或原理图中可视化寄生参数。Calibre xRC 提供多种寄生参数提取解决方案，它可以根据电路设计的不同要求来提取不同的寄生参数网表。针对全定制电路和模拟电路，Calibre xRC 可以提取晶体管级网表；针对自动布局布线产生的电路，Calibre xRC 可以提取门级网表；针对数模混合电路，Calibre xRC 可以提取混合级电路网表。针对电路的功耗分析，Calibre xRC 只进行寄生电阻的提取；针对电路的噪声分析，Calibre xRC 仅对寄生电容进行提取；针对电路的时序分析，Calibre xRC 提取相应的 RC 网表；针对电路的信号完整性分析，Calibre xRC 分析提取寄生 RC 或 RCC 网表。除了以上两种寄生参数的提取方式外，Calibre xRC 还可以提供多种网表输出格式，以满足不同的仿真工具要求。它可以输出的网表格式有 Eldo、Hspice、Spectre、DSPF、SPEF 等。

在提取寄生参数时，Calibre xRC 还可以控制寄生参数的提取精度。例如，Calibre xRC 可使用 reduce、thresholds 和 tolerances 等技术对网表中的参数进行简化，在满足仿真精度的要求下最大限度减小网表数据量，加快仿真速度。

总之，Calibre xRC 采用层次化的数据处理、灵活多变的提取方式，并将提取得到的寄生电阻、电容反标到版图或原理图中，以方便电路分析。它是目前业内采用较多的提取工具。

6．主流物理验证工具

业界主要使用 Synopsys 公司和 Mentor 公司的物理验证工具来完成大部分数字芯片后端的物理验证工作。

（1）IC Validator

Synopsys 公司的 IC Validator 作为物理验证的领先者，能验证上亿只晶体管的微处理器、超过 1000 万门的 ASIC 和容量超过 256MB 的 DRAM，推动技术前沿不断进步。IC Validator 通过提供最快的运行时间和高速、有效的调试来缩短 IC 设计的周期，它综合且强大的图形界面能迅速帮助设计者发现并处理设计错误。IC Validator 配备了成熟的层次设计算法和优秀的平面处理引擎，可以缩短运行时间，提高验证的精确度。IC Validator 是一个金标签核工具，可以加速设计的实现。IC Validator 工具的界面如图 1-5-3 所示。

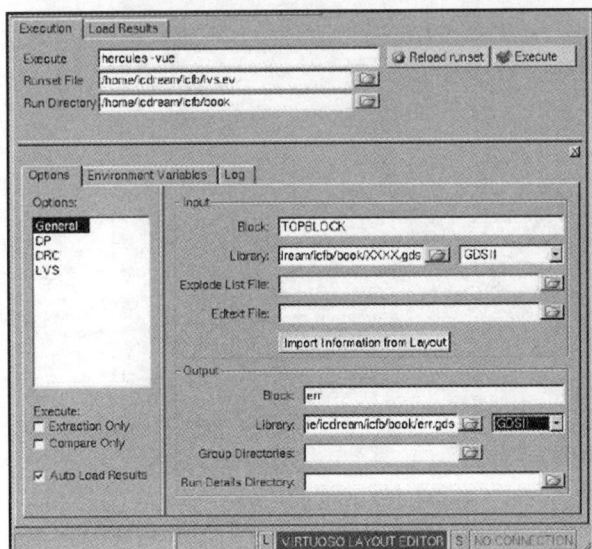

图 1-5-3 IC Validator 工具的界面

（2）Calibre

Mentor 公司的 Calibre 是业界主流的芯片签核阶段验证工具。Calibre 验证套装工具包括 Calibre DRC 与 Calibre LVS，可用于确保实体电路设计遵守代工厂的制造规格要求，元件功能符合原设计规格。Calibre DRC 作为工作在展平模式下的 DRC 工具，工作时先展平输入数据库，然后对展平后的几何结果进行操作；Calibre LVS 作为工作在展平模式下的 LVS 工具，工作时先展平输入数据库，然后对展平后的几何结果进行操作。

Calibre 工具的 LVS 和 DRC 等物理验证操作将在本书后续模块案例中讲述。

7. 主流布局布线工具

在后端半定制设计中，业界主要使用 Cadence 公司和 Synopsys 公司的布局布线工具来完成大部分后端物理设计的实现工作。

（1）Innovus Implementation System

Cadence 公司的 Innovus Implementation System 是在 SoC Encounter 之后推出的新一代高性能、高容量 RTL-GDSII 设计收敛解决方案，可以面向 32nm 以下的超大规模、超高性能功耗的设计流程，提供端到端并行处理的 IC 设计解决方案。作为综合的 RTL 代码到版图（RTL-to-GDS）设计平台，Innovus Implementation System 提供了从 RTL 代码的导入、芯片布局布线、时序分析到最终 GDSII 文件生成的完整流程。它提供高质量的芯片设计功能，包括在时序、面积及功耗方面的精确设计验证，注重信号完整性的布线，以及对 32nm 以下设计至关重要的成品率和低功耗设计能力。目前 Innovus Implementation System 已成为数字芯片后端设计中普遍应用的工具之一，同时也被众多晶圆厂推荐为主要使用工具。

Innovus Implementation System 工具的界面如图 1-5-4 所示。

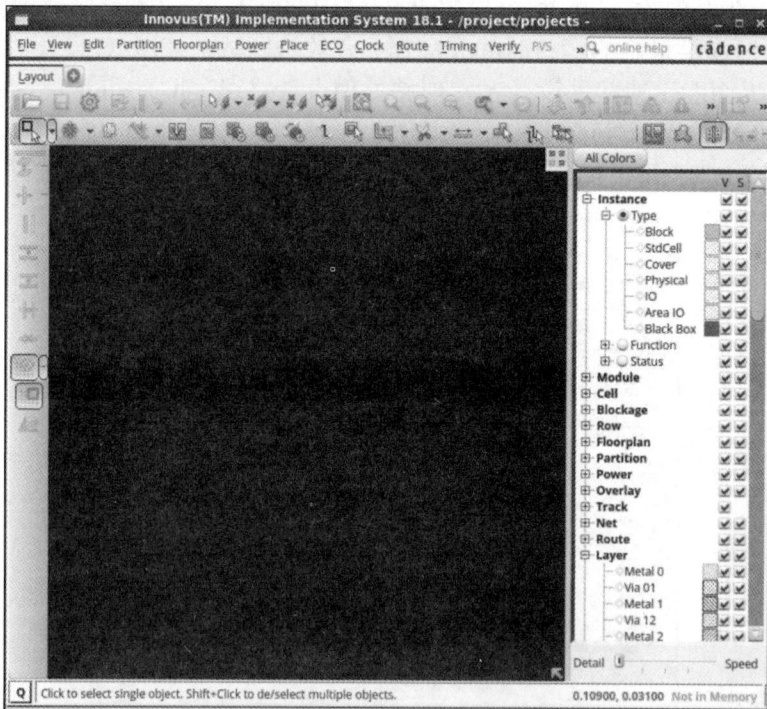

图 1-5-4　Innovus Implementation System 工具的界面

（2）IC Compiler

IC Compiler（ICC）是 Synopsys 后端设计系统，通过将物理综合技术扩展到整个布局布线过程，并结合签核驱动的设计收敛策略，保证设计的高质量并缩短设计时间。IC

Compiler 支持目前先进的 FinFET 工艺，采用基于 TCL 的统一架构，并融合了 Synopsys 的若干优秀核心技术。作为一套完整的布局布线设计系统，IC Compiler 包括实现下一代设计所必需的全面功能，包括物理综合、布局布线、时序和信号完整性优化、低功耗、可测试性设计和良率优化等。IC Compiler 运行速度快，容量大，支持多工艺角多模（Multi-Corner Multi-Mode，MCMM），可预测性强，可显著提高设计者的生产效率，同时支持 16nm、12nm、7nm、5nm、3nm 等物理设计工艺节点。

IC Compiler 包括两个版本：IC Compiler 和 IC Compiler II。本书后续案例将采用 IC Compiler 完成数字芯片后端设计流程。

8. 主流时序分析工具

在后端半定制设计中，业界主要使用 Cadence 公司和 Synopsys 公司的时序分析工具来完成大部分的后端时序分析工作。

（1）Encounter Timing System

Cadence 公司的 Encounter Timing System 为客户提供了面向时序、信号完整性和功耗的统一视图。它不仅满足了实现和签收分析的需求，还允许前端设计团队利用其全局时序调试功能实现精确的根源分析和迅速的时序收敛，并且它还拥有着强大的图形用户界面。通过 Encounter Timing System，数字 IC 设计师可以克服不断缩小的工艺节点带来的挑战，缩短产品上市时间，提高效率。该系统将信号完整性分析应用到设计流程的各个方面，降低了总生产成本。Encounter Timing System 融合了 CeltIC NDC 领先的信号完整性分析和悲观剔除技术，具备时序、延迟计算、电源完整性等功能，确保满足签收质量标准。此外，它还与 Encounter Conformal 技术紧密结合，为设计流程的各个阶段提供全局、系统级的时序视图。Encounter Conformal 还具备关键路径模拟、SPIE 追踪、电迁移分析、统计时序分析等能力，支持计算功耗优化与低功耗设计架构的实现。

（2）PrimeTime

PrimeTime（PT）是 Synopsys 公司针对复杂的亿万门级芯片提供的签核级、全芯片级以及门级电路的静态时序分析工具。PT 具有业界领先的超快运行速度和超大处理容量，简化了数亿门级复杂设计的静态时序分析工作，大大缩短了芯片上市时间。另外，为满足大型设计的需求，它也具备较强的建模能力。

PT 是独立运行的工具，它比 DC 的内部静态时序分析引擎速度要快。同 Synopsys 的其他工具相比，这一工具是基于 TCL 的，TCL 提供的强大特性提升了 PT 的设计分析和调试能力。

PT 既可以以命令方式调用，也可以以图形方式调用。以命令方式调用时，用户可在 Linux 窗口的命令行中输入 pt_shell 并执行；而以图形方式调用时，用户可在命令行中输入 PrimeTime 并执行。

PT 可以集成逻辑综合和物理综合的流程，让设计者分析并解决复杂的时序问题，并提高时序收敛的速度。作为众多半导体厂商认可的、业界标准的静态时序分析工具，PT 强大的性能得益于在生成报告和基于标准延时格式的时序分析方面算法的改进。PT 提供了全芯片级的静态时序分析，同时整合了延迟计算和先进的建模功能，以实现有效而又精确的时序分析。建立在成功流片验证经验上的 PT 平台可提供精确的串扰延迟分析、电源电压降分析和静态时序分析。

PT 工具的界面如图 1-5-5 所示。本书后续模块将采用 PT 在后端设计不同阶段进行静态时序分析。

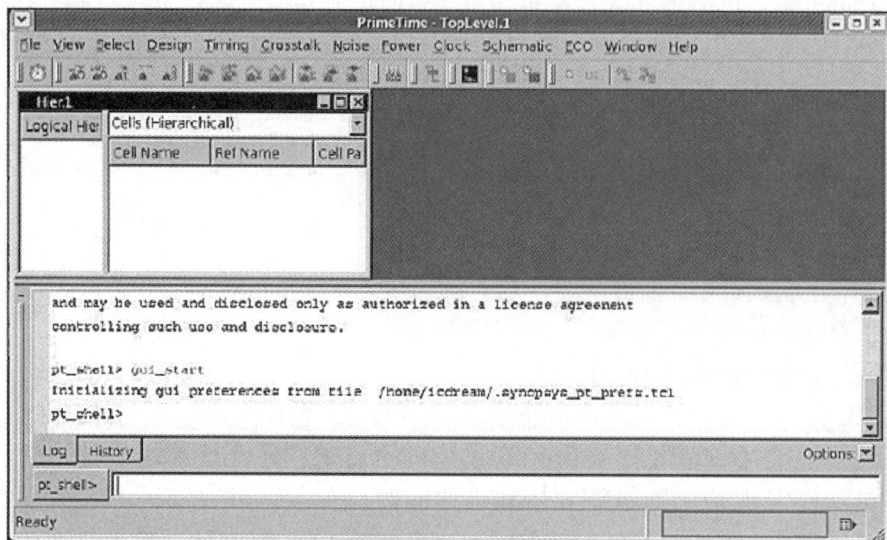

图 1-5-5　PT 工具的界面

9．主流功耗分析工具

在后端半定制设计中，业界主要使用 Cadence 公司、Synopsys 公司和 Apache 公司的功耗分析工具来完成大部分后端功耗分析工作。以下介绍的功耗分析工具（如 PrimeRail）已经集成到 EDA 公司的新一代后端设计平台中，提高了功耗分析的便捷性。

（1）Encounter Power System

Cadence 公司的 Encounter Power System 在整个设计与实现流程中布图规划、电源规划、物理实现、优化与签收等各个阶段提供了一致且收敛的功耗与电源轨道完整性分析。它不仅帮助前端逻辑设计师获得高质量设计，实现简单的早期功耗和电源轨道分析，而且帮助后端物理工程师实现全面的签核分析。Encounter Power System 建立于通用功率格式（Common Power Format，CPF）基础之上，提供了统一的界面和数据库，用于时序、信号完整性、功率分析和诊断，进而实现设计优化与签核。

（2）PrimeRail

Synopsys 公司的 PrimeRail 是一项全芯片的静态和动态电源电压降和电迁移分析解决方案，它拓展了 Synopsys 业界领先的 Galaxy 设计平台中用于电源网络分析验证的功能。基于 PrimeRail，Galaxy 设计平台能提供涵盖时序、信号完整性和电源网络电压降的全面解决方案。PrimeRail 的分析和修复指导技术使设计者在整个物理实现过程中能够轻松地进行电源网络的核查。通过识别和修正电压降和电迁移问题，设计者可以在设计过程中减少代价高昂的后期迭代。PrimeRail 提供了高精度的全芯片 SoC 静态和动态轨道分析，以加速设计收敛过程。PrimeRail 主要的功能是检测电压降是否符合标准。业界一般将电压降分析分成静态和动态两种，静态电压降分析将晶体管或标准单元的开关电流近似成电源网络的恒流或直流电源，通过简化芯片的动态电源特性，在更高的抽象层次上分析电压降的全局影响；动态电压降分析通过 Hspice 模型引入逻辑门的寄生参数和耦合电容，基于每次翻转电流的动态波形进行分析，侧重于电压降的局部影响。

（3）RedHawk

Apache 公司的 RedHawk 是能处理上亿单元的大规模设计同时保持签署精度的行业标准动态电源完整性解决方案，用于分析同步开关噪声（内核、内存、I/O）、去耦电容（无论是期望的还是本征的）、片上和片外电感（封装）的影响。RedHawk 覆盖了从 RTL 到门级的电源分析方法，适用于芯片、封装乃至于整个系统，支持新兴的 3D-IC/多晶圆方案。RedHawk 允许设计师搜寻和确认物理设计中的问题点，自动修复电源噪声源，分析时序和信号抖动的动态压降影响，验证电源和信号迁移问题，确保静电放电（Electro Static Discharge，ESD）保护的鲁棒性，为系统级分析提供了电源传输网络模型，并允许对 3D-IC 设计进行建模、仿真和调试。RedHawk 可进行电流分析、多模式验证和超低功耗设计技术的智能开关优化，包括多电压源、电源门控单元、衬底反偏、可关断存储单元和片上低压差线性稳压器（Low Dropout Regulator，LDO）。RedHawk 有助于设计者在满足 IC 功率预算的前提下，确保电源传输的完整性，并抑制电源噪声。

10. 主流等价性检查工具

对于数字芯片后端半定制设计，业界主要使用 Cadence 公司和 Synopsys 公司的等价性检查工具来完成大部分后端的等价性检查工作。

（1）Formality

Formality 是 Synopsys 公司的等价性检查（形式验证）工具。它具有增强的图形调试能力，不仅可展示待验证的逻辑原理图，还能在原理图上标注出可能的错误逻辑指示，并给出可视化建议。此外，它还能提供修正设计的建议。

Formality 采用等价性检查技术判断一个设计的两个版本在功能上是否等效。等价性检查是一种静态分析方法，无须测试向量即可快速而全面地完成验证。Formality 具有流程化的图形界面和先进的调试功能，令设计者可以很快地检测出设计中的错误并将其隔离。这一功能可以大大缩短得到验证结果所需的时间。Formality 业界领先的功能和性能使之成为设计团队的首选产品。Formality 对比寄存器传输级设计和门级网表，以确保两者在功能上没有差异。在典型流程中，用户使用形式验证比较寄存器传输级源码与综合后生成的门级网表的功能等效性。这个验证在整个设计周期中会多次进行，如在扫描链插入、时钟树综合和优化、人工网表编辑等操作之后，以确保流程每一阶段的门级设计保持功能等效，这样在整个设计周期中就不再需要耗时的门级动态仿真。将 Formality 和 PT 这两种静态验证方法结合起来，工程师可以在一天内运行多次设计验证，而不是占用一天或一周时间完成一次动态仿真验证。

Formality 工具的界面如图 1-5-6 所示。本书后续模块将采用 Formality 对设计项目在数字芯片后端设计的不同阶段进行形式验证。

（2）Conformal Equivalence Checker

Cadence 公司的 Conformal Equivalence Checker 无须使用测试向量即可实现从 RTL 到布局的精确缺陷检测和纠正，验证复杂算法逻辑，定制内存和数字逻辑。它通过使用高级晶体管提取技术和等价性检查，确保 RTL 设计与芯片后端实现的对应晶体管电路具有相同功能。Conformal Equivalence Checker 使用 Cadence 公司自主开发的技术验证 SoC 不同阶段的设计，并提供唯一、完整的等效性检查解决方案，能够验证多种电路类型，包括复杂算术逻辑单元、数据流处理单元、存储器结构和定制逻辑电路等。

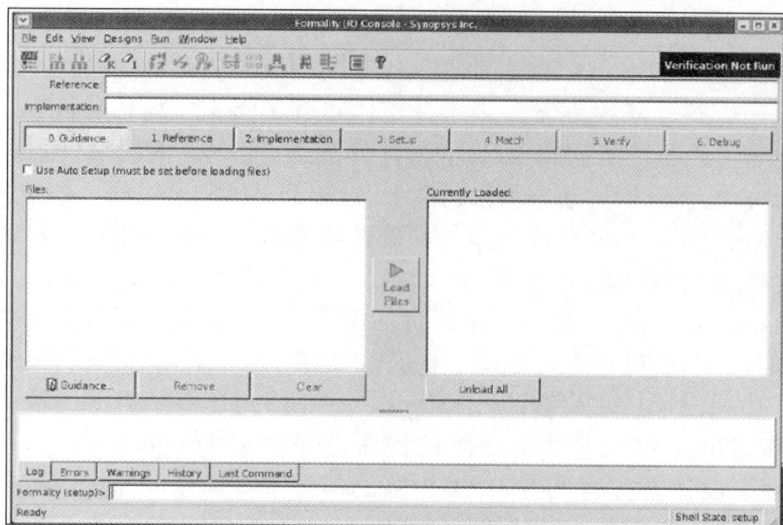

图 1-5-6　Formality 工具的界面

1.6　模块小结

本模块讲述了数字芯片设计的工艺和基础理论，介绍了标准单元库的相关知识，为本书后续模块的相关理论和实践知识进行了铺垫。

1.7　习题

1. 有源区、源区和漏区一般通过_____和_____方式形成。

2. NMOS 管或者 CMOS 管中的 n^+ 区是通过注入_____形成的，PMOS 管或者 CMOS 管中的 p^+ 区是通过注入_____形成的。

3. 业界常采用的金属互连线为_____互连和_____互连。

4. 在 n 阱硅栅 CMOS 工艺中，NMOS 管需要做在_____内。

5. 芯片级设计分为展平式设计和_____。

6. 版图实现可以分为_____、半定制设计和全定制设计 3 类。

7. 简述 CMOS 工艺流程。

8. 数字电路设计分为哪几个级别？

9. 标准单元库有哪几种？

10. 后端设计主要包括几个方面，具体是什么？

11. 数字后端主流的设计软件有哪些？

模块二 逻辑综合

逻辑综合是将电路的行为级描述、RTL 描述转化为门级网表的过程。

对于逻辑综合，按照流程的不同通常可分为面向应用的专用集成电路（ASIC）综合和面向可编程逻辑器件（Programmable Logic Device，PLD）综合两种。这里的 ASIC 泛指需要进行芯片流片的数字芯片，而 PLD 中较常用的是 FPGA。ASIC 综合以 ASIC 流程为依托，设计者可给出综合约束条件和综合使用元件库工艺，通过逻辑综合器编译和优化后生成门级网表文件。PLD 综合以 PLD 流程为依托，由于 PLD 流程通常预定了目标 PLD，设计者只需指定目标 PLD 并给出综合约束条件。通常，PLD 综合与其后的布局布线整合在一个统一的设计流程中，而不像 IC 设计流程将设计步骤划分为前端设计和后端设计。这主要是因为目标 PLD 的物理特性对 PLD 综合器而言是已知的。

本模块的项目实践部分以 GitHub 的开源 RISC-V 处理器项目 picorv32 为例，介绍基于 Synopsys 的 DC 工具进行逻辑综合的基本方法。本模块用 picorv32 处理器设计 RTL 代码的 RISC-V 内核及内部缓存等部件，它们将被用于本书后续各个模块的数字芯片全流程设计演示，包括从逻辑综合、可测试性设计、后端布局布线、RC 参数提取、时态时序分析，到物理验证等多个设计步骤。该项目的顶层模块名为 picosoc_top。针对芯片级设计，本书对该开源设计 RTL 代码的顶层模块端口进行了一定简化，减少了原设计的信号端口数量。

本书从模块二到模块八采用 picosoc_top 顶层模块展开讲解全流程设计的多个设计步骤，并提供 EDA 工具设计脚本文件，如 TCL 脚本等。本书的设计脚本展示了编写团队在项目案例开发中实际设置的相关设计文件路径。读者可以结合本书展示的项目代码示例，结合自身采用的物理库、逻辑库及其他库文件，开展芯片级或模块级后端设计流程。

2.1 逻辑综合概念

逻辑综合的作用就是将硬件描述语言编写的 RTL 代码转换为由标准单元构成的门级网表。这个过程大致包括 3 个方面的工作，即翻译、优化和映射。如果只考虑电路功能，使用逻辑综合工具完成以上工作是比较简单的。但是，任何电路设计总对电路性能有要求。数字电路的性能主要包括速度、面积和功耗等几个方面，设计者需要对逻辑综合工具进行正确的"指导"，才能得到满足性能要求的电路。

逻辑综合概念

数字电路的设计难点在于"时序收敛"。数字电路正确工作的条件是所有传播到记忆元件（如触发器、锁存器等）的信号都满足时序要求，满足这种条件则称为"时序收敛"。有任何一个记忆元件不满足时序要求就称为"时序不收敛"。所谓时序要求，主要指对数据的建立时间和保持时间的要求。例如，使用上升沿触发的 D 型触发器时，D 端的数据需要在时钟信号上跳前后一段时间保持稳定。如果信号到达时间过晚或没有保持足够时间，在时

钟"上跳沿"附近发生变化，就可能导致触发器记忆错误，并使整个电路功能发生错误。信号到达时间取决于路径延迟，路径延迟又包括门延迟和线延迟。门延迟是指由逻辑门的输出电阻和输入电容产生的延迟，它不仅与路径中逻辑门的数量有关，而且与输入信号的驱动能力、末端的负载电容和中间各级的扇出系数有关。线延迟则取决于金属导线的长度。合理使用逻辑综合工具可以使电路有较小的门延迟，而线延迟则取决于版图设计。由于在设计前期尚不能准确计算路径延迟，对于大规模电路，很难使时序一次收敛，设计者需要逐步修改对设计电路的约束，可能会进行多次逻辑综合和物理综合流程。因此，学会基于 EDA 工具提高综合后的电路性能是数字 IC 设计者的重要任务。

2.2　逻辑综合流程

使用 Synopsys 公司的 DC 工具进行逻辑综合的主要步骤介绍如下。

（1）指定工艺库。

指定的工艺库包括指定搜索路径 search_path、目标库 target_library、链接库 link_library、符号库 symbol_library。target_library 指设计进行综合时采用的目标库文件，该文件由晶圆厂、EDA 工具供应商或其他第三方机构提供，且库中的器件被 DC 用于逻辑映射。link_library 的库文件除 target_library 指定的文件外，还包含不会被 DC 用来进行综合的库文件，如 RAM、I/O 等宏单元库文件。

（2）读入 RTL 代码。

DC 工具读入 RTL 代码的两种方式如下。

第一种：采用 read_verilog 命令完成，举例如下。

```
read_verilog {A.V B.V TOP.V}
```

第二种：采用 analyze 和 elaborate 命令完成，分别完成 RTL 代码的语法检查和电路逻辑构建，举例如下。

```
analyze -format verilog { A.v B.v TOP.v}
elaborate My_TOP -paramenters " A_WIDTH = 9，B_WIDTH = 16"
```

（3）定义环境约束条件。

环境约束命令主要包括如下几个。

```
set_operating_conditions              #设置环境条件
set_wire_load_model                   #设置线负载模型
set_drive                             #设置驱动强度
set_driving_cell                      #设置驱动单元
set_load                              #设置负载
set_fanout_load                       #设置电容负载
```

（4）设置约束条件。

约束条件包括设计规则约束，具体设置命令如下。

```
set_max_transition                    #设置最大信号转换时延
set_max_fanout                        #设置最大扇出
set_max_capacitance                   #设置最大电容
```

约束条件设置命令还包括设置时钟定义的命令，具体如下。

```
create_clock                          #定义时钟信号
set_clock_latency                     #设置时钟网络传输延迟
```

```
set_clock_uncertainty                    #设置时钟信号的不确定值
create_generated_clock                   #设置生成时钟
```

（5）设置 I/O 端口的延时。

设置 I/O 端口延时的命令如下。

```
set_input_delay                          #设置输入时延
set_output_delay                         #设置输出时延
set_false_path                           #设置虚假路径
set_multicycle_path                      #设置多周期路径
```

（6）设定综合优化策略。

（7）产生相应的报告和数据。

输出报告主要包括面积、时序、功耗以及输出的网表和其他工具需要的文件，如.sdc、.ddc 等文件。

2.3　逻辑综合项目实践

逻辑综合是将设计中的 RTL 描述转换为门级网表的过程。本案例数据包的相对路径为 DigitalBackend/ picosoc_top/syn。路径中的 picosoc_top 为处理器项目的顶层文件夹，而 syn 是逻辑综合的子目录。

（1）进入综合工作目录，执行如下命令（命令执行结果在命令下一行中显示）。

```
[eda@edatemp syn]$ pwd
/home/eda/TeachPrj/DigitalBackend/picosoc_top/syn
[eda@edatemp syn]$ ls
data  log  output  rpt  run  scr  svf
[eda@edatemp syn]$ cd run
[eda@edatemp run]$
```

（2）准备需要综合的 RTL 代码，可查看如下的.flist 代码文件列表。

```
[eda@edatemp run]$ ls ../data/
picosoc_top.flist
```

文件列表中的具体文件信息如下。

```
../../rtl/picosoc_top.v
../../rtl/picosoc/picosoc_reduceio.v
../../rtl/picosoc/spimemio.v
../../rtl/picosoc/simpleuart.v
../../rtl/core/picorv32.v
```

准备好综合所需的时序库文件，通过以下命令查看.db 文件所在的路径。

```
[eda@edatemp run]$ ll ../../LIB/timing/StdCell/scc55nll_hd1_rvt_ss_v1p0
8_125c_basic.db
-rwxr-xr-x. 1 eda eda 14262272 Sep 18 11:12 scc55nll_hd1_rvt_ss_v1p08_12
5c_basic.db
```

逻辑综合所需的约束文件为../data/picosoc_top.sdc，约束时钟频率为 300MHz。.sdc 文件的具体约束命令如下。

```
# .sdc 文件属于 TCL 脚本，TCL 语句中 "#" 之后到行尾的内容为注释
#同一条 TCL 命令在脚本中分行显示，需要用换行符 "\"
# "\" 与 Linux 中命令换行的作用一致，本书后续脚本中，该符号在行尾时均表示命令换行
#define clk
set CLK_PERIOD 3.3      #设置时钟周期为 3.3ns，并创建时钟
create_clock [get_ports CLK] -name clk -period $CLK_PERIOD
#设置 I/O 延迟
set_input_delay    -clock clk -max [expr ${CLK_PERIOD} * 0.2] \
```

```
[remove_from_collection [all_inputs] [get_ports " CLK" ]]
set_output_delay  -clock clk -max [expr ${CLK_PERIOD} * 0.2] [all_outputs]
#设置假路径（无须进行时序验证）

set_clock_groups -name exclude -asynchronous \
                   -group {clk}
#设置时钟不确定值与时钟抖动
set_max_transition 1.0 [current_design]
set_load -pin_load 0.05 [all_outputs]
set_clock_uncertainty -setup  0.1 [all_clocks]
set_clock_uncertainty -hold   0.1 [all_clocks]
#set_max_delay   #设置最大时延
#set_propagated_clock [all_clocks]      #逻辑综合阶段不设置 propagated_clock
#设置 SCAN-MODE 端口为 0，表示电路处于正常功能模式
set_case_analysis 0 [get_ports SCAN_MODE]
```

（3）准备好综合脚本../scr/syn.tcl。

综合脚本控制电路综合的文件输入，调用 picosoc_top.sdc 约束脚本，完成电路的逻辑综合，并输出电路结果和报告，其内容如下。

```
set_host_options -max_cores 8
#设置目标库和链接库
set target_library  " ../../LIB/timing/StdCell/scc55nll_hd1_rvt_ss_v1p08_\
125c_basic.db"
set link_library  " * ../../LIB/timing/StdCell/scc55nll_hd1_rvt_ss_v1p08_\
125c_basic.db \
 ../../LIB/IO/Digital/SPT55NLLD2RP_OV3_V0p5/syn/3p3v/\
SPT55NLLD2RP_OV3_V0p3_ss_V1p08_125C.db"
#编译并分析输入的设计文件列表
analyze -f verilog -vcs " -f ../data/picosoc_top.flist"
elaborate picosoc_top       #设计推演，完成高层次通用逻辑的映射
current_design picosoc_top   #设置顶层设计模块
uniquify                #设计唯一化
link
#设置时钟门控（clock gating）方式，用于低功耗设计，降低时钟动态功耗
set_clock_gating_style -min 3 -max_fanout 32 -sequential_cell latch \
  -positive_edge_logic {integrated} -negative_edge_logic {integrated} \
  -control_point before -control_signal scan_enable
source -echo -verbose ../data/picosoc_top.sdc   #调用设计约束脚本
#对本设计顶层的焊盘和输出 MUX 单元设置 dont_touch，不对电路进行优化处理
set_dont_touch [get_cells MUX_*] true
set_dont_touch [get_cells PAD_*] true
set_svf ../svf/picosoc_top.svf   #Formality 形式验证输出文件设置
#采用 compile_ultra 进行电路综合，-scan 表示添加扫描链器件
compile_ultra -scan -no_autoungroup -no_boundary_optimization\
 -gate_clock -no_seq_output_inversion
define_name_rules verilog -case_insensitive
change_names -rule verilog -hier
set_svf -off        #关闭 Formality 形式验证输出
#输出约束违例、面积、时钟门控报告
report_constraint -all_vio -max_delay -max_cap -max_trans -max_fanout\
 > ../rpt/picosoc_top.all_vio.rpt
report_constraint -all_vio -verbose -max_delay -max_cap -max_trans\
 -max_fanout > ../rpt/ picosoc_top.timing.rpt
report_area > ../rpt/picosoc_top.area.rpt
report_area -hier >> ../rpt/picosoc_top.area.rpt
report_clock_gating -gated -ungated > ../rpt/picosoc_top.clock_gating.rpt
#report_timing -nosplit -nworst 10 -dig 4 > ../rpt/picosoc_top.timing.rpt
```

```
#输出设计文件.ddc和网表文件.vg
write -format ddc -hier -output ../output/picosoc_top.ddc
write -format verilog -hier -output ../output/picosoc_top-compile.vg
#输出约束文件.sdc，对应输出网表，用于后续设计流程
write_sdc -version 2.0 ../output/picosoc_topv.sdc
exit
```

（4）准备好上述脚本之后，启动 DC 工具，并执行脚本，命令如下。

```
dc_shell -f ../scr/syn.tcl | tee ../log/syn.log
```

（5）执行完上述脚本之后，可以将 RTL 描述转换成门级网表，并输出综合后的网表和报告。

输出网表路径为../output/picosoc_top-compile.vg，输出的面积报告路径为../rpt/picosoc_top.area.rpt，内容如下，其中面积单位是 μm^2，references 指一个模块被例化的次数。

```
Report : area
Design : picosoc_top
*******************************************
Number of ports:                          5821
Number of nets:                          34913
Number of cells:                         30636
Number of combinational cells:           17547
Number of sequential cells:              11944
Number of macros/black boxes:               12
Number of buf/inv:                        2232
Number of references:                       15
Combinational area:            131529.040149
Buf/Inv area:                    2193.799953
Noncombinational area:         212252.402133
Macro/Black Box area:           52800.000000
Net Interconnect area:      undefined  (No wire load specified)
Total cell area:               396581.442281
Total area:                 undefined
Hierarchical area distribution
                     Global cell area                Local cell area
                 --------------------        ---------------------------
Hierarchical cell  Absolute  Percent    Combi-    Noncombi-     Black-
                   Total     Total      national  national      boxes
Design
picosoc_top  396581.4423   100.0   101232.2000  127600.0000  52800.0000
picosoc_top
dut          114949.2423    29.0      481.0400       7.2800      0.0000
picosoc
dut/cpu       31809.6804     8.0     8599.0799    5566.4001      0.0000
...
```

输出的时钟门控报告路径为../rpt/picosoc_top.clock_gating.rpt，结果显示调用的门控器件数量、各个器件驱动的寄存器，以及被门控的寄存器数量。报告内容如下。

```
                              Gated Register Report
           Clock Gating Bank         |     Gated Register
-------------------------------------------------------------------------
dut/cpu/clk_gate_mem_rdata_q_reg     |   dut/cpu/mem_rdata_q_reg_27_
                                     |   dut/cpu/mem_rdata_q_reg_31_
                                     |   dut/cpu/mem_rdata_q_reg_29_
                                     |   dut/cpu/mem_rdata_q_reg_26_
                                     |   dut/cpu/mem_rdata_q_reg_30_
                                     |   dut/cpu/mem_rdata_q_reg_28_
                                     |   dut/cpu/mem_rdata_q_reg_25_
                                     |   dut/cpu/mem_rdata_q_reg_12_
                                     |   dut/cpu/mem_rdata_q_reg_14_
                                     |   dut/cpu/mem_rdata_q_reg_13_
```

```
dut/cpu/clk_gate_mem_rdata_q_reg_0     |     dut/cpu/mem_rdata_q_reg_22_
                                       |     dut/cpu/mem_rdata_q_reg_23_
                                       |     dut/cpu/mem_rdata_q_reg_20_
…                                      |     dut/cpu/mem_rdata_q_reg_24_
    dut/spimemio/xfer/xfer_tag_q_reg_0_
                                       |     Always enabled register  |  -
    dut/spimemio/xfer/xfer_tag_q_reg_2_
                                       |     Always enabled register  |  -
------------------------------------------------------------------------------
                    Clock Gating Summary
        |    Number of Clock gating elements    |      1124         |
        |    Number of Gated registers          |   10397 (96.96%)  |
        |    Number of Ungated registers        |     326 (3.04%)   |
        |    Total number of registers          |   10723          |
```

违例情况见../rpt/picosoc_top.all_vio.rpt，其内容如下。

```
max_delay/setup ('clk' group)
                      Required       Actual
Endpoint              Path Delay     Path Delay     Slack
---------------------------------------------------------------
FLASH_DO0             0.89           2.08 r         -1.19  (VIOLATED)
…
dut/cpu/irq_pending_reg_0_/D
                      2.97           4.03 r         -1.06  (VIOLATED)
dut/cpu/mem_rdata_q_reg_27_/D
                      3.00           4.05 f         -1.05  (VIOLATED)
dut/cpu/decoded_rs1_reg_0_/D
                      3.01           4.06 f         -1.05  (VIOLATED)
…
```

（6）查看包含详细路径的时序报告 picosoc_top.timing.rpt。

时钟频率约束为 300MHz 的时序结果内容如下。时序报告中列举了两条路径，可以看出违例路径的详细延迟信息。报告中显示了两组不同的时序违例，第一组是输出端口相关路径，第二组是输入端口相关时序路径。其中第一条路径是从接口电路时钟下降沿开始，半个时钟周期的路径约束，到输出引脚结束，路径上存在较大的组合逻辑延迟，造成较大的时序违例；第二条路径是从输入引脚开始计算，经过较大的内部组合电路延迟，到内部寄存器结束，路径延迟较长，造成时序违例。

```
Startpoint: dut/spimemio/xfer_io0_90_reg
            (falling edge-triggered flip-flop clocked by clk)
Endpoint: FLASH_DO0  (output port clocked by clk)
Path Group: clk
Path Type: max
Point                                                    Incr       Path
-------------------------------------------------------------------------
clock clk  (fall edge)                                   1.65       1.65
clock network delay (ideal)                              0.00       1.65
dut/spimemio/xfer_io0_90_reg/CKN  (SNDQV4_HD1RVT) 0.00 #            1.65 f
dut/spimemio/xfer_io0_90_reg/Q  (SNDQV4_HD1RVT)          0.34       1.99 r
dut/spimemio/U182/ZN  (NAND2V4_HD1RVT)                   0.04       2.03 f
dut/spimemio/U180/ZN  (INAND2V2_HD1RVT)                  0.04       2.07 r
MUX_SCANOUT0/Z  (MUX2V2_HD1RVT)                          0.16       2.23 r
U17/ZN  (INV4_HD1RVT)                                    0.05       2.28 f
U18/ZN  (INV8_HD1RVT)                                    0.06       2.34 r
PAD_FLASH_DO0/PAD  (PBSD8RT)                             1.39       3.73 r
FLASH_DO0  (out)                                         0.00       3.73 r
```

```
data arrival time                                            3.73
-------------------------------------------------------------------
clock clk (rise edge)                            3.30        3.30
clock network delay (ideal)                      0.00        3.30
clock uncertainty                               -0.10        3.20
output external delay                           -0.66        2.54
data required time                                           2.54
-------------------------------------------------------------------
data required time                                           2.54
data arrival time                                          -3.73
-------------------------------------------------------------------
slack (VIOLATED)                                           -1.19

...

Startpoint: NRST (input port clocked by clk)
Endpoint: dut/cpu/decoded_rs1_reg_0_
          (rising edge-triggered flip-flop clocked by clk)
Path Group: clk
Path Type: max
Point                                            Incr        Path
-------------------------------------------------------------------
clock clk (rise edge)                            0.00        0.00
clock network delay (ideal)                      0.00        0.00
input external delay                             0.66        0.66 r
NRST (in)                                        0.00        0.66 r
PAD_NRST/C (PISDRT)                              0.79        1.45 r
MUX_RST/Z (MUX2V2_HD1RVT)                        0.17        1.62 r
dut/U23/Z (BUFV12_HD1RVT)                        0.14        1.75 r
dut/cpu/U253/ZN (INAND2V4_HD1RVT)                0.08        1.84 f
dut/cpu/U239/ZN (INOR2V4_HD1RVT)                 0.07        1.91 r
dut/cpu/U232/ZN (INAND2V2_HD1RVT)                0.09        2.00 f
dut/cpu/U223/ZN (INOR2V4_HD1RVT)                 0.11        2.11 r
dut/cpu/U1031/ZN (NAND2V4_HD1RVT)                0.10        2.21 f
dut/cpu/U29/ZN (CLKNAND2V12_HD1RVT)              0.08        2.29 r
dut/cpu/U17/ZN (NOR2V4_HD1RVT)                   0.13        2.42 f
dut/cpu/U114/ZN (NAND2V0_HD1RVT)                 0.12        2.54 r
dut/cpu/U2784/ZN (NAND3V4_HD1RVT)                0.18        2.71 f
dut/cpu/U614/ZN (NOR2V2_HD1RVT)                  0.16        2.87 r
dut/cpu/U1679/ZN (CLKNAND2V2_HD1RVT)             0.12        2.99 f
dut/cpu/U2807/ZN (NOR2V4_HD1RVT)                 0.11        3.10 r
dut/cpu/U1646/ZN (CLKNAND2V2_HD1RVT)             0.11        3.20 f
dut/cpu/U1629/ZN (AOI22V1_HD1RVT)                0.11        3.32 r
dut/cpu/U1620/ZN (OAI21V1_HD1RVT)                0.12        3.44 f
dut/cpu/U1601/ZN (NOR2V1_HD1RVT)                 0.12        3.55 r
dut/cpu/U1586/ZN (INAND2V1_HD1RVT)               0.12        3.68 f
dut/cpu/U364/ZN (NAND2V0_HD1RVT)                 0.08        3.76 r
dut/cpu/U356/ZN (MUX2NV0_HD1RVT)                 0.11        3.87 f
dut/cpu/U37/Z (OR2V0_HD1RVT)                     0.19        4.06 f
dut/cpu/decoded_rs1_reg_0_/D (SDQV2_HD1RVT)      0.00        4.06 f
data arrival time                                            4.06
clock clk (rise edge)                            3.30        3.30
clock network delay (ideal)                      0.00        3.30
clock uncertainty                               -0.10        3.20
dut/cpu/decoded_rs1_reg_0_/CK (SDQV2_HD1RVT)     0.00        3.20 r
library setup time                              -0.19        3.01
data required time                                           3.01
```

```
--------------------------------------------------------------------
data required time                                              3.01
data arrival time                                             -4.06
--------------------------------------------------------------------
slack (VIOLATED)                                              -1.05
```

上述报告显示有逻辑出现违例，经详细比较，发现违例最大的路径均与 I/O 相关，表明 I/O 约束在当前设计上无法得到满足。如果要收敛时序，一种方法是换更快的 I/O 单元库文件；另一种方法是降低设计时钟频率，修改约束文件，可以将时钟频率约束改为 100MHz，如下所示。此外，可以对输入输出路径与内部寄存器之间的路径分组优化时序，提升内部电路时序性能。

```
set CLK_PERIOD 10          #时钟周期为 10ns
```

时钟频率约束修改为 100MHz 后重新运行综合脚本，查看更新后的时序路径报告 picosoc_top.timing.rpt，内容如下。从报告中可以看到，重新综合后就没有违例了。

```
This design has no violated constraints.
1
```

2.4 模块小结

本模块依据实际的芯片项目，介绍了逻辑综合的基本概念及流程，分析了其中部分电路逻辑综合的原理，并演示了示例项目的逻辑综合实践过程。

2.5 习题

1. 对于逻辑综合，按照流程的不同通常可分为_____综合和 PLD 综合两种。
2. 逻辑综合包括 3 个方面的工作，即_____、_____、_____。
3. 路径延迟包括_____延迟和_____延迟。
4. 逻辑综合的作用是什么？
5. DC 工具有哪些功能？
6. 路径延迟与哪些因素有关？
7. 逻辑综合的流程是什么？
8. 逻辑综合定义环境的约束命令有哪些？
9. 逻辑综合设计规则约束的命令有哪些？
10. 逻辑综合设计时钟约束的命令有哪些？

模块三　形式验证[*]

大规模芯片设计的验证工作，已经是芯片设计中必不可少的环节。芯片验证主要包括物理验证和功能验证两大方面，物理验证即设计规则性验证和版图、电路原理图验证；功能验证即确保实际设计能实现既定的功能。形式验证是功能验证中的一种，其主要目的是检查功能一致性。

本模块的项目实践部分以开源 RISC-V 处理器项目 picorv32 为例，介绍采用 Synopsys 工具 Formality 进行形式验证的基本使用方法和步骤。

3.1　形式验证概念

传统的仿真验证需要在电路的输入加数量庞大的测试向量，然后通过比较输出向量和期望值，来进行验证与评估。随着设计规模越来越大，设计复杂程度越来越高，传统仿真的局限性也越来越明显。传统仿真工具需要大量的模拟向量以满足设计规格的需求，而大量的模拟向量会增大内存交换，延长仿真的执行时间，降低工作的效率。

形式验证概念

形式验证使用数学工具来比较待验证的设计和规范的设计。与传统仿真不同的是，形式验证无须输入测试向量，它只比较逻辑功能的一致性，与物理设计（如布局、时序）无关。形式验证以规范、标准的设计为依据，不依赖测试向量，对比出待比较设计和标准设计的差异。它比传统仿真更快，且提供 100% 的覆盖率。

但是形式验证只保证功能正确，时序的分析则靠静态时序分析（Static Timing Analysis，STA）。形式验证不能完成时序的正确性分析，它只能证明在时序正确的前提下，功能是正确的，所以 STA 必须照样进行。同时形式验证比较的依据是经过仿真验证过的被称作 golden design 的参考设计，所以仿真验证的作用仍无法被替代。

3.2　形式验证应用

形式验证主要应用在如下两个阶段。

（1）RTL 代码与综合后的门级网表间的一致性检查。

综合是前端和后端工作衔接的一个极其重要的过程。前端将验证无误的设计传递给综合，综合将前端的 RTL 代码转换成门级网表。在综合过程中为适应附加性能，很可能会改变设计，因而需要形式验证以保证综合前后整个设计的功能未发生改变。

形式验证应用

（2）综合后的门级网表和布局布线后网表的一致性检查。

后端工具使用综合后经过形式验证的网表，在进行时序功耗等方面的修复工作时，会增加一些单元甚至调整电路结构。形式验证可以确保后端工具的优化未造成设计功能的改变。当然也可以直接进行 RTL 到布局布线后网表的形式验证，但这样会花费更多时间。

实际上任何时候对电路设计进行改动之后，都可以使用形式验证工具来验证是否影响或者改变了设计的逻辑功能。如果证实改动后的设计和原设计的逻辑功能是等价的，就可以把修改后的设计作为下一次验证时的"原设计"，以节省花费在验证上的时间。

图 3-2-1 所示为形式验证在 ASIC 芯片设计流程中的应用，从图中可以清楚地看到形式验证在数字芯片设计过程的结构细化后、综合及优化后、测试插入后、物理（后端）设计后等几个阶段节点进行，可以与前一阶段的参考设计结果比对，以验证电路的逻辑功能是否一致。

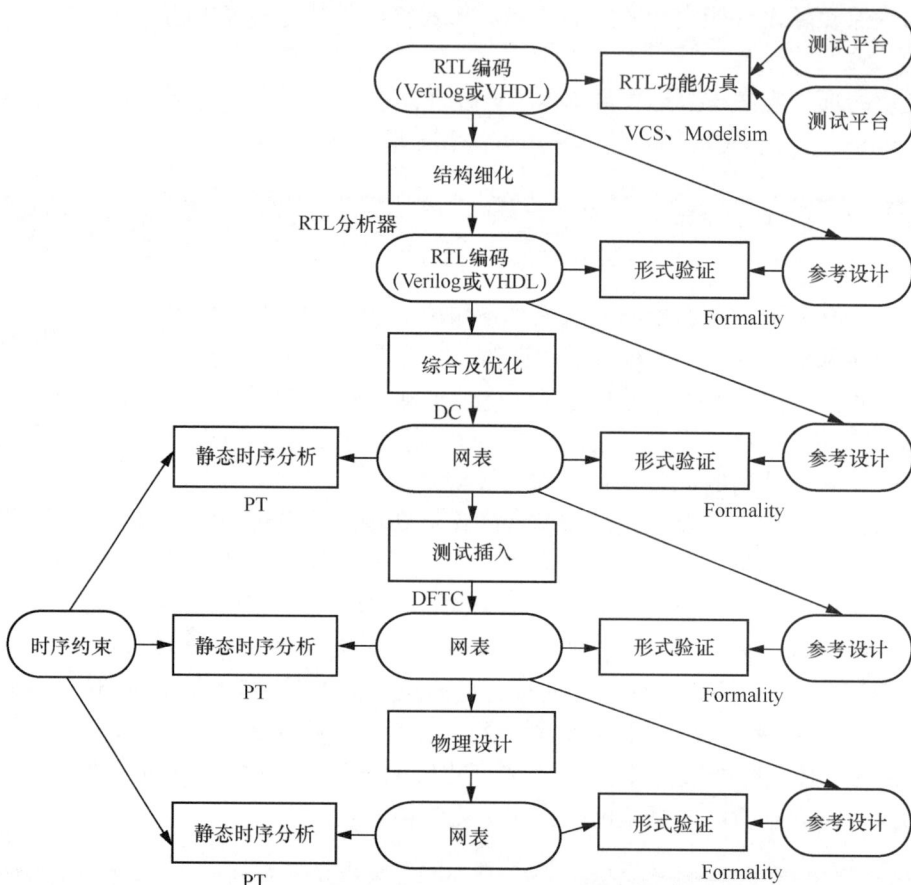

图 3-2-1　形式验证在 ASIC 芯片设计流程中的应用

3.3　形式验证流程

3.3.1　理解形式验证流程

下面以 Synopsys 公司的 Formality 为例，介绍形式验证的流程。图 3-3-1 所示的 Formality 形式验证流程，包括加载向导、读入参考设计、读入实现设计、建立验证、对比比较点、运行验证、解释结果等。如果

形式验证流程

形式验证不成功，则进行调试，直至修复错误。

Formality 的功能大致可以划分为以下 4 个方面。

（1）设计管理。设计管理指的是对需要验证的设计进行管理和控制，例如，读入设计、设置参数、保存和再次调用设置等。

（2）验证。对两个设计的比较点进行匹配，对比较点逻辑功能的一致性进行验证。

（3）生成报告。在进行验证的过程中，Formality 会生成好几种类型的报告，从中可以得到关于验证、诊断的结果等有用的信息。

（4）诊断。当验证的结果是两个设计并不一致时，可以使用诊断功能去寻找不一致的原因。

Formality 包含两种基本工具，分别是等价性检查工具和模块工具。等价性检查工具通过比较两个设计的逻辑，证明两个电路在各种情境下，虽然在表现形式上有所差异，但最终的行为与结果是一致的。模块工具用来证明设计是否达到某确定的指标。

Formality 等价性检查的过程可以分为 4 个步骤：读入设计、创建约束、匹配比较点、验证比较点功能的一致性。

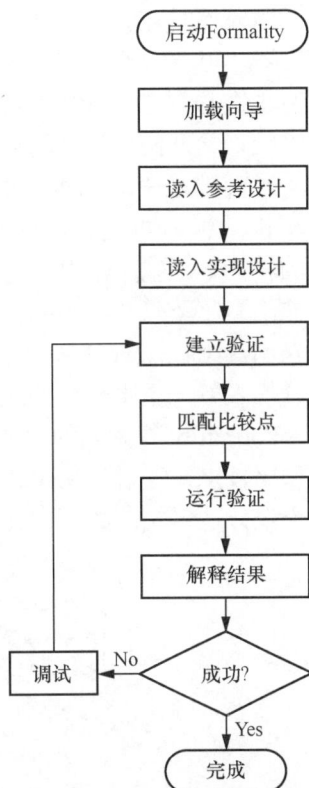

图 3-3-1　Formality 形式验证流程

3.3.2　读入设计

从前面的介绍可以知道，在形式验证的过程中涉及两个设计：一个是标准的、逻辑功能符合要求的设计，称为参考设计；另一个是修改后的、逻辑功能尚待验证的设计，称为实现设计。当读入设计后，需要为设计配置一个库文件，并且指定设计的顶层。读入设计时，Formality 在一般情况下要建立两个容器（container）来分别保存参考设计和实现设计。容器是 Formality 用来读入设计的空间，或者说"集装箱"。对于容器，可以进行命名、删除、关闭等操作。一个容器中包含一个设计，以及该设计所需要的所有库文件，如图 3-3-2 所示。

综合工具会生成一个.svf 文件。.svf 文件用于记录综合工具对设计进行了哪些优化。Formality 使用此文件来进行比较点匹配，在没有用户干预的情况下正确地设置验证，并更好地理解复杂的算术转换。所以一般在做综合前后的形式验证时，会在 Formality 中读入此文件，此文件也被称作指导文件。

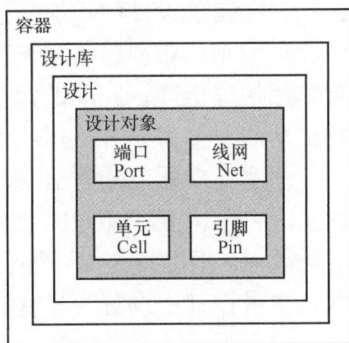

图 3-3-2　形式验证的容器与
设计库、设计及设计对象的关系

库文件即.db 文件，包含设计的每个单元的信息、引脚（pin）的功耗时序信息等。Formality 读取设计文件和库文件，并将它们建立成等效性检查所需的格式。在此阶段，Formality 读入设计并建立参考库（reference library）和实现库（implementation library），以及相应的比较点和逻辑锥（logic cone）。Formality 可以保存读入的设计以方便下次使用。

比较点是在验证期间用作组合逻辑端点的设计对象。比较点可以是输出端口、寄存器、锁存器、黑盒输入引脚或由多个驱动单元驱动的线网。Formality 通过将实现设计中比较点的逻辑锥与参考设计中匹配比较点的逻辑锥进行比较来验证两个设计的逻辑功能。

逻辑锥是驱动比较点的组合逻辑的集合。逻辑锥的输入可能是输出端口的输出、寄存器的输出、黑盒（如 IP 模块）的输出。逻辑锥的输出是比较点，产生的设计对象是 Formality 用来创建比较点的对象。如图 3-3-3 所示，阴影部分代表着一个比较点的逻辑锥。

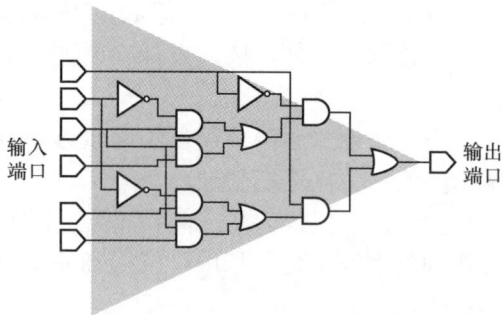

图 3-3-3　形式验证的逻辑锥

Formality 将读入的设计打散成很多个逻辑锥和比较点，通过依次比较实现设计和参考设计中相对应的逻辑锥的输出逻辑功能，实现两个设计逻辑功能的一致性验证，如图 3-3-4 所示。

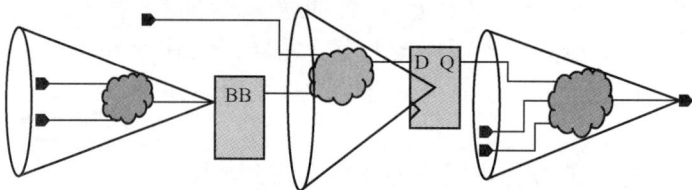

图 3-3-4　形式验证的逻辑锥和比较点

3.3.3　创建约束

形式验证的过程中，可能在比较前就知道待实现设计与参考设计可能存在功能差异。这些差异是预期中的，并不希望将其抹除。因此可以设置相关约束屏蔽这些差异，以避免验证失败。可以通过设置某些端口为常量，或者设置某些模块为黑盒来对设计进行约束，例如，在实现设计中添加扫描链逻辑，扫描链在 RTL 代码中不存在，是后端工具加上的。因此后端布局布线后的网表和综合后的网表必然存在功能上的差异。可以通过在设计中设置禁用扫描链逻辑，即设置扫描链使能端口为常量（设置为非使能状态）实现禁用设计的扫描功能，使得 Formality 不进行匹配和验证这一部分内容。

黑盒是功能未知的 IP 模块。黑盒通常为未综合的设计单元。常见的黑盒包括 RAM、ROM、模拟电路和硬 IP 块等。黑盒的输入被视为比较点，黑盒的输出被视为其他逻辑锥的输入点。当黑盒应用于等价性检查时，应确保在参考设计和实现设计中有一对一的映射，即在参考设计中设置为黑盒的单元在实现设计中也要设置为黑盒。

3.3.4　匹配比较点

在进行设计验证之前，Formality 试图将实现设计中的每个主输出、时序单元和黑盒输入引脚与参考设计中的对象匹配。为了进行完整的验证，所有比较点都必须是可匹配的，参考设计和实现设计中的设计对象必须有一对一的关系。然而，在测试设计一致性时，有些情况下不需要一对一的关系来获得完整的验证。例如，包含额外输出的设计，实现设计或参考设计都包含额外的寄存器，并且在验证期间比较点没有验证失败。

比较点匹配技术在形式上大致可分为两类：基于名称的匹配技术和基于非名称的匹

配技术。Formality 会根据比较点的名称匹配对应的比较点，如图 3-3-5 所示。工具首先会将读入的设计打散成多个逻辑锥的组合，优先匹配名称一致的比较点，然后标记匹配成功的点。

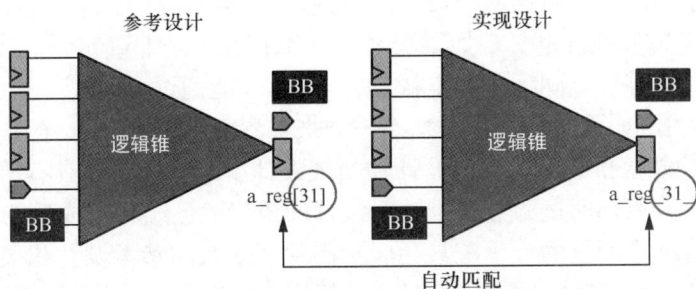

图 3-3-5　Formality 形式验证的名称匹配

如果设计中的对象名称不同，Formality 会使用各种方法自动匹配这些比较点。当所有自动匹配方法都失败时，可以进行手动匹配。

来自参考设计或实现设计的不匹配设计对象被报告为失败的比较点，并在参考设计中注明没有可匹配的设计对象。有时可能需要提供额外信息，以便在执行验证之前，Formality 能够匹配所有设计对象。例如，参考设计和实现设计可能包含名称不同但实际上具有可比性的比较点，但是通过 Formality 的所有匹配算法都无法匹配它们时，可以手动映射设计对象名称。

将 Formality 自动定义的比较点和用户定义的比较点组合起来，从而实现完整的比较点匹配验证，如图 3-3-6 所示。Formality 使用名称匹配方式，如果成功匹配两个设计中的对象名称和类型，将自动创建比较点的匹配结果。当使用用户定义的方式在设计对象间映射名称关系时，用户定义的比较点的匹配结果被创建。

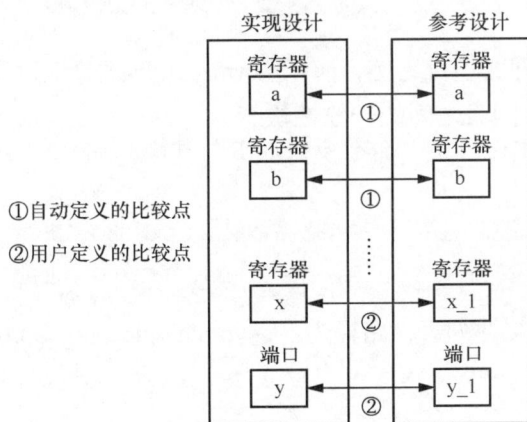

图 3-3-6　完整的比较点匹配验证

3.3.5　验证比较点功能的一致性

验证是等价性检查的主要功能。在比较点匹配成功之后，就要验证比较点逻辑功能的一致性。

形式验证可以检验两种类型的设计等价性：设计一致性和设计平等性。

设计一致性是指对于参考设计定义 1 或 0 响应的每个输入模式，实现设计都给出相同的响应。如果参考设计中存在一个非确定状态（X）条件，实现设计中的等效点只要有 0 或 1，验证即通过。

设计平等性是指功能和时序两个设计的一致性。参考设计和实现设计的功能必须在完全相同的输入模式集下进行定义。如果参考设计中存在一个非确定状态（X）条件，则验证只有在实现设计的等效点同为非确定状态（X）时才能通过。

当匹配的一对比较点的逻辑锥函数（一个来自参考设计，另一个来自实现设计）被 Formality 证明是功能等价的时，参考设计和实现设计中的比较点都具有传递状态。如果参考设计中所有的比较点都通过验证，则整个设计的最终验证结果是成功的。

如果有形式验证未通过的点，工具会展示出验证失败的参考设计和实现设计的逻辑锥电路，逻辑锥中的每个逻辑门的输出信号会被标出，如图 3-3-7 所示。可通过对比两个设计中逻辑门信号的差异，判断引起形式验证失败的原因。

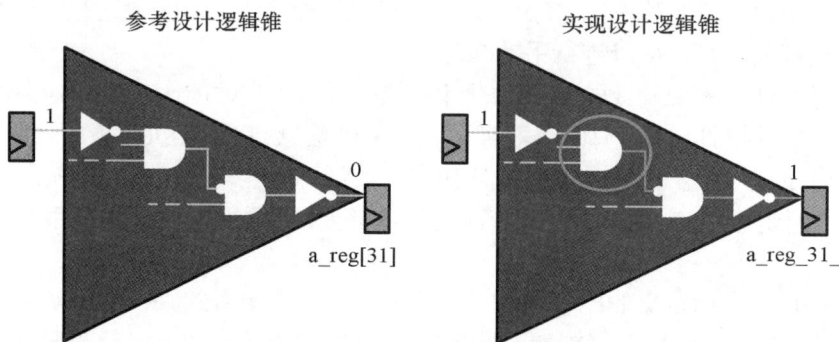

图 3-3-7　形式验证未通过的逻辑锥示例

3.4　形式验证项目实践

本节以 picorv32 处理器项目为例，演示 Formality 形式验证过程。

1．RTL 代码与综合网表之间的一致性检查

（1）进入形式验证工作目录，命令执行如下。其中，picosoc_top 是根目录，formal 是形式验证的子目录。

```
[eda@edatemp picosoc_top]$ cd formal/
[eda@edatemp formal]$ ls
db  log  rpt  run  scr
```

（2）读取 RTL 设计文件列表，路径为../../syn/data/picosoc_top.flist，内容如下。

```
../../rtl/picosoc_top.v \
../../rtl/picosoc/picosoc_reduceio.v \
../../rtl/picosoc/spimemio.v \
../../rtl/picosoc/simpleuart.v \
../../rtl/core/picorv32.v \
```

（3）建立 Formality 的脚本文件../scr/rtl2syn.tcl，实现对综合后的电路与 RTL 设计代码的比较。

① 读入设计用到的时序库（.db 文件）。

② 读入 RTL 设计文件列表../../syn/data/picosoc_top.flist。

③ 读入 DC 综合产生的网表文件../../syn/output/picosoc_top-compile.vg。

④ 读入.svf 文件。

Formality 的脚本内容如下。

```
set hdlin_dwroot "/home/eda/eda/synopsys/syn-vL-2016.03-SP1"
set_host_options -max_cores 8
set synopsys_auto_setup true
set_svf ../../syn/svf/picosoc_top.svf    #设置验证指导文件
#读入参考设计
read_verilog -container r -libname WORK -01 -vcs\
"-f ../../syn/data/picosoc_top.flist"
read_db "../../LIB/timing/StdCell/scc55nll_hd1_rvt_ss_v1p08_125c_basic.db \
../../LIB/IO/Digital/SPT55NLLD2RP_OV3_V0p5/syn/3p3v/\
SPT55NLLD2RP_OV3_V0p3_ss_V1p08_125C.db"
set_top r:/WORK/picosoc_top
#读入实现设计
read_verilog -container i -libname WORK -01\
../../syn/output/picosoc_top-compile.vg
set_top i:/WORK/picosoc_top
verify                      #验证
save_session ../db/picosoc_top.rtl2syn.db -replace    #保存验证的 session
#输出错误的和放弃的比较点
report_failing_points > ../rpt/picosoc_top.failing.rtl2syn.rpt
report_aborted > ../rpt/picosoc_top.aborted.rtl2syn.rpt
```

（4）准备好上述脚本后，启动 Formality 并执行 RTL 与综合后电路形式验证脚本，输入如下命令。

```
fm_shell -f ../scr/rtl2syn.tcl | tee ../log/rtl2syn.log
```

脚本执行过程中的输出信息保存在 rtl2syn.log 文件中，其内容如下。

```
…
*************************** Guidance Summary ***************************
                                    Status
Command        Accepted Rejected Unsupported Unprocessed  Total
--------------------------------------------------------------
--------------------------
   architecture_netlist:    4        0         0           0        4
   boundary         :     22        0         0           0       22
   boundary_netlist :      3        0         0           0        3
   change_names     :     46       14         0           0       60
   constraints      :      1       17         0           0       18
   datapath         :      3       19         0           0       22
   environment      :      2        0         0           0        2
   instance_map     :      3        1         0           0        4
   merge            :      7       18         0           0       25
   multiplier       :      0        1         0           0        1
   reg_constant     :    154        0         0           0      154
   reg_merging      :      2        0         0           0        2
   replace          :     31       18         0           0       49
   ungroup          :      3        2         0           0        5
   uniquify         :      1       17         0           0       18
Note: If verification succeeds you can safely ignore unaccepted guidance
commands.
```

```
   SVF files read:
        ../../syn/svf/picosoc_top.svf
   SVF files produced:
     /home/eda/TeachPrj/DigitalBackend/picosoc_top/formal/run/formality_svf
/svf.txt

   Status:  Matching...
   ********************************* Matching Results *******************
****************
     10309 Compare points matched by name
     455 Compare points matched by signature analysis
     0 Compare points matched by topology
     73 Matched primary inputs, black-box outputs
     0(1191) Unmatched reference(implementation) compare points
     0(0) Unmatched reference(implementation) primary inputs, black-box outputs
     654(1) Unmatched reference(implementation) unread points
   --------------------------------------------------------------------
   Unmatched Objects                                        REF       IMPL
   --------------------------------------------------------------------
     Registers                                               0       1191
      LAT                                                    0         68
      Clock-gate LAT                                         0       1123
   ***********************************************************************
   Status:  Verifying...
   *********** RTL Interpretation Summary ************
   *********** Design: r:/WORK/picosoc_top
   …
   ********************************* Verification Results *****************
   Verification SUCCEEDED               #提示形式验证成功
   …
    Reference design: r:/WORK/picosoc_top
    Implementation design: i:/WORK/picosoc_top
    10764 Passing compare points
   Matched Compare Points  BBPin  Loop  BBNet  Cut  Port  DFF   LAT  TOTAL
   --------------------------------------------------------------------
   Passing (equivalent)      0     0    22     0    41  10701   0   10764
   Failing (not equivalent)  0     0     0     0     0     0    0      0
   Not ComparedUnread        0     0     0     0     0    22    0     22
   ***********************************************************************
   1
   save_session ../db/picosoc_top.rtl2syn.db -replace
   #Formality session 保存为.fss 文件
   Info:  Wrote file '../db/picosoc_top.rtl2syn.db.fss'.
   1
   …
```

（5）在 Report 文件夹中可以查看报告文件。

picosoc_top.failing.rtl2syn.rpt 文件的内容如下。

```
   Report        : failing_points
   Reference     : r:/WORK/picosoc_top
   Implementation : i:/WORK/picosoc_top
   ***********************************************
```

```
No failing compare points.
1
```

picosoc_top.aborted.rtl2syn.rpt 文件的内容如下。

```
Report          : aborted_points
Reference       : r:/WORK/picosoc_top
Implementation  : i:/WORK/picosoc_top
***************************************************
No aborted compare points.
1
```

（6）如果想打开保存的数据库查看一些信息。可以再次使用 fm_shell 命令，接着使用 restore_session 命令打开保存的运行结果文件。

```
restore_session ../db/picosoc_top.rtl2syn.db
```

2. 综合网表与 DFT 输出网表的一致性检查

在 DC 综合后电路基础上生成 DFT 电路后，电路结构中测试电路的逻辑连接完成。在这个阶段进行形式验证，可以确保 DFT 电路的逻辑功能（非测试电路部分）与 DC 综合后电路的保持一致。Formality 调用 syn2dft.tcl 脚本，进行一致性检查。与上一步骤的主要差异是参考设计和实现设计的网表文件设置，如以下 TCL 代码块。

```
### reference
read_verilog -container i -libname WORK -01\
../../dft/netlist/picosoc_top-compile.vg
set_top r:/WORK/picosoc_top
### implementation
read_verilog -container i -libname WORK -01\
../../dft/utput/picosoc_top.dft.v
set_top i:/WORK/picosoc_top
```

本步骤的 Formality 检查通过后（提示 No aborted compare points 和 No failing compare points），DFT 输出的网表可以作为 ICC 后端设计的输入网表。

3. DFT 输出网表与后端设计 ICC 输出网表的一致性检查

数字芯片后端设计工具 ICC 结束后端设计时，需要用形式验证快速比对后端设计前后网表的一致性。因此，需要采用 Formality 对 DFT 输出网表与后端设计 ICC 输出网表的一致性进行检查。Formality 调用 dft2pr.tcl 脚本进行输出网表一致性检查。与步骤 1 和步骤 2 的主要差异依然是参考设计和实现设计的网表文件设置，如以下 TCL 代码块。

```
### reference
read_verilog -container r -libname WORK -01\
../../dft/output/picosoc_top.dft.v
set_top r:/WORK/picosoc_top
### implementation
read_verilog -container i -libname WORK -01\
../../icc/results/picosoc_top_sim.vg
set_top i:/WORK/picosoc_top
```

完成步骤 3 阶段的 Formality 检查后（提示 No aborted compare points 和 No failing compare points），ICC 后端设计的输出网表可以认为与前端输出网表以及 DFT 电路生成后输出网表保持逻辑一致。要确认设计的正确性，还需要对设计进行后续物理验证等签核检查，以及必要的版图后功能仿真。

3.5 模块小结

本模块依据实际的芯片设计项目中的形式验证工作，讲解了形式验证概念和应用、形式验证流程，并通过处理器项目picorv32在逻辑综合后、DFT电路生成后、后端设计完成后的3个阶段的形式验证实例展示了真实的芯片设计环境下的形式验证流程。

3.6 习题

1. 形式验证主要目的是_____。
2. 为了简化设计，通常形式验证工具Formality会将设计简化为_____。
3. 形式验证可以检验两种类型的设计等价性：设计_____和设计_____。
4. 什么是形式验证？
5. 形式验证主要应用在哪两个阶段？
6. 形式验证的功能可以划分为哪几个方面？
7. 形式验证的流程是什么？
8. 形式验证时的容器是什么？
9. 形式验证的比较点是什么？
10. 形式验证的逻辑锥是什么？

模块四 可测试性设计*

可测试性设计（Design For Testability，DFT）是适应芯片发展的测试需求所出现的一种技术，其主要任务是设计特定的测试电路，同时对被测试电路的结构进行调整，提高电路的可测试性，即可控制性和可观察性。

可控制性指是否可以通过电路的初级输入控制内部引线的逻辑状态。一条链路可以通过电路的主输入端（Primary Input，PI）控制其状态，则这条链路就是可控制的，否则它就是不可控制的。其链路如图 4-1 所示，两输入与门有两个输入端 A 和 B，其中 B 端输入的是电路网络 EC 的输出信号。在这个电路中，若 A 直接接地，那么无论 PI 的值是什么，与门的输出端 C 的输出始终为 0，不可能为 1，因此 C 端输出为 1 是不可控制的。

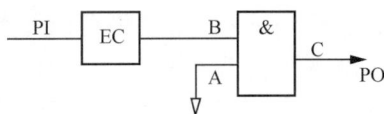

图 4-1 链路示例

可观察性指是否可以通过电路的初级输出端或其他特殊的测试点观察电路内部引线的逻辑状态。内部引线 A 的值可以通过某种方式传播到主输出（Primary Output，PO）端，在图 4-1 中，由于 C 端输出的值始终为 0，并且是由 A 端的值为 0 所致的。因此就不能通过 C 端输出判断 B 端的逻辑值究竟是什么。假如 C 是电路唯一的 PO 端，则内部引线 B 的值就是不可观察的。

DFT 主要通过在芯片中加入可测试性逻辑，等芯片制造出来后，在自动测试设备（Automatic Test Equipment，ATE）上通过可测试性逻辑对芯片进行测试，挑出有制造缺陷的芯片并淘汰掉，留下没有制造缺陷的芯片。注意，DFT 电路只负责挑出芯片的制造缺陷，而找出逻辑缺陷则由前端设计工程师和验证工程师负责。

按测试结构分，目前比较成熟的 DFT 技术主要有扫描设计（SCAN）、内建自测试（Built-in Self Test，BIST）、边界扫描设计（Boundary Scan，BSCAN）等。其中 SCAN 用于测试芯片的数字逻辑电路，BIST 多用于测试芯片的片上内存，BSCAN 用于测试芯片的 I/O 端口。

本模块的项目实践部分以开源 RISC-V 处理器项目 picorv32 为例，介绍测试电路生成工具 DFTC 的基本使用方法。

4.1 扫描链插入及 ATPG

4.1.1 扫描链

扫描链（scan chain）是 DFT 的一种实现技术，它通过植入移位寄存器，使得测试人员可以从外部控制和观察电路内部触发器的信号值。"扫描"可以使电路中的任意

扫描链插入及
ATPG（上）

扫描链插入及
ATPG（下）

一个状态移进或移出，其特点是测试数据的串行化。通过对系统内的寄存器等时序元件进行重新设计，使其具有扫描状态输入，可使测试数据从系统一端经由移位寄存器等组成的数据通路串行移动，并在数据输出端对数据进行分析，以此提高电路内部节点的可控制性和可观察性，达到测试芯片内部功能的目的。

扫描测试的实现过程如下。

（1）读入电路网表并且实施 DRC，确保符合扫描测试的设计规则。

（2）将电路中原有的触发器或者锁存器置换为特定类型的扫描触发器或者锁存器（如多路选择 D 扫描触发器、时钟控制扫描触发器，以及电平敏感扫描设计锁存器等），并且将这些扫描单元链接成一条或者多条扫描链，这一过程称为测试综合。

（3）自动测试向量生成（Automatic Test Pattern Generation，ATPG）工具根据插入的扫描电路以及形成的扫描链自动产生测试向量。故障仿真器（fault simulator）对这些测试向量实施评估并且确定故障覆盖率情况。

扫描测试通过扫描链可以非常方便地实现测试数据的有效传递以及内部状态的有效导出。插入了扫描链的电路有两种运行模式，即由测试使能控制的测试模式和工作模式。在测试模式下，扫描链接通；而在工作模式下，扫描链被旁路，电路按照原来的正常方式工作。

基于扫描设计是 DFT 中最常用的一种方法。它将电路中的普通触发器替换为具有扫描功能的扫描触发器。扫描触发器常用的结构是多路选择器扫描触发器，它在普通触发器的输入端上加了一个多路选择器，扫描触发器的结构如图 4-1-1 所示。s 为多路选择器的选择端，in 为正常的功能输入端，scan_in 为扫描输入端，clock 为时钟输入端，out 为数据输出端。当 s 端输入为 0 时，触发器为正常的功能输入；当 s 端输入为 1 时，触发器为扫描输入。

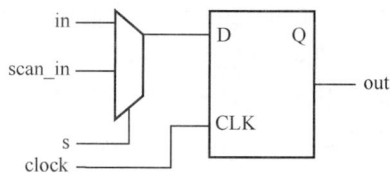

图 4-1-1　扫描触发器的结构

扫描设计分为两种：全扫描设计和部分扫描设计。全扫描设计就是将电路中的所有触发器用特殊设计的具有扫描功能的触发器代替，使其在测试时连接成一个或多个移位寄存器，这样电路分成了可以分别进行测试的纯组合电路和移位寄存器，电路中的所有状态可以直接从原始输入和输出端得到控制和观察。这样的设计将时序电路的测试生成简化成组合电路的测试生成。由于组合电路的测试生成算法目前比较完善，并且在测试自动生成方面比时序电路容易得多，因此大大降低了测试生成的难度。全扫描算法相对简单，运算速度快，而且容易获得非常高的故障覆盖率（高达 99%甚至 100%）。

虽然全扫描设计可以显著地降低测试生成的复杂度和测试费用，但这是以面积和速度为代价的。近年来出现的部分扫描（partial scan）设计则选择性地组成扫描链，例如，可以将关键路径上的时序单元以及难以满足扫描结构要求的单元排除在扫描链之外，以确保芯片满足面积和性能方面的要求。部分扫描算法比较复杂，需要花费更长的运算时间才能达到更高的故障覆盖率。部分扫描设计因降低了扫描设计的硬件消耗而受到重视。

将测试向量集应用到具有扫描结构的电路中时，需要使用 ATE。每一个测试向量的应用需要经过 5 个阶段：扫描输入（scan in）阶段、并行测量（parallel measure）阶段、并行取值（parallel capture）阶段、链首输入（first scan in）阶段和扫描输出（scan out）阶段。其中，扫描输入和扫描输出为串行工作方式；中间 3 个阶段为并行工作方式，执行一个测试向量的时序，如图 4-1-2 所示。

为了提高测试效率，阶段 1 和阶段 5 是同时进行的，在这两个阶段中，扫描使能信号一直有效，扫描电路将测试图形串行"移入"电路内部，同时将上一个周期的结果串行"移出"，在扫描输出端进行探测。在阶段 2 时，被测器件（Device Under Test，DUT）处于正常工作状态，使能信号无效，此阶段

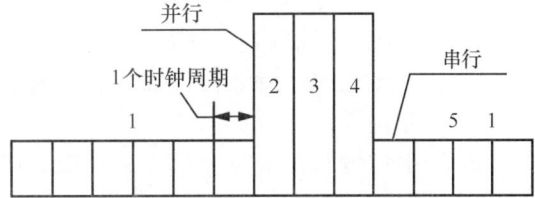

图 4-1-2 执行一个测试矢量的时序

没有时钟信号，测试图形已经被移入芯片内部，CUT 处于已知状态，待状态稳定后并行输出，进行检测。进入阶段 5，被测电路仍处于正常工作状态，使能信号仍然无效，此阶段中，时钟信号被激活一次，扫描链中的触发器捕获到测试响应，在下一个周期串行移位输出到扫描输出端。在阶段 4 中没有时钟，ATE 在扫描输出端进行一次检测，增加这个周期是为了防止扫描链第一位结果丢失。

DFTC 是 Synopsys 公司 EDA 综合工具 DC 的扩展工具，能够自动完成测试插入功能，支持全扫描模块级测试综合，将逻辑综合、基于扫描的测试以及时序分析结合在一起，提供测试规则检查、扫描综合和故障覆盖率分析等功能。DFTC 在进行测试综合的同时考虑模块的面积和时序优化。

DFTC 主要包括以下特性。

（1）自动全扫描插入

将时序单元自动替换为可以扫描的单元，在插入扫描结构的过程中，自动对设计的面积和时序进行优化。完全支持层次化的设计结构，自动连接扫描链，自动禁止扫描过程中的三态总线以及双向端口冲突。

（2）自动进行 DRC

自动检查 DFT 规则，估计扫描插入后的故障覆盖率。当发现违反规则后，可以将违反规则的扫描通路在图形界面中高亮显示，以便进一步检查规则违反原因。DFTC 提供多种测试综合流程，可以根据设计规模以及工艺等具体情况进行选择。在使用过程中发现，不同的流程对扫描综合结果的影响很大。

在何时插入扫描结构的问题上，DFTC 提供了两种选择，即 Test-Ready 扫描插入和约束—优化扫描插入。虽然最后的结果都是插入扫描结构，但是由于插入的时机不同，DC 综合工具所做的优化工作不同，因此最后的结果相差很大。

Test-Ready 扫描插入：这种方式将逻辑综合和扫描替换结合在一起。在每一个 HDL（Hardware Description Language，硬件描述语言）设计或者模块的第一次综合过程中，Test-Ready 扫描插入将设计中的时序单元直接替换成扫描单元。随后的优化过程将综合考虑扫描单元自身以及连接成扫描链之后对电路的影响。这种方式在综合过程的开始就考虑了内部扫描设计的时序影响，能够综合考虑各方面因素，获得较好的综合效果，并且消除了扫描插入后再进行增量式编译的必要，从而减少了反复的次数，节约了设计时间。Test-Ready 扫描插入的流程，如图 4-1-3 所示。典型情况下，Test-Ready 扫描插入的输入是 HDL 描述，也可以使用没有加入扫描的、有待优化的门级网表。例如，工艺转换过程中产生的门级网表还没有进行优化。在这些情况下，都可以使用 Test-Ready

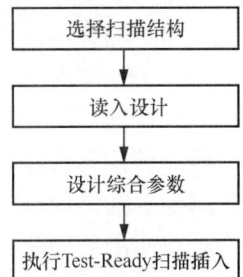

图 4-1-3 Test-Ready 扫描插入的流程

扫描插入方式进行扫描单元替换。

约束—优化扫描插入：指的是在设计进行了优化综合后，再插入扫描结构。这种方式在扫描插入过程中支持混合扫描状态。模块可以是下列几种状态。

（1）非扫描设计

设计中包含非扫描时序单元，约束—优化扫描插入会用扫描单元替换这些单元，并相互连接成扫描链。

（2）没有连接的扫描设计

设计中包含没有连接扫描链的扫描单元。这些单元可能产生于 Test-Ready 扫描插入，也可能是约束—优化扫描插入的替换过程中所产生的结果。约束—优化扫描插入会把这些扫描单元包含到最终的扫描结构中去。

（3）含扫描链的扫描设计

设计中包含扫描链。约束—优化扫描插入会把这些扫描链包含到最终的扫描结构中去。这种方式虽然灵活，可以接收多种扫描状态的模块，但是由于使用的是增量式优化（即先进行综合优化，再插入扫描结构），在综合过程中没有考虑扫描单元或者扫描链对设计面积和时序的影响，显然会降低优化质量，导致反复设计。Test-Ready 扫描插入方式由于会综合考虑扫描单元和扫描链对时序、面积等因素的影响，能够获得更加优化的综合结果。

因此，在相应的实际设计过程中推荐应用 Test-Ready 扫描插入方式。

4.1.2　ATPG

ATPG 是通过计算机程序自动生成测试向量的过程。测试向量按顺序地加载到器件的输入端上，与收集的输出信号相比较，从而判断测试的结果。ATPG 有效性是衡量测试错误覆盖率的重要指标。

ATPG 的一个周期可以分为两个阶段：测试的生成及测试的应用。

在测试的生成阶段，针对电路设计的测试模型在门级或晶体管级产生，以使错误的电路能够被该模型检测。这个阶段基本上是数学过程，可以采用手动计算、算法产生、伪随机产生（软件通过复杂的 ATPG 程序产生测试图形向量）等方法。

在创建测试时，我们的目标应该是在有限存储空间内执行高效的测试图形向量。由此可见，ATPG 必须在满足一定错误覆盖率的情况下，产生尽可能少的测试向量。主要考虑下述因素。

（1）建立最小测试组所需要的时间。

（2）测试图形向量的大小，软件、硬件的需求。

（3）测试过程的长度。

（4）加载测试图形向量所需的时间。

（5）外部设备。

现在被广泛使用的 ATPG 算法包括：D 算法、PODEM 算法和 FAN 算法。任何算法都需要一种称为路径敏化（path sensitization）的技术，它指的是在电路中寻找一条路径，以使路径中的错误都能表现在路径的输出端。

在使用 ATPG 算法对芯片进行测试验证时有以下步骤。

（1）选取要验证的待检测电路的节点，进行单固定故障点设置。

（2）在进行测试生成时，使用路径敏化和递归方法，通过主输入方向进行判断，以找到一组能够引起设置故障值的合适输入向量集。若已经搜索完整个向量空间并且没有找到引起故障值的输入向量，则测试生成阶段直接结束。

（3）将找到的主输入向量向后传播直至主输出端，即将故障值通过寻找的向量集向后传播至主输出端，观察故障值在主输出端的结果值。将引起此故障值的输出向量同样应用在规范电路的主输入端，然后在规范电路的主输出端观察结果。

（4）若实现电路和规范电路在应用相同输入向量集的情况下在主输出端的结果相同，则证明实现电路和规范电路在逻辑功能上是等价的；否则，说明实现电路和规范电路在逻辑功能上是不等价的。

4.2　BIST

BIST（Built-in Self Test，内建自测试）是设计时在电路中植入相关功能电路用于提供自我测试功能的技术，以此降低器件测试对 ATE 的依赖程度。它可以应用于几乎所有电路，因此在半导体工业中被广泛应用。例如，在 DRAM 中普遍使用的 BIST 技术包括在电路中植入测试图形发生电路、时序电路、模式选择电路和调试测试电路。BIST 技术的快速发展很大程度上是由于居高不下的 ATE 成本和电路的高复杂度。现在，高度集成的电路被广泛应用，测试这些电路需要高速的混合信号测试设备。BIST 技术可以通过实现自我测试从而减少对 ATE 的需求。BIST 技术也可以解决很多电路无法直接测试的问题，因为它们没有直接的外部引脚，比如嵌闪。可以预见，在不久的将来即使非常先进的 ATE 也无法完全测试极快的电路，这也是采用 BIST 技术的原因之一。BIST 技术分类如图 4-2-1 所示。

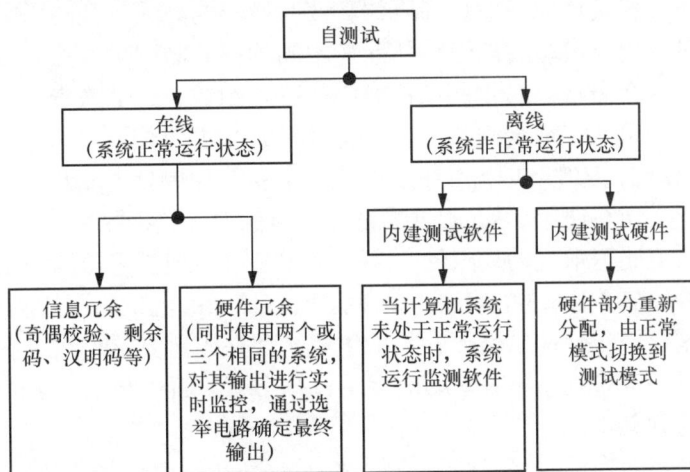

图 4-2-1　BIST 技术分类

BIST 技术大致可以分为逻辑电路测试和存储器测试两类，即 Logic BIST（LBIST）、Memory BIST（MBIST）。

LBIST 通常用于测试随机逻辑电路，一般采用伪随机测试图形生成器来产生输入测试图形，应用于器件内部机制；而采用多输入特征寄存器（Multiple Input Signature Register，MISR）作为输出信号产生器。

MBIST 只用于存储器测试，典型的 MBIST 包含测试电路，用于加载、读取和比较测试图形。目前存在几种业界通用的 MBIST 算法，比如 March 算法、Checkerboard 算法等。另一种比较少见的 BIST 称为 Array BIST，它是 MBIST 的一种，专门用于嵌入式存储器的自我测试。Analog BIST 则用于模拟电路的自我测试。BIST 技术正成为高价 ATE 的替代方案，但是 BIST 技术目前还无法完全取代 ATE，它们将在未来很长一段时间内共存。

因此 BIST 技术必须附加两个额外电路：激励生成器和响应分析器。BIST 的一般结构，如图 4-2-2 所示。其中，激励生成器生成电路所需的测试向量。有许多方法可以生成激励，使用较多的方法是穷举法和随机法。计数器就是穷举法的一个较好的应用，而 LFSR（Linear Feedback Shift Register，线性反馈移位寄存器）则属于一种伪随机模式发生器。响应分析器将电路所产生的响应与已知、正确的响应序列相比较，以便确定电路的测试结果。一般地，响应分析器先将响应序列压缩得到响应的特征，然后将其与期望的特征进行比较，以确定测试的结果。响应分析器的典型实现是 MISR。

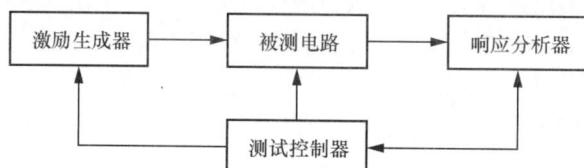

图 4-2-2 BIST 的一般结构

内存是 BIST 应用比较特殊的地方。内存特殊的单一结构令 BIST 更加简单、有效，因为内存中没有逻辑电路。对内存进行功能测试时，只要产生测试向量，将其存入内存，再读出进行比较就可以了。由于内存的输出（即读出的数据）就是存入的数据，因而可以方便地进行比较，甚至不需要处理数据。

存储器的故障一般是单元、地址译码器和读写逻辑的短路或开路引起的。这些故障可以归纳为单个和多个单元模型的故障，从而有不同的存储器测试方法。目前广泛使用的是跨步测试（march test）方法。跨步测试由有限的跨步组成，每个跨步对存储单元进行一串操作后转移到下一个单元，跨步测试目前也有很多的算法。

与扫描 DFT 相比，BIST 的优点在于性能上不受芯片焊盘（pad）与 ATE 接口之间电气特性的限制，能实现在速（at speed）测试。但目前 BIST 主要用于存储器的测试，在随机逻辑测试的应用上还有很大的局限性，主要原因是产生随机逻辑的测试激励要么需要很大的存储空间，要么需要很长的故障模拟时间，而存储器的测试需要的测试向量非常简单，测试激励可以通过存储或硬件电路很容易地生成。现在的研究重点在于 BIST 对随机逻辑的应用，即在达到一定的故障覆盖率的前提下，减小芯片面积开销，这个研究对 SoC 的测试具有极为重要的意义。

不会将组合电路转换成时序电路的故障称为组合故障，将组合电路转换成具有时序特性的故障称为时序故障。所有 BIST 必须付出一定的代价，可靠性及合格率的降低很大程度上是由于测试代价降低，BIST 的代价必须低于由于测试代价降低等所得到的好处。一种理想的 BIST 结构应当适用于任何类型的故障，但这是很难达到的。

在进行 BIST 时应考虑如下 4 个方面的因素。

（1）故障覆盖率：测试序列生成器生成测试码可检测的故障占可能故障的比例。

（2）测试集的大小：测试序列生成器生成的测试码数目，一般是大的测试集对应着高的故障覆盖率，但也会使故障的延迟增加。

（3）硬件开销：BIST 需要额外的硬件资源。

（4）特性损失：BIST 硬件资源对正常的电路行为有影响。

图 4-2-3 显示了嵌入式 SRAM 典型 BIST 电路。主要模块有 BIST 选择器函数（FBS）、BIST 接口控制器（BIC）、地址模型发生器（APG）、数据模型发生器（DPG）以及输出响应鉴别器（ORE）。

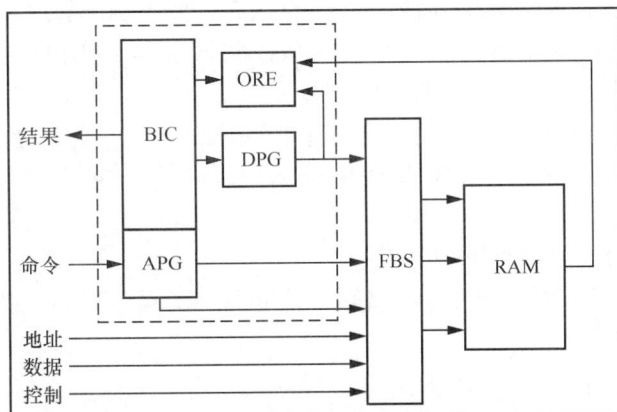

图 4-2-3　嵌入式 SRAM 典型 BIST 电路

BIST 技术的优点如下。

（1）降低测试成本。

（2）提高错误覆盖率。

（3）缩短测试所需时间。

（4）具有独立测试的能力。

BIST 技术的缺点如下。

（1）额外的电路占用宝贵面积。

（2）额外的引脚。

（3）可能存在测试盲点。

4.3　DFT 电路生成步骤

DFT 在增加故障覆盖率（fault coverage）的同时也增加了面积。影响 DFT 的主要因素如下。

（1）设计中存在三态总线。

（2）触发器间存在复位关系。

（3）设计中存在生成时钟。

（4）设计中存在门控时钟。

（5）设计中存在锁存器。

下面对每一种情况分别进行分析。

（1）设计中存在三态总线的处理方法。

如果芯片上存在三态总线，应注意避免总线竞争，即同一时间在总线上驱动不同的值。总线竞争会带来更多的功耗，进而导致芯片损坏。在扫描测试阶段避免总线竞争的途径是控

制三态缓冲器的使能，即与扫描使能信号进行"与"运算。

在正常工作模式下，scan_en_n 信号为逻辑 1，允许控制信号通过。

在测试模式下，scan_en_n 信号为逻辑 0，假定这些使能的控制输入来自触发器的输出。

（2）触发器间存在复位关系。

若触发器的复位信号依赖于其他触发器的状态，会影响测试信号的传播和控制。可以通过扫描链设计使得触发器之间的复位关系在测试过程中变得可控。

（3）设计中存在生成时钟的处理方法。

生成时钟由时钟分频器通过触发器或芯片中的 PLL 产生。在这种情况下，需要在时钟路径中添加多路复用器，使用 TEST_MODE 作为控制信号，多路复用器的输入是常规时钟和生成时钟。

（4）设计中存在门控时钟的处理方法。

在某些设计中，门控时钟是不可避免的，它可以用来降低功耗。因为时钟现在通过组合逻辑，从而无法扫描测试。

（5）设计中存在锁存器的处理方法。

为了使锁存器具有可控性，需要使能（enable）和测试模式（TEST-MODE）信号进行异或，如图 4-3-1 所示。

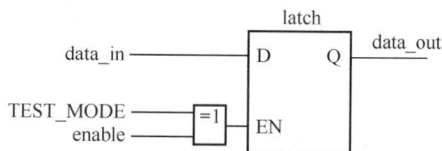

图 4-3-1　测试电路的锁存器改进

DFT 生成实践过程如下。

（1）时钟控制。

对于 ATPG 工具生成模式，翻牌的时钟和复位必须是完全可控的。也就是说，工具可以在需要时触发时钟，时钟不能被任何其他不可控制的信号所门控。

① 由组合逻辑进行门控的时钟。

如果时钟由组合逻辑进行门控，则应添加测试模式控制信号，确保时钟传输的完全可控。图 4-3-2 所示的例子中，功能时钟 CLK 由组合逻辑输出 A 门控（CLK 与 A 通过一个与门，A 为高电平时 CLK 信号被选通），则应使用测试模式信号 TEST_MODE 对信号 A 添加控制。当 TEST_MODE 信号为低电平时，信号 A 透传，电路相当于没有添加 TEST_MODE 控制，仍保持原来的功能；当 TEST_MODE 信号为高电平时，A 通常为复位后默认的低电平状态，此时 CLK 信号被选通。

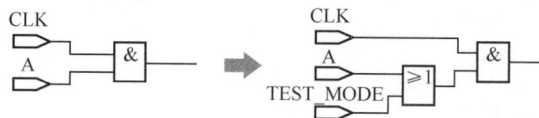

图 4-3-2　时钟门控信号 A 添加 TEST_MODE 信号控制

② 内部生成的时钟。

对于所有内部生成的时钟，应提供旁路。如果需要这个时钟，如需要 PLL 时钟进行全速测试，那么就应该添加时钟控制逻辑。如图 4-3-3 所示，对内部生成的时钟 C，添加了一个多路选择器。当 TEST_MODE 为低电平时，电路保持原来的功能不变；当 TEST_MODE 为高电平时，内部生成时钟被旁路（bypass），C 输出的是测试时钟 TEST_CLOCK。

再如图 4-3-4 所示，这里的时钟 C 由触发器 DFF1 的 Q 端输出经过组合逻辑电路 COMBO 产生，因为这个生成的时钟不能由 ATPG 工具直接控制，需要添加时钟控制逻辑，添加的控制电路原理与图 4-3-3 所示的相同。

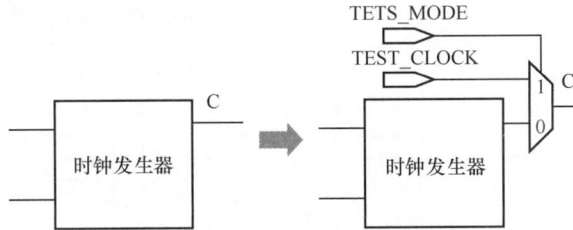

图 4-3-3　为内部生成的时钟添加旁路

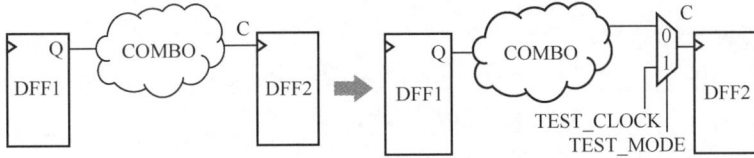

图 4-3-4　为从触发器产生的时钟添加旁路

③ 测试时钟选择。

测试时钟选择可以参考图 4-3-3 中的例子，通过测试模式 TEST_MODE 信号控制多路选择器，从而选择通过的是功能时钟还是测试时钟。需要注意的是，必须确保测试时钟频率始终大于或等于功能时钟频率，这样就不会导致对逻辑进行的测试不足。

④ 使用时钟作为数据。

当时钟用作设计中的数据时，必须始终确保能够使用测试模式信号对此数据路径进行门控，否则可能因竞争条件产生不准确的模拟结果。如图 4-3-5 所示，CLK 作为数据信号与 Data 相与，在进行与操作前添加测试模式信号 TEST_MODE 与 CLK 进行或运算，对 CLK 进行门控。

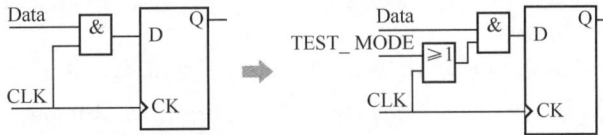

图 4-3-5　消除竞争条件

（2）非时钟锁存器。

STA 仅关闭那些时钟控制的顺序器件的时序，如果锁存器（LT）的使能/时钟来自触发器的输出，则 STA 不检查它的时序，这可能导致错误的数据锁存。这种错误可能要到时序仿真（后仿）时或在真实芯片上才能发现，如果锁存器的使能是有效时钟（门控或非门控），则可以防止这种情况出现，因此，设计时要避免锁存器的使能信号不是时钟信号的情况，如图 4-3-6 所示。

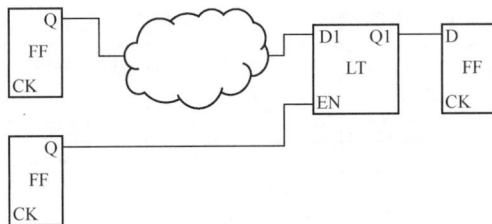

图 4-3-6　锁存器使能信号不经过 STA 检查

（3）复位控制。

如前所述，触发器的时钟和复位必须是完全可控的。为实现此目的，将多路复用器置于复位路径中，如图 4-3-7 所示。多路复用器的第一个输入是前述的功能复位；第二个输入是 DFT 控制的复位信号 TEST_RESET，DFT 使用选择线在测试模式下切换到受控复位。

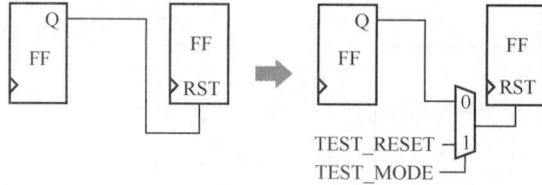

图 4-3-7　使用多路复用器进行复位控制

（4）组合逻辑反馈电路。

当组合逻辑的输出反馈到其输入之一时，形成组合逻辑反馈电路。用 ATPG 工具模拟设计时，假设组合逻辑中的器件延迟为零，这可能导致一个或多个输入组合的不确定输出。

如图 4-3-8 所示，输入组合(*A,B,C*)=(1,0,0)将在电路中产生振荡。为了防止发生这种情况，应该避免采用这种反馈设计。

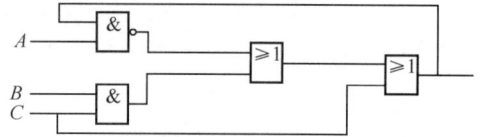

图 4-3-8　组合逻辑反馈电路

（5）模拟模块。

使用 ATPG 工具时，测试期间的所有模拟模块都需要进行特殊处理。许多模拟模块都可以嵌入数字逻辑，我们应该确保这些逻辑都是可测试的。模拟模块接口的数字 I/O 需要完全可控和可观察。同时，模拟 I/O 应封装好并说明。可以根据测试用例要求将模块的模拟部分保持在低功耗状态（断电或休眠），以及模拟输出处于高阻态或驱动恒定值。需要特别小心这种情况，并通过安全的阻塞说明来进行维护。

（6）电压和温度触发屏蔽。

有的 SoC 内置电压和温度检测电路，以便在超出规定范围时产生中断。在 DFT 测试期间，中断信号需要被禁用或屏蔽，如极低电压（Ultra-Low Voltage，ULV）检测、高压应力检测等。如果这些中断信号未被屏蔽，将造成测试失败。如图 4-3-9 所示，在模拟模块的 I/O 端添加 TEST_MODE 控制多路选择器，在测试模式 TEST_MODE=1 时，模拟模块（ANALOG BLOCK）的 I/O 触发信号（其中用于检测电压、温度的 Safe State Value 信号）被旁路，而数字测试的端口信号 Digital I/P 和 Digital O/P 通过扫描链寄存器连接到测试电路。

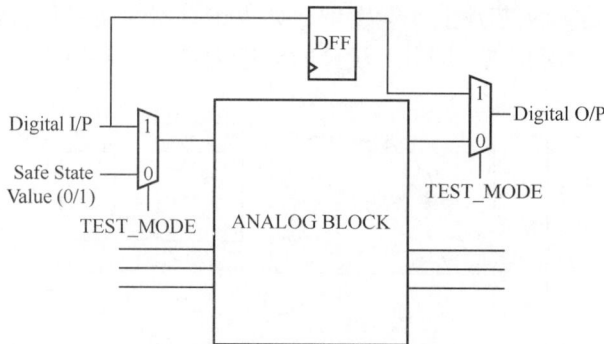

图 4-3-9　屏蔽模拟模块的触发信号

4.4　DFT 项目实践

DFT 是将设计中的时序单元寄存器插入扫描链并自动化产生测试向量的过程。数据包路径如下。

```
/home/eda/TeachPrj/DigitalBackend/picosoc_top/dft
```

1.　生成 DFT 扫描链

（1）将需要插入扫描链的设计读入 DFTC（包含在 DC 套件里）。

```
[eda@edatemp run]$ ll ../netlist/picosoc_top-compile.vg
lrwxrwxrwx. 1 eda eda 39 Oct 13 22:23 ../netlist/picosoc_top-compile.vg
```

准备好解析设计所需的时序库文件。

```
[eda@edatemp run]$ ll ../../LIB/timing/StdCell\
/scc55nll_hd1_rvt_ss_v1p08_125c_basic.db
```

（2）准备好插入 DFT 扫描链所需要的脚本文件../scr/dft.tcl，其内容如下。

```
set link_library "* ../../LIB/timing/StdCell\
/scc55nll_hd1_rvt_ss_v1p08_125c_basic.db\
 ../../LIB/IO/Digital/SPT55NLLD2RP_OV3_V0p5/syn/3p3v/\
SPT55NLLD2RP_OV3_V0p3_ss_V1p08_125C.db "
set target_library " ../../LIB/timing/StdCell\
/scc55nll_hd1_rvt_ss_v1p08_125c_basic.db"
read_verilog ../netlist/picosoc_top-compile.vg        #输入的综合后网表
current_design picosoc_top                            #顶层设计
set_dont_touch [get_cells MUX_*] true
set_dont_touch [get_cells PAD_*] true
set_host_options -max_cores 8
#设置测试电路相关I/O信号，低电平复位，高电平使能，SCAN_MODE为1时为扫描测试模式
set_dft_signal -view exist -type ScanClock -port SCAN_CLK\
 -hookup_pin [get_pins PAD_SCAN_CLK/C] -timing {45 55}
set_dft_signal -view exist -type Reset -port SCAN_NRST\
 -hookup_pin [get_pins PAD_SCAN_NRST/C] -active_state 0
set_dft_signal -view spec -type ScanEnable -port SCAN_ENABLE\
-hookup_pin [get_pins PAD_SCAN_ENABLE/C] -active_state 1
set_dft_signal -view exist -type ScanEnable  -port SCAN_ENABLE\
 -hookup_pin [get_pins PAD_SCAN_ENABLE/C] -active_state 1
set_dft_signal -view spec -type TestMode     -port SCAN_MODE\
 -hookup_pin [get_pins PAD_SCAN_MODE/C] -active_state 1
set_scan_configuration -add_lockup true -lockup_type latch -replace\
true -chain_count 4
set_dft_signal -view spec -type ScanDataIn  -port FLASH_DI0\
-hookup_pin PAD_FLASH_DI0/C
set_dft_signal -view spec -type ScanDataIn  -port FLASH_DI1\
-hookup_pin PAD_FLASH_DI1/C
set_dft_signal -view spec -type ScanDataIn  -port FLASH_DI2\
-hookup_pin PAD_FLASH_DI2/C
set_dft_signal -view spec -type ScanDataIn  -port FLASH_DI3\
-hookup_pin PAD_FLASH_DI3/C
set_dft_signal -view spec -type ScanDataOut -port FLASH_DO0\
-hookup_pin MUX_SCANOUT0/I1
set_dft_signal -view spec -type ScanDataOut -port FLASH_DO1\
-hookup_pin MUX_SCANOUT1/I1
set_dft_signal -view spec -type ScanDataOut -port FLASH_DO2\
-hookup_pin MUX_SCANOUT2/I1
set_dft_signal -view spec -type ScanDataOut -port FLASH_DO3\
-hookup_pin MUX_SCANOUT3/I1
set_scan_path C0 -scan_data_in [get_ports FLASH_DI0]\
-scan_data_out [get_ports FLASH_DO0]
```

```
set_scan_path C1 -scan_data_in [get_ports FLASH_DI1]\
-scan_data_out [get_ports FLASH_DO1]
set_scan_path C2 -scan_data_in [get_ports FLASH_DI2]\
-scan_data_out [get_ports FLASH_DO2]
set_scan_path C3 -scan_data_in [get_ports FLASH_DI3]\
-scan_data_out [get_ports FLASH_DO3]
set_scan_element false {dut/spimemio/xfer_io0_90_reg\
pimemio/xfer_io1_90_reg \
dut/spimemio/xfer_io2_90_reg dut/spimemio/xfer_io3_90_reg}
remove_test_protocol
create_test_protocol
insert_dft                     #生成测试电路
dft_drc -cov                   #DFT DRC，添加故障覆盖率选项
report_scan_path -chain all > ../rpt/scan_chain.rpt
report_scan_path -cell all > ../rpt/scan_cell.rpt
write_test_protocol -output ../output/picosoc_top.spf     #测试协议输出
write -format verilog -hier -output ../output/picosoc_top.dft.v     #测试电
路添加后网表
write_scan_def -output ../output/picosoc_top.scan.def    #扫描链定义文件
exit
```

请思考，如果去掉上述脚本中的 set_scan_element 这一行，结果会有哪些变化？

（3）完成上述脚本之后，启动 DFTC，执行以下脚本。

```
dc_shell -f ../scr/dft.tcl | tee ../log/dft.log
```

执行过程中的输出信息保存到 dft.log 文件中，其部分内容如下。

```
  Uncollapsed Stuck Fault Summary Report
-------------------------------------------------
fault class                    code
-------------------------------------------------
Detected                       DT     245950
Possibly detected              PT          0
Undetectable                   UD        260
ATPG untestable                AU      28317
Not detected                   ND         45
-------------------------------------------------
total faults                          274572
test coverage                          89.66%
```

（4）执行完上述脚本之后，dft_drc -cov 会提示测试覆盖率情况、扫描链情况，并且会产生插入扫描链的网表供后续布局布线，以及产生测试协议文件供后续 ATPG 工具产生测试向量。

扫描链情况可以查看 ../rpt/scan_chain.rpt，其部分内容如下，可见 4 条扫描链的长度（Len）。

```
Report : Scan path
Design : spi_top
*****************************************
TEST MODE: Internal_scan
VIEW     : Existing DFT
=========================================
Scan_path  Len  ScanDataIn  ScanDataOut ScanEnable  MasterClock SlaveClock
---------- ---- ----------- ----------- ----------- ----------- --------
I C0       2680 FLASH_DI0   FLASH_DO0   SCAN_ENABLE SCAN_CLK    -
I C1       2680 FLASH_DI1   FLASH_DO1   SCAN_ENABLE SCAN_CLK    -
I C2       2680 FLASH_DI2   FLASH_DO2   SCAN_ENABLE SCAN_CLK    -
I C3       2679 FLASH_DI3   FLASH_DO3   SCAN_ENABLE SCAN_CLK    -
```

2．自动生成测试向量

（1）进入目录 tmax。

测试向量将用于对封测厂加工后的芯片进行测试。准备好插入扫描链的网表.v 文件、

测试协议.spf 文件，以及设计用到的单元模型（verilog 描述）。

```
[eda@edatemp ~]$ cd picosoc_top/tmax/
[eda@edatemp tmax]$ ls
log  netlist  output  rpt  run  scr  spf
#关联设计文件
[eda@edatemp tmax]$ ln -sf ../dft/output/picosoc_top.dft.v\
netlist/picosoc_top.dft.v
#关联.spf 文件
[eda@edatemp tmax]$ ln -sf ../dft/output/picosoc_top.spf spf/picosoc_top.spf
[eda@edatemp tmax]$ ll netlist/
total 0
lrwxrwxrwx. 1 eda eda 30 Sep 29 11:29 picosoc_top.dft.v -> ../../dft/out
put/picosoc_top.dft.v
[eda@edatemp tmax]$ ll spf/
total 0
lrwxrwxrwx. 1 eda eda 28 Jul 14 20:54 picosoc_top.spf -> ../../dft/outpu
t/picosoc_top.spf
```

（2）准备自动测试向量产生脚本 tmax.tcl，其内容如下。

```
set design_name [getenv DESIGN]
#导入后端库标准单元.v 文件
read_netlist "/home/eda/lab/LIB/spi_dft_lib/scc55nll_hd1_rvt_neg.v"\
-library
read_netlist " ../../LIB/IO/Digital/SPT55NLLD2RP_OV3_V0p5/verilog/\
SPT55NLLD2RP_OV3_V0p3.v" -library
#导入添加了 DFT 的测试电路的设计文件网表
read_netlist ../../dft/output/${design_name}.dft.v
set_learning -max_feedback_sources 10000
set top_design ${design_name}
run_build_model ${top_design}
add_po_masks -all
set_drc " ../../dft/output/${design_name}.spf"
run_drc
report_rules -fail
remove_faults -all
add_faults -all
run_atpg -auto                            #ATPG 生成
write_fault ../rpt/tmax_AU.rpt -class AU -replace    #错误报告分类输出
write_fault ../rpt/tmax_ND.rpt -class ND -replace
write_fault ../rpt/tmax_UD.rpt -class UD -replace
write_fault ../rpt/tmax_DT.rpt -class DT -replace
write_fault ../rpt/tmax_PT.rpt -class PT -replace
analyze_faults -class nd > ../rpt/analyze_ND.rpt     #错误分析
analyze_faults -class au > ../rpt/analyze_AU.rpt
#测试向量输出，WGL 格式
write_pattern ../output/ ${design_name}.wgl -format wgl -replace
```

（3）启动自动测试向量产生工具 TetraMax，并执行脚本。

```
setenv DESIGN picosoc_top
tmax -shell ../scr/tmax.tcl | tee ../log/tmax.log
```

（4）查看结果以及得到输出的测试向量，详细的测试向量文件可以查看../output/
picosoc_top.wgl，其部分内容的示例如下。

```
# WGL pattern output written by  TetraMAX(R)  K-2015.06-i150528_170704
...
# Module tested: picosoc_top
# === bidimap ===
#  in out in out;
#   00      00
```

```
#    10      10
#    X0      X0
#    Z0      -0
…
# scanchain inversion reference is set to master
#      Uncollapsed Stuck Fault Summary Report
# fault class          code      # 错误类型及数量统计
# ----------------------  ----  ---------
# Detected              DT      xxxxx      #输出错误数量示例，以 x 代替实际数值
# Possibly detected     PT        x
# Undetectable          UD      xxxx
# ATPG untestable       AU       xxx
# Not detected          ND       xxx
# total faults                  xxxxx
# test coverage                 xx.xx%    #输出测试覆盖率示例，以 x 代替实际数值
#              Pattern Summary Report
# --------------------------------------------------
# #internal patterns                      xxx
# #basic_scan patterns                    xxx
# rule     severity        #fails  description
# ---      ------          ----    -------------------------------
# N2     warning  xxx unsupported construct
# N23    warning    x inconsistent UDP
# B8     warning    x unconnected module input pin
# B9     warning    x undriven module internal net
# B10    warning   xx unconnected module internal net
# C6     warning   xx TE port captured data affected by new capture (nomask)
# clock_name          off  usage
# SCAN_CLK            0    master shift
# SCAN_NRST           1    master set reset
# port_name          constraint_value
# SCAN_MODE           1
# There are no equivalent pins
# There are no net connections
waveform picosoc_top
signal
    "SCAN_MODE" : input;
    "SCAN_CLK" : input;
    "SCAN_NRST" : input;
    "SCAN_ENABLE" : input;
…
scanstate                                      #测试向量示例
    { non_tester_ready_master_data }
    { scan_test }
    C1U0 := C1G (XXXXXXXXXXXXXXXXXXXXXXXXXXXXXX );
    C2U1 := C2G (XXXXXXXXXXXXXXXXXXXXXXXXXXXXXXXXXXXXXXXXXXXX
    XXXXXXXXXXXXXXXXXXXXXXXXXXXXXXXXXXXXXXXXXXXXXX
    XXXXXXXXXXXXXXXXXXXXXXXXXXXXXXXXXXXXXXXXXXXXXX
    XXXXXXXXXXXXXXXXXXXXXXXXXXXXXXXXXXXXXXXXXXXXXX
    XXXXXXXXXXXXXXXXXXXXXXXXXXXXXXXXXXXXXXXXXXXXXX
    XXXXXXXXXXXXXXXXXXXXXXXXXXXXXXXXXXXXXXXXXXXXXX
    XXXXXXXXXXXXXXXXXXXXXXXXXXXXXXXXXXXXXXXXXXXXXX
    XXXXXXXXXXXXXXXXXXXXXXXXXXXXXXXXXXXXXXXXXXXXXX
    XXXXXXXXXXXXXXXXXXXXXXXXXXXXXXXXXXXXXXXXXXXXXX
    XXXXXXXXXXXXXXXXXXXXXXXXXXXXXXXXXXXXXXXXXXXXXX
    XXXXXXXXXXXXXXXXXXXXXXXXXXXXXXXXXXXXXXXXXXXXXX
    XXXXXXXXXXXXXXXXXX );
    C1L0 := C1G (0011001100110011001100110011001 );
    C2L1 := C2G (00110011001100110011001100110011001100110011001100110011001100110
```

```
011001100
        1100110011001100110011001100110011001100110011001100110011001100110011001
100110011
        0011001100110011001100110011001100110011001100110011001100110011001100110
011001100
        1100110011001100110011001100110011001100110011001100110011001100110011001
100110011
        0011001100110011001100110011001100110011001100110011001100110011001100110
011001100
        1100110011001100110011001100110011001100110011001100110011001100110011001
100110011
        0011001100110011001100110011001100110011001100110011001100110011001100110
011001100
        1100110011001100110011001100110011001100110011001100110011001100110011001
100110011
        0011001100110011001100110011001100110011001100110011001100110011001100110
011001100
        1100110011001100110011001100110011001100110011001100110011001100110011001
100110011
        0011001100110011001100110011001100110011001100110011001100110011001100110
011001100
        1100110011001100110011 ) ;
    …
        scan ( "_default_WFT_" )                        := [ 1 1 1 1 - - 1 0 1 1 0 0
1 1 1 0 0
        0 0 0 1 1 0 1 0 0 1 1 1 1 0 1 0 0 0 1 1 1 1 0 0 0 0 0 0 0 1 1 1 1 1
0 1 1 1
        1 0 1 1 0 1 1 0 1 1 1 0 1 0 1 0 0 1 0 0 0 1 0 0 0 1 0 0 1 0 1 1 1 0 1
0 0 1 1
        1 1 0 1 1 0 0 0 0 1 1 0 0 0 1 1 1 0 1 0 0 1 0 1 0 1 1 1 0 1 1 1 1 1
1 1 1 1
        1 1 0 1 0 1 0 0 1 1 0 1 0 0 1 0 0 1 1 1 0 0 0 0 1 0 0 1 0 1 0 0 1 1 0
1 0 1 1
        0 0 1 1 0 0 0 0 1 0 1 1 1 0 0 0 1 0 1 1 0 0 1 1 0 0 0 1 0 0 0 0 0 1 0
1 0 1 1
        0 0 0 0 0 0 1 0 1 0 1 0 1 1 1 0 1 0 1 1 1 0 1 0 1 1 0 0 0 1 0 0 1 0 0
0 0 0 0
        0 1 1 1 1 0 1 0 0 1 0 1 1 1 0 0 1 1 0 0 0 0 1 1 1 0 0 0 0 0 0 0 0 1 1 0
1 1 1 1
        1 1 0 1 1 0 0 0 1 1 0 0 0 1 1 1 0 1 0 1 0 0 0 1 0 0 1 1 0 1 0 1 0 0 0
0 1 0 0
        1 1 1 1 0 1 1 1 0 0 1 1 0 1 0 1 0 0 0 0 0 0 1 1 1 0 0 1 1 0 0 0 1 1 1
1 1 0 1
        1 1 1 0 1 1 0 1 0 0 0 1 0 0 1 1 1 1 0 1 0 0 1 0 0 1 1 0 1 0 0 1 0 1
0 1 1 0
        0 1 0 0 0 1 1 1 1 1 1 1 0 1 0 0 1 1 1 1 1 1 0 1 1 0 1 0 1 1 0 1 1
0 1 0 0
        1 1 1 0 1 0 0 0 0 0 1 0 1 1 0 1 1 0 0 0 1 1 0 1 0 1 1 1 1 0 1 0 1 1 1 1
1 1 0 0
        1 0 1 0 1 0 0 1 0 0 0 0 0 0 0 1 1 0 0 0 1 0 1 1 1 0 0 0 0 0 1 0 1 1 1
1 1 0 0
        1 0 0 1 1 0 1 0 1 1 1 0 0 0 1 1 1 0 0 0 1 1 0 0 1 0 1 0 0 1 0 1 0 1 1 0
0 0 0 1
        0 0 1 1 1 0 0 0 0 0 0 0 0 1 0 1 1 1 1 1 0 1 0 0 1 0 0 0 0 0 0 1 0 0 0 0 1
0 0 1 0
        0 1 0 1 0 0 1 0 0 1 1 0 1 0 1 1 0 0 1 0 0 0 1 0 0 1 1 0 1 1 0 0 1 0 1
0 0 0 1
        1 1 0 1 1 0 0 1 0 0 1 1 0 0 0 1 0 1 0 0 0 1 1 1 1 0 1 1 1 1 1 1 0 0 0
1 1 1 1
        1 1 1 0 0 0 0 0 0 0 0 1 1 1 0 1 1 1 1 1 0 1 0 0 1 1 0 1 1 0 0 1 1 0 0 0
```

```
0 1 1 0
    0 0 1 1 1 0 1 1 0 1 1 0 1 1 1 1 1 1 0 1 1 0 0 0 0 0 0 0 1 0 1 0 1 0 0
1 0 0 0
    1 0 1 1 0 1 0 1 1 1 1 1 1 1 0 1 0 0 0 1 0 0 0 0 0 0 1 0 1 0 1 0 0 1 1
0 0 1 1
    1 1 0 1 - - X X X X X X X X X X X X X X X ],
    output [C1:C1U902], output [C2:C2U903], input [C1:C1L902], input [C
2:C2L903];
  end
  end
```

4.5　模块小结

本模块依托实际的芯片项目，介绍 DFT 的基本概念和方法，重点讲授扫描链插入及 ATPG、BIST 等的原理，并针对 picorv32 处理器项目进行 DFT 电路生成实例的实践。

4.6　习题

1. 为了进行 DFT，需要保证设计具有_____。
2. 目前业界比较成熟的 DFT 技术有_____。
3. MBIST 算法主要有_____。
4. 测试故障模型有哪些_____。
5. DFT 的主要作用是什么？
6. DFT 的可控制性是指什么？
7. DFT 的可观察性是指什么？
8. 扫描测试的实现过程是什么？
9. 画出扫描触发器的结构。
10. 画出 BIST 电路的一般结构。

模块五　布局布线

数字芯片设计的最终交付形式是向芯片制造厂提供 GDS 格式的版图文件。逻辑综合以后，设计级别转换到了门级，在这个级别，电路是由各种电路单元构成的。尽管每个单元的版图已经存在，但对于复杂的设计来说，如何排列和连接这些单元还是十分烦琐的。只有使用自动布线工具才能在合理的时间内完成版图设计。在主流的数字芯片设计流程中，自动布局布线工具主要有两种，一种是 Synopsys 公司的 ICC，另一种是 Cadence 公司的 Soc Encounter。两种布局布线工具各有优缺点，ICC 的使用方法相对简单些，本模块主要基于 ICC 讲解设计流程。

5.1　数据准备

在数据准备阶段，按照功能，可以将数据分为逻辑数据和物理数据。逻辑数据也称为时序数据，主要包含一些时序方面的文件，如逻辑库文件（logic library files）、Synopsys 设计约束（Synopsys Design Constraints，SDC）文件和门级网表文件等。物理数据主要包含物理方面的文件，如物理库（physical library）文件、标准单元（standard cell）库文件、宏（macro）单元库文件、I/O 单元库文件、工艺文件、电容电阻模型文件（RC model file）等。

数据准备

5.1.1　标准单元/宏单元/I/O 单元

标准单元一般采取静态互补 CMOS 工艺实现，这种结构的优点是电路简单、方便设计且鲁棒性好。在目前标准单元的设计工艺中，通常以基本高度为行（row）来创建标准单元，所有标准单元的高度都为行高度的整数倍。在标准单元中，除去与、或、非等组合逻辑单元外，还存在很多有别于其他组合逻辑单元的特殊单元如填充单元（filler cell）、偏置单元（tap cell）、二极管单元（diode cell）等。这些单元在芯片设计中占比较大的是填充单元，其作用是避免单元在扩散层（diffusion layer）中违反 DRC。此外还可以将所有单元的有源区连接起来，使芯片有相同的密度（density），方便流片并且使偏置单元发挥作用，以避免闩锁效应，还可以形成电源线和电源轨道。

宏单元主要分为 ROM、RAM 和黑盒。黑盒也被称为 IP 模块，是由其他公司设计并封装好的电路模块，芯片设计的过程中不考虑其内部的时序以及布线等电路设计，我们所能得到的只有黑盒设计厂商给出的数据。

I/O 单元是芯片与外界通信的接口，对模块而言，I/O 单元具备很强的驱动能力、抗噪能力、抗静电能力以及过电保护能力和足够的带宽。I/O 单元的种类包括输入单元、输出单元、双向输入输出单元、供电单元和接地单元。

5.1.2 工艺文件

工艺文件的后缀名通常为.tf。工艺文件包含制造工艺的基本信息，如测量单位、图形显示、层和器件定义以及基本设计规则等。该文件一般由晶圆厂给出，决定了后端设计工艺的各种基本单位，以及单元布局、走线、过孔等相关的设计规则。

5.1.3 电阻电容模型文件

由于工艺的不断进步，线间延迟成为时序分析的主要矛盾。为了更精确地对线间延迟进行分析，晶圆厂给出了查找表。从开始布局一直到布线完成，后端工具可以通过电阻电容模型文件中参数的查找表，对芯片的线延迟进行精确计算。电阻电容模型文件的格式为TLUPLUS，文件后缀名为.tluplus。

5.1.4 门级网表文件

门级网表是在芯片前端设计阶段通过对 RTL 代码进行逻辑综合得到的。Verilog 格式的网表文件的后缀名是.v。逻辑综合一般分为转化、映射、优化 3 个步骤。

转化是将 RTL 代码转化为 Synopsys 定义的 GTECH 通用逻辑库元件组成的逻辑电路，Verilog 代码被读入后会被自动编译。GTECH 是独立于工艺库的通用元件库。映射是将GTECH 映射到某一指定的工艺库，此网表包含工艺参数。优化是将网表按设计者的约束进行优化，一般包括打断较长路径等操作。

5.1.5 设计约束文件

设计约束文件一般因为其格式为 SDC 被简称为 SDC 文件，是 Synopsys 公司开发的约束文件，主要功能是对芯片的各个方面进行约束。一般来说，在使用 MCMM 的静态时序分析技术的芯片设计过程中，都有多个 SDC 文件，以满足多个工艺角（corner）对时序的约束要求。

设计约束文件中的定义主要可以分为以下 3 个方面。

（1）时钟定义，如主时钟、自定义时钟和虚拟时钟等，如表 5-1-1 所示。

表 5-1-1 时钟定义

时钟	指令	例子
主时钟	create_clock	create_clock -name"CLK" -period 25 -waveform {5 10 15 25}
自定义时钟	create_generated_clock	create_generated_clock -divide_by 3 -source CLK [get_pins div3/Q]
虚拟时钟	create_virtual_clock	create_virtual_clock "u13/Z" -name "CLK" -period 25 -waveform {5 10 15 25}

（2）特殊时序路径定义，因为有一些时序路径对时序的要求较低，如异步的复位电路。因此，将这些路径的时序检查要求放宽，仍然可以达到时序收敛的目的，如设置不检查时序（disable timing）、错误路径（false path）（即不用计算的时序路径）等。对这些路径进行设置，避免不必要的时序计算分析，以达到时序更快收敛的目的，如表 5-1-2 所示。

表 5-1-2 特殊时序路径定义

指令	例子	区别
set_disable_timing	set_disable_timing U1 -from A -to Z	告诉 STA 工具，这条时序弧在设计中不存在，即使在单元库中包含这条时序弧

续表

指令	例子	区别
set_false_path	set_false_path -to [all_outputs]\ -clock TSTCLK	告诉 STA 工具，这条时序弧仍然存在，但是不用 进行时序分析

（3）芯片工作环境定义，所有场景（scenario）中的环境变量并非完全一样，所以，针对每个单一的场景，SDC 文件都定义了最大传输时间（max transition time）、最大电容（max capacitance）、最大扇出（max fanout）等，如表 5-1-3 所示。

表 5-1-3 芯片工作环境定义

要求	指令	例子
最大传输时间	set_max_transition	set_max_transition 2.0 [get_clocks clk1]
最大电容	set_max_capacitance	set_max_capacitance 2.0 [get_ports late_riser]
最大扇出	set_max_fanout	set_max_fanout 20.0 going_places

5.1.6 I/O 单元位置设置

芯片级设计的 I/O 端口通过 I/O 单元实现。引脚文件信息包含芯片信号引脚的位置、供电引脚的类型和数目、引脚之间的隔离方式等。作为连接芯片内部信号与封装引脚的桥梁，I/O 单元的分配要综合考虑印制板走线、封装形式、供电情况以及内部模块结构，从而保证信号从芯片内部传递到外部时的路径最短，同时要求从 I/O 单元关键引线到封装点时，避免信号交叉，方便封装基板的制作，减少基板上的走线层数，从而降低封装成本。

5.1.7 数据准备项目实践

本节针对处理器 picorv32 设计，展示数据准备项目实践，内容包括完成数据设置、创建设计库（Milkyway）、初始化设计单元，以用于后端设计的后续步骤。具体的指令、选项及用法可在工具内自行使用 man 指令查阅。

（1）准备好目录结构，设计所需要的时序库（ICC 使用 DB 格式）、标准单元库、I/O 库与 Milkyway 物理库（后端库）、RC 模型文件（TLUPLUS 格式）、技术文件（TF 格式），以及综合后的门级网表及完整的时序约束文件（SDC 格式）。

（2）在 ICC 的启动目录下，打开 ICC 初始化文件 .synopsys_icc.setup，建立 ICC 启动环境。

（3）修改 common_setup.tcl 来配置布局布线所需的变量以及输入文件。

```
[eda@edatemp icc]$ pwd
/home/eda/TeachPrj/DigitalBackend/picosoc_top/icc
[eda@edatemp icc]$ ls common_setup.tcl
common_setup.tcl
```

TCL 文件部分内容如下。

```
set DESIGN_NAME                 "picosoc_top"
set DESIGN_REF_DATA_PATH        "../LIB/physical/" ;
set ADDITIONAL_SEARCH_PATH      "${DESIGN_REF_DATA_PATH}/Milkyway/LIB"
set TARGET_LIBRARY_FILES_125    "scc55nll_hd1_rvt_ss_v1p08_125c_basic.db \
 ../LIB/IO/Digital/SPT55NLLD2RP_OV3_V0p5/syn/3p3v/\
SPT55NLLD2RP_OV3_V0p3_ss_V1p08_125C.db"
 …
```

（4）修改 icc_setup.tcl 来配置布局布线过程中的一些控制选项。

```
[eda@edatemp icc]$ pwd
/home/eda/TeachPrj/DigitalBackend/picosoc_top/icc
[eda@edatemp icc]$ ls icc_setup.tcl
icc_setup.tcl
```

TCL 文件部分内容如下。

```
source common_setup.tcl
#读入网表设置
set ICC_IN_VERILOG_NETLIST_FILE "./DATA/${DESIGN_NAME}-compile.vg"
set ICC_MCMM_SCENARIOS_FILE    "./icc_scripts/mcmm.tcl"    #多角多模设置脚本
...
```

（5）读入设计，创建设计工程。对于 ICC 工具，这步操作将创建 MW 格式的工程数据库文件夹。由于 picosoc_top 模块为标准单元和 I/O 单元组合的设计，且标准单元的面积为 $396581.442281\mu m^2$，为了用于教学实验，规划的芯片核心区（core area）利用率较低，设置为 40% 左右。规划的芯片布局按上述利用率，设定核心区为 $1000\mu m \times 1000\mu m$，采用的 TCL 命令格式如下。

```
create_floorplan \
-control_type width_and_height \
-core_width xxxx -core_height xxxx\    #核心区的宽、高，xxxx 表示具体数值
-left_io2core xx -bottom_io2core xx\
-right_io2core xx -top_io2core xx\    #核心区与焊盘之间的间距
-keep_macro_place \
-keep_io_place...
```

该命令将在 5.3 节的项目实践中设置。信号焊盘为 52 个，折算到每边 14 个，每边规划放置 3 个电源、地焊盘，因此每边共计 17 个焊盘，而项目采取的 55nm 工艺库的焊盘宽度为 55μm，每一边焊盘宽度共计 935μm。按照上述核心区设置，保留 15μm 左右的核心区到焊盘的距离，则焊盘之间需要添加填充单元。实际设计芯片的裸片边长为 1190μm，相邻的非拐角焊盘间距 10μm，添加 2 个 5μm 的填充单元。

5.2　布图规划设计

布图规划（floorplan）与布局在芯片设计中占据着重要的地位，它的合理与否直接关系到芯片的时序收敛、布线通畅、电源稳定以及良率。所以在整个芯片设计中，从布图规划到完成布局一般需要占据整个物理实施 1/3 的时间。布局又称为标准单元放置，它实际上包括对 I/O 单元的排序和放置、宏块（macro block）（即调用的 IP 模块，通常为硬核形式）放置和标准单元放置的规划。一般情况下，在基于标准单元的芯片设计中，标准单元占据芯片面积的 50% 以上，因此标准单元的布局是整个布局过程中的重要部分。当设计读入后，EDA 工具将标准单元和宏块单元分别显示。

布图规划设计（上）

布图规划设计（下）

布图规划是芯片设计最初的步骤，如同建筑设计中的图纸，数据的完整性与准确性是进行布图规划的可靠保证。布图规划与电源规划和布局通常是连续进行的，但在工程中往往穿插反复进行。布图规划的主要内容包含对芯片尺寸的规划、芯片设计 I/O 单元的布图规划、宏块的规划等。在某些不规则的设计中，需要对布线轨道进行一些特殊的设置，这些参数的设定也是布图规划中的组成部分。

在一些较为复杂的超大规模芯片设计中，为了尽量减少时钟信号线的偏差、提高芯片的性能，在布局之前便需要对时钟网络进行规划，此时的时钟网络分布与普通的时钟树不同，它也是布图规划的重要组成部分。可见，布图规划的内容是芯片内部结构的完整规划与设计。

5.2.1　芯片尺寸确定

每片晶圆（wafer）上产出的裸片（die）（芯片封装前的管芯）数量越多，则平均到每个芯片上的成本越低。但是如果布图规划设定的裸片面积太小，则会造成拥塞程度高，难以布线，从而导致长周期的设计迭代。合理的面积设定可以在保证布线的同时尽量节约产品成本，所以布局的最初目标是估计芯片面积的大小。

芯片面积估计的具体过程如下。

（1）获得面积信息。

① 获得 I/O 单元面积：通过目标工艺的 I/O 单元库文件得到各种 I/O 单元的长、宽及面积大小，再根据芯片的设计规范和 pin_list 文档中的焊盘选型和数量统计出 I/O 单元面积。

② 获得标准单元面积：可以通过模块级或芯片级电路设计的逻辑综合结果进行统计，根据设计的综合报告数据得到电路面积。对于没有完整 RTL 的设计，也可以根据设计的复杂程度，由设计方提供预估的等效逻辑门数量，通过等效逻辑门的数量计算面积。

数字设计的复杂程度一般用等效逻辑门的数量来评价。等效逻辑门一般用目标工艺下标准大小（最小驱动能力）的两输入与非门 NAND2 表示。例如，如果电路面积折算为 10000 个 NAND2 门，采用 SMIC 110nm 工艺，则根据单个 NAND2 门的版图面积可以折算 10000 个门规模的电路面积为 4.12 mm^2。

③ 获得宏块面积：第三方 IP 提供方提供的 IP 文档中有形状及面积数据，例如，Memory Compiler 生成的存储器 IP 的文档中会提供 IP 的形状及面积参数。

（2）估算面积。

下面介绍几种估算面积的方法。

首先对获得的标准单元及宏块的面积信息进行转换。标准单元面积信息的转换主要考虑单元密度的设置，需将标准单元的总面积除以单元密度值，得到实际标准单元电路所占面积；宏块主要由于禁止布局区，在进行面积信息转换时，需将宏块的长、宽加上两倍禁止布局区的宽度再做乘积，得到宏块所占面积。

单元密度：由于芯片的时序或者单元拥塞等，用于摆放标准单元的区域不能全部被标准单元填满，标准单元的总面积占用摆放标准单元区域的百分比就是单元密度。

禁止布局区：为了防止外围环境的电气干扰，特别是针对第三方 IP（多为模拟 IP）文档中要求保留一定的空区域或者用电源环（ring）环绕，这部分区域就是禁止布局区。

焊盘受限：焊盘数量会影响芯片的面积。如果焊盘数量过多，芯片的全部 I/O 单元在四边紧密地排满，中间的面积大于转换过的标准单元与宏块面积的总和，因为四边排满 I/O 单元没有办法再缩小，所以芯片的主体面积就由 I/O 单元排列的这块区域决定，由后端设计者排列好 I/O 单元后直接给出，而不需要进行估算。

核心区受限：核心区电路面积过大，芯片面积由核心区的面积决定。这种情况是指如果将芯片的全部 I/O 单元在四边紧密地排满，中间可用电路面积小于核心区面积（转换过的标准单元与宏块总和），核心区的面积决定芯片的面积。核心区受限的情况下，如果设计有在 I/O ring（焊盘摆放的环形结构）上不能摆放其他单元的要求，估算时可以将核心区当作正方形。在芯片生产的时候，正方形在晶圆上浪费的面积最小，也有利于芯片内部电源布线、减少电压降。将核心区面积 A_{core} 开方得到正方形的边长，加上一个宽度为固定值或者核心区边长百分比的环状区域（围绕核心区，包括电源环等）的宽度 W_{ring} 的两倍，再加上 I/O 单元高度 H_{IO} 的两倍，得到裸片的估算边长，再将该边长求平方，得到芯片的主体面积 S_{size}，计算公式如下。

$$S_{size} = (\sqrt{A_{core}} + 2W_{ring} + 2H_{IO})^2$$

I/O 单元受限的时候如果设计没有要求在 I/O ring 上不能摆放其他单元，估算时将核心区面积 A_{core} 与 I/O 单元面积 A_{IO} 相加即可，计算公式如下。

$$S_{size} = A_{core} + A_{IO}$$

芯片生产出来的时候，许多芯片在一片晶圆上，需要用划片机将芯片分割开来，因此需要为分割芯片预留空间，即划片槽（scribe line）。在分割芯片及芯片运输封装的过程中，芯片边缘的应力会产生变化，设计上需要在芯片周边做一圈钝化区域，即密封圈（seal ring）以保护芯片不碎裂以及起到屏蔽和防潮效果。这样整个芯片的面积 S_{chip} 就是芯片主体边长（主体面积开方）加上两倍的划片槽的宽度 W_{seal_ring} 和两倍的密封圈的宽度再平方，计算公式如下。

$$S_{chip} = (\sqrt{S_{size}} + 2W_{seal\_ring} + 2W_{scribe\_line})^2$$

5.2.2 I/O 单元位置确定

I/O 单元的顺序已经预先安排并且放置好。作为连接芯片内部信号与封装引脚的桥梁，I/O 单元的分配要综合考虑印制板走线、封装形式、供电情况以及内部模块结构，从而保证信号从芯片内部传递到外部时路径最短，同时，还要求从 I/O 单元关键引线到封装点时，应避免信号交叉，以方便封装基板的制作，减少基板上的走线层数，从而降低封装的成本。当芯片为通用芯片时，需要参考现有的类似芯片的封装形式，从而方便产品的应用，如果芯片专用于某个设计，则芯片的封装能以印制板走线为基础，从而确定 I/O 单元的位置。

I/O 单元的类型包括：数字输入单元、数字输出单元、数字双向输入输出单元、静电保护单元、给 I/O 接口单元供电的单元、给芯核供电的单元、数字填充单元、模拟供电单元、模拟输入单元、模拟输出单元、模拟填充单元、专用输入输出单元、角填充单元等。在 I/O 单元中，又分为普通输入、带上拉输入、带下拉输入、带施密特整形等多种类型，按照驱动能力（以 0.18pm 为例）可以分为 1mA、2mA、4mA、6mA、8mA、12mA、16mA等。设计者需要根据实际情况选择单元的类型以及驱动能力。在基于标准单元的数字芯片设计中，I/O 单元都由厂家提供，工程师可以参考设计文档，从而完成 I/O 单元的选型。

厂家所提供的库中，往往具有多种宽度的 I/O 单元。例如，SMIC 0.18μm 的 1P6M 工艺就有普通型、狭窄型、较宽型 3 种类型。当芯片的 I/O 单元较多而内部逻辑单元较少且为 I/O 单元限制型设计时，一般选用狭窄型的 I/O 单元。当芯片的 I/O 单元较少而内部逻辑单元较大时，则一般选用较宽型的 I/O 单元。在同样条件下，狭窄型 I/O 单元比较宽型 I/O单元的高度要高。当设计为子模块时，I/O 单元的形式为接点而不是接口。芯片设计中，I/O 单元十分常见。在 ASIC 设计中，为了提高利用率，每一边的所有单元都可以事先做成一个模块。当芯片面积较大（如大于 1cm×1cm）、芯片时序较为紧张时，则采用倒置封装（flip chip）设计，即 I/O 单元不沿四边摆放，而是均匀分布在芯片的内部。

在布图规划和布局工具中，对采用倒置封装的芯片的 I/O 单元的摆放通过以下步骤完成。

（1）在 LEF 技术文件中，需要用 CLASS PAD 和 PAD SITE 将 I/O 单元定义为特定的类型。

（2）将倒置封装的 I/O 单元库导入设计。

（3）加载版图规划文件和 I/O 单元设置文件。

（4）放置倒置封装的 I/O 单元。

5.2.3　电源 I/O 单元的位置确定

I/O 单元可分为信号和电源两种类型。信号 I/O 单元选取的关键是驱动力的大小，而电源 I/O 单元需要重点考虑的是供电电源的数量计算和摆放位置。在数模混合的标准 I/O 单元库中，电源 I/O 单元可以大致分为 3 类：给模拟器件供电的 I/O 单元；给数字器件供电的 I/O 单元；用于隔离数字供电 I/O 单元和模拟供电 I/O 单元的隔离 I/O 单元。给模拟器件供电的 I/O 单元在布局上有其特殊的要求，如模拟锁相环，其供电 I/O 单元需要采用指定的类型，两端采用隔离单元进行隔离。一般情况下，一个模拟器件采用一对供电 I/O 单元便可以满足要求，如果芯片的 I/O 单元比较宽松，则最好使用"双绑定"（即将裸片上的两个 I/O 单元绑定到一个焊盘上），从而保证器件的稳定工作。

电源 I/O 单元通常分为两大组，一组给 I/O 单元供电，另一组给标准单元供电，因此在设计 I/O 单元供电时，需要计算两组电源的数量并进行合理分布。给标准单元供电的 I/O 单元的数量 m 可以根据芯片的平均功率 P_{avg}、I/O 单元的供电电压 V_{pad} 以及供电电流 I_{pad} 来估算，公式如下。

$$m = \frac{P_{avg}}{V_{pad} I_{pad}} k$$

P_{avg}：芯片的平均功率。

I_{pad}：芯片 I/O 单元的最大电流。

V_{pad}：供电 I/O 单元正常条件下的供电电压。

k：调整因子，最小取 1～2，最大可取 5～10，根据芯片的实际情况而定。

给 I/O 单元供电的单元数量与输出信号端口数量的比例为 1∶(5～10)，给 I/O 单元供电的单元数量与给核内标准单元供电的单元数量呈 1∶2 的关系。供电单元的摆放位置还需要考虑电源电压降的大小，一般需要在电源环设计完成后，再进行功耗分析，以选择最佳的供电 I/O 单元布局。另外，设计者还需要充分利用供电 I/O 单元来降低噪声。例如，将信号翻转率高的信号端口以及频率较高的端口放在供电 I/O 单元周围。

5.2.4　存储 IP 布局布线

这里以 SRAM 的布局布线（SMIC 40nm 工艺）为例，其内部的版图布局布线示意图如图 5-2-1 所示。在整个 SRAM 宏单元中，M4 层以下是不允许布线的，因为这个区域已经被 SRAM 完全占用，M4 层是 SRAM 的最高层。因此，整体芯片的电源网络布线要明确高于 M4 层，即 M5 层或者更高层布线，在 M5 层布线就可以给 SRAM 供电。

图 5-2-2 所示为 SRAM 宏块的布局方向及位置的飞线分析。IP 布局方向和位置的原则是尽量靠边、按功能分组摆放，且要考虑 IP 与芯片引脚的连接关系。在实际应用中，IP

的旋转、镜像等操作并不改变 IP 功能，合理地调整布局方向和位置可以改善拥塞、时序等性能，并提高布线效率。

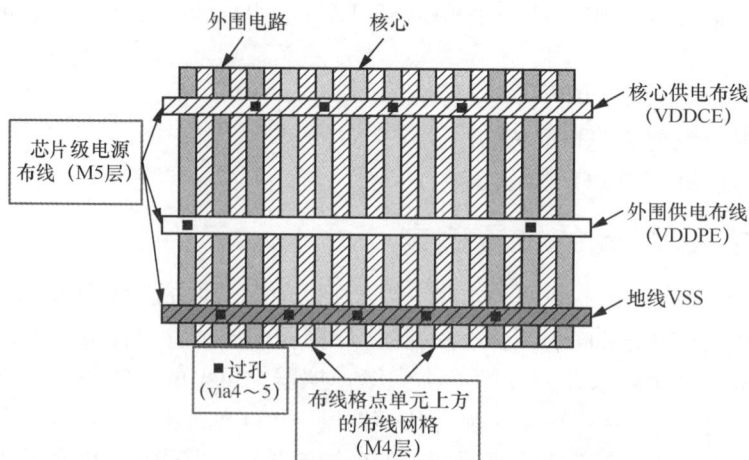

图 5-2-1　SRAM 内部的版图布局布线示意图

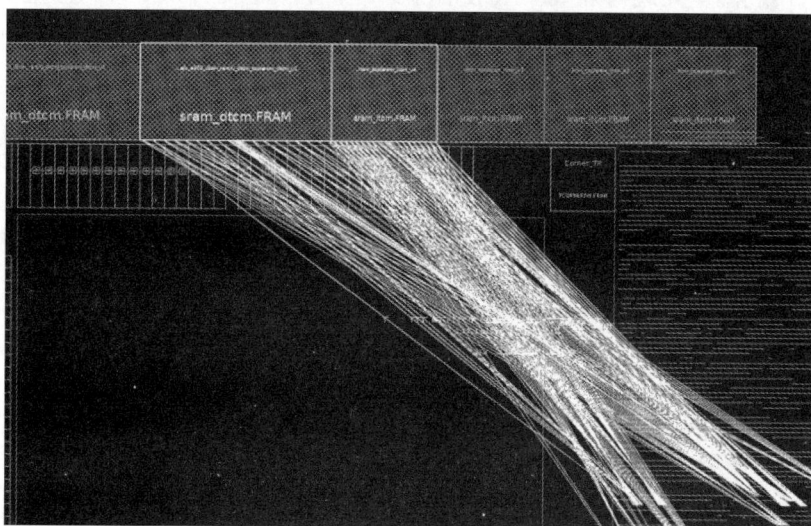

图 5-2-2　SRAM 宏块的布局方向及位置的飞线分析

5.2.5　IP 的布局布线考虑

IP 在芯片设计中布局的通用规则如下：

（1）RAM 到芯片内核边界要保持一定距离；

（2）宏块之间要留下较大的布线轨道；

（3）拐角位置不放置模块引脚；

（4）大块区域留作标准单元布局；

（5）避免宏块的密集引脚靠近边沿区，以免影响信号线出线；

（6）适当情况下旋转宏块（顺时针或逆时针旋转 90°）可以提高连通性；

（7）避免狭小的走线通道；

（8）宏块周边设置禁止布局区，以便走线到宏块引脚。

5.2.6　禁止布局设置

禁止布局（placement blockage）是后端设计在布图规划时经常用的一种人为约束，可以有效控制区域的单元密度，从而避免拥塞问题，提高布线的效率。下面介绍几种常用的禁止布局设置。

（1）hard blockage。一个严格的禁止布局区域，任何阶段（如放置、合法化、时钟树合成、优化等）都不能在该区域内放置器件单元。

（2）hard_macro blockage。区域内不允许放置硬宏（hard macro）块。用途：确保硬宏的布局和连接不被改变，避免引起性能问题。

（3）soft blockage。区域内不允许放置器件，但可以布线。

（4）partial blockage。区域内允许放置特定类型的单元，但禁止放置其他类型的单元。

（5）category blockage。根据不同类别（如逻辑单元、存储单元等）来限制单元的放置。

（6）rp_group blockage。将特定设计单元分组，以便对布局进行约束。区域内禁止放置不属于 RP 组的单元。

（7）allow_buffer_only blockage。区域内仅允许放置缓冲器。用途：确保信号驱动质量，防止信号衰减或干扰。

（8）allow_rp_only blockage。区域内仅允许放置 RP 组中的单元，禁止其他单元放置。

（9）register blockage。在寄存器附近设置的禁止区域，区域内禁止放置任何其他类型的单元或进行布线。

5.3　电源规划设计

电源规划是设计均匀的供电网络来给整个芯片供电，是物理设计中非常关键的一步。电源规划的主要目标是解决电源电压降和电迁移问题。芯片内部供电网络寄生参数（电阻、电容、电感）的存在，导致电源从引脚到达芯片内部各点的电势是有差异的，这个差异值称为电源电压降，降低电压降对芯片性能的提高有非常重要的作用。电迁移现象会导致金属互连线断裂、熔化等，这是由于流经金属互连线的电流超过了其允许的最大值。严重的电压降和电迁移问题会导致芯片不能正常工作，所以设计时我们必须对电源网络进行合理规划。电源线宽度过大或者数量太多会占据过多的布线资源，宽度过小或者数量太少又会引起电压降和电迁移问题，所以合理地设计电源网络分布非常重要，好的电源网络设计往往需要多次迭代、调整、优化才能实现。

5.3.1　电源网络规划

电源网络规划包括电源环（power ring）、电源条（power strap）、电源轨道（power rail）等。在宏单元布局方案确定之后，进行芯片数字部分的整体电源网络规划。电源网络规划的主要目的是使用金属连线将设计范围内的所有宏单元接上对应的电源和地线（Power and Groud，PG），并且为标准单元预布电源轨道。这一步和宏单元布局有密切的关系，因此在宏单元布局的时候就已经考虑到后续电源网络规划的相关要求，并在这一步骤进一步对宏单元布局方案进行微调，以综合考虑模块分布和电源线分布对芯片设计的影响。

由于芯片中的互连线由金属构成，其本身存在电阻，所以在电流通过时会有电压损耗，这一现象称为电压降。由于器件在接收高电平或低电平信号进行翻转时要满足电压范围要求，电压降过大会导致各单元开启速度变慢、漏电增大、时序和功耗性能下降，到一定程度后甚至不能翻转进行逻辑变换，从而导致功能不能正确实现。所以电源网络规划的一个必要条件就是电压降不能过大，以 0.18μm 工艺智能电表主控芯片为例，设计的时序库中，恶劣的时序模型建立在电压为 1.62V 的条件下，而标准的 V_{DD} 电压为 1.8V，所以电压降的需求是不超过 V_{DD} 的 10%，即 0.18V。考虑到智能电表主控芯片应用环境的特殊性，为增加其对各种工作环境的适应能力，因此对电压降进行更为严格的约束，在设计中采取相对保守的电源网络规划方案，对电压降的限制远小于 10% 的一般标准。

一般设计中的电源连接通常有两种实现方式，即电源环和电源网格（power grid）。当芯片面积较小时，一般选择使用电源环方式，即在芯片周边、标准单元区域周边、宏单元周边添加环状电源地线供电，这样做的好处是电源线比较少，占用的布线资源比较少，更利于完成布线，从而节省面积。而在芯片设计规模比较大的情况下，电源环方式已经不足以满足芯片设计本身对电压降的要求，这就需要采用电源网格方式来增强电源供给能力，减小电压降。电源网格是电源环的进化形式，通过在整体设计中对电源线进行网格状排列，可以有效地降低电源电压降。为了满足电压降要求，同时结合项目实际情况，采用电源环和电源网格相结合的方法来进行整体的电源规划，实现提升供电能力和节省布线资源的整体优化。

芯片的具体电源规划实现方案以 0.18μm 工艺为例，可以在各电源域中使电源和地线并列，每 100μm 规划一组电源地线来形成电源网格，其中每条电源线宽度为 10μm，同时对各宏单元模块部分进行电源环环绕。由 ICC 工具的电源电压降分析功能分析整体电压降是否超过设定的标准，从而为提高芯片对复杂环境的适应能力提供支持。下面分别介绍全局电源网络、电源线、电源条的设计规划。

（1）全局电源网络的设计规划。

全局电源网络的连接是指把相应的端口和网络连接到合适的电源和接地网络上。在这之前，首先要对电源进行定义，主要有全局电源的定义和连接关系的定义。详细的定义见下面有关电源的 TCL 指令（ICC 中），以 0.18μm 工艺为例，电源和地的设置如下。

```
derive_pg_connect -power_net VA18 -power_pin VDD -cell *
derive_pg_connect -power_net VA18 -power_pin VA18 -cell *
derive_pg_connect -ground_net GND_PAD -power_pin VSS -cell *
derive_pg_connect -ground_net GND_PAD -power_pin GND -cell *
derive_pg_connect -ground_net GND_PAD -power_pin GA18 -cell *
derive_pg_connect -power_net VA18 -ground_net GND_PAD -tie -cell *
```

上面的指令规定所有模块中的所有单元的 VDD 引脚、VA18 引脚都要连接全局的 VA18 网线。所有模块（module）中的所有单元的 VSS 引脚、GND 引脚、GA18 引脚都要连接到全局的网线上。

（2）电源环的设计规划。

电源环是指为了均匀供电，包围在各个模块和标准单元周围的环形供电金属，也是供电 I/O 单元与模块、供电 I/O 单元与标准单元之间电源线相互连接的桥梁。供电单元和模块通过金属分别连接到电源环上，标准单元通过连接到电源环上，从而完成顺畅的供电网络系统。图 5-3-1 所示是基本电源环的结构特征。

电源环的宽度（ w ）、电源环的间距（ d ）和电源环的对数（ n ）共同构成了电源环设计的 3 个主要参数。电源环的宽度主要取决于整个芯片的供电峰值电流的大小和晶圆厂所给的设计规则中所允许的电流密度以及电源环的对数；电源环的间距主要取决于晶圆厂所给设计规则中的最小间距；电源环的对数主要由芯片的面积、晶圆厂的设计规则以及金属的层次等因素决定。

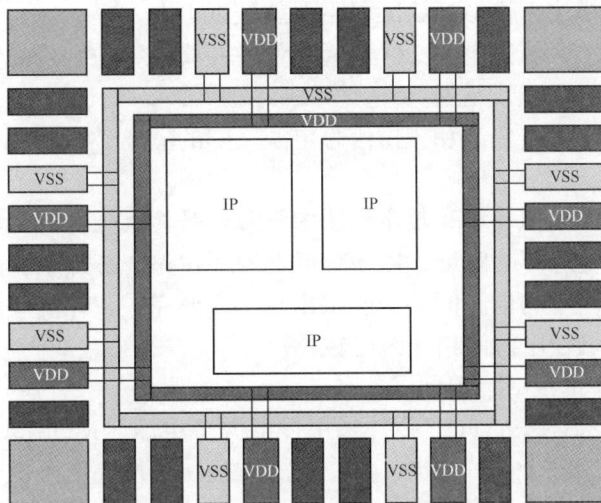

图 5-3-1　基本电源环的结构特征

（3）电源条的设计规划。

芯片核内部纵横交错的电源网格或电源条设计有专门的理论和算法。电源网格能够使电流分布均匀，缩短电流回路，有效地减小电压降，避免由于电流分布不均匀造成的热点（hot spot）现象以及电迁移问题。电源网格可以看作电源环的特例。图 5-3-2 所示是基本电源网格的结构特征。

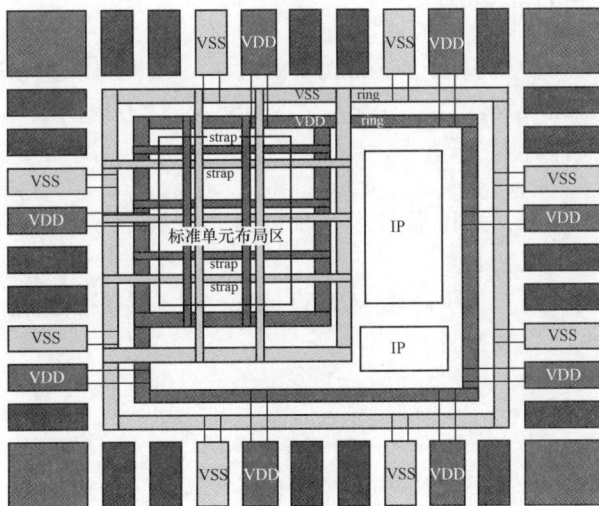

图 5-3-2　基本电源网格的结构特征

5.3.2　数模混合和多电源多电压供电电源规划

本节简要讨论数模混合和多电源多电压供电电源规划。

1. 数模混合供电电源规划

在数模混合设计电路中，由于电源信号之间存在干扰，所以需要建立不同的电源区域（power domain），以便将数字电源和模拟电源隔离开。在进行数模混合供电电源规划时，要进行下面的考虑和分析。

（1）在布图规划时，应该注意将所有的模拟模块集中放置在芯片的某一位置，模拟模块之间不能放置数字模块，模拟模块区域需要单独供电。

（2）将给模拟模块区域供电的 I/O 单元尽量放在模拟模块区域的旁边，以便缩短它们之间的连线长度，减小互连线延迟。

（3）为了实现数字信号电源和模拟信号电源之间的隔离，在模拟模块的四周布置保护隔离环（guarding ring）。

（4）整个芯片中的模拟模块和数字模块的电源环是相互独立的，电源环一般采用多层金属完成，从而减小电源环的宽度，以便降低电源环在整个芯片中所占的面积。

（5）数模信号模块中的电源网络一般采用高层金属完成，在高频区域，电源网格布线比较密集；在低频区域，电源网格布线比较稀疏。

2. 多电源多电压供电电源规划

在低功耗的设计技术中，同一芯片采用多电源多电压（Multi-Supply Multi- Voltage, MSMV）供电的方法给整个芯片供电。其中，关键模块采用高电压供电，频率较低的模块采用低电压供电，可以有效地降低芯片的功耗。在进行多电源多电压供电电源规划时，要进行下面的考虑和分析：在多电源多电压的供电网络中，每一个电压域都必须有完整的电源和地线的电源环。每个电压域中的各个模块都要建立一个电源环，并且对每个电压域中的内容要进行定义，在多电源供电时，不同的工作电压域之间需要插入电平转换单元（Voltage Level Shifter, VLS）。在供电 I/O 单元的摆放中，模拟供电 I/O 单元和数字供电 I/O 单元之间需要插入隔离单元，将两个电压域隔离开，相互独立供电。

5.3.3 芯片布图规划项目实践

数据准备完成之后，便可以进行布图规划设计了。我们可以直接执行下面脚本，完成构建数据库以及进行布图规划操作。该脚本是 Synopsys 官方提供的通用模板，主要进行项目的基本设置和设计文件导入工作。

```
icc_shell -f ./icc_scripts/init_design_icc.tcl | tee ./log/init_design_icc.log
```

按照数据准备工作阶段指定的芯片尺寸来进行布图规划。根据当前的方形尺寸将 I/O 端口按照工具默认方式摆放在芯片四周。

在导入设计并生成项目工程（产生 MW 设计库文件夹）后，执行下面操作进行布图规划后续操作，并实现电源规划设计。

```
icc_shell -f ./icc_scripts/fp.tcl | tee ./log/fp.log
```

其中 fp.tcl 脚本内容如下。

```
source ./icc_setup.tcl    #后端项目基本设置
#打开初始化设计版图，进行备份及初始化端口配置
open_mw_lib $MW_DESIGN_LIBRARY
copy_mw_cel -from init_design_icc -to fp
open_mw_cel init_design_icc
remove_port  [get_ports -all {VDD_IO0 VDD_IO1 VDD_IO2 VDD_IO3 VDD_CORE0\
 VDD_CORE1 VDD_CORE2 VDD_CORE3 VSS0 VSS1 VSS2 VSS3}]
#逻辑连接电源和地网络到器件相应端口上
```

```
derive_pg_connection -power_net VDD -power_pin VDD\
-create_ports all -reconnect\
derive_pg_connection -power_net VDD25 -power_pin VDD25\
-create_ports all -reconnect
derive_pg_connection -ground_net VSS -ground_pin VSS\
-create_ports all -reconnect
derive_pg_connection -ground_net VSSD -ground_pin VSSD\
-create_ports all -reconnect
derive_pg_connection -ground_net FP -ground_pin FP\
-create_ports all -reconnect
```
#创建初始布图，内核边长为 $1000\mu m$，内核与焊盘的间距为 $15\mu m$
#裸片总宽度为 $1000+2×15+2×80=1190$
```
create_floorplan -control_type width_and_height\
-core_width 1000 -core_height 1000\
-left_io2core 15 -bottom_io2core 15 -right_io2core 15 -top_io2core 15
```
#调用已经摆放并调整好的 .def 布图规划文件，完成焊盘的重新合理排列
```
read_def 1190x1190.def
source corner.tcl     #调用 .tcl 文件，完成 4 个拐角的放置
source pad.fp       #焊盘的布局摆放操作
read_def pin.def     #焊盘上添加设计的顶层端口的同名引脚
```
#焊盘间隙中添加填充单元
```
insert_pad_filler -prefix PAD_DIGITAL_FILL -cell\
" PFILL5RT PFILL01RT PFILL001RT"
```
#对添加的填充单元调整方向
```
change_selection [get_cells -all -within {-0.001 -0.001 1190.001 80.001}\
  -filter "ref_name=~*FIL*"] ;# bottom
flip_objects -y 0 -anchor center -flip_transform [get_selection]
change_selection [get_cells -all -within {-0.001 1099.999 1190.001 1190.001}\
  -filter "ref_name=~*FIL*"] ;# top
flip_objects -y 0 -anchor center -flip_transform [get_selection]
change_selection [get_cells -all -within {-0.001 -0.001 80.001 1190.001}\
  -filter "ref_name=~*FIL*"] ;# left
flip_objects -x 0 -anchor center -flip_transform [get_selection]
change_selection [get_cells -all -within {1109.999 -0.001 1190.001 1190.001}\
  -filter "ref_name=~*FIL*"] ;# right
flip_objects -x 0 -anchor center -flip_transform [get_selection]
```
#更新焊盘和填充单元的电源地引脚逻辑连接
```
derive_pg_connection -power_net VDD -power_pin VDD\
-create_ports all -reconnect
derive_pg_connection -power_net VDD25 -power_pin VDD25\
-create_ports all -reconnect
derive_pg_connection -ground_net VSS -ground_pin VSS\
-create_ports all -reconnect
derive_pg_connection -ground_net VSSD -ground_pin VSSD\
-create_ports all -reconnect
derive_pg_connection -ground_net FP -ground_pin FP\
-create_ports all -reconnect
```
#去掉版图中现有的布线、过孔、禁止布线区域设置
```
remove_net_shape [get_net_shapes *]
remove_via [get_vias *]
remove_routing_blockage [get_routing_blockage *]
```
#在最高两层创建电源环，设置电源的水平方向走线为 TM2 层，垂直方向走线为 M6 层
#电源环相对核心区域的偏移量（offset）为 2，电源地线宽为 $4\mu m$，间距为 $2\mu m$
```
create_rectilinear_rings -nets {VDD VSS} -around core -layers {TM2 M6}\
  -width {4 4} -space {2 2} -offset {2 2}
remove_placement_blockage -all
```
#设置电源环的四边区域为禁止布局区
```
create_placement_blockage -bbox {{0 0} {95 1190.000}}\
```

```
 -type hard -name ring_left
create_placement_blockage -bbox {{0 0} {1190.000 96.4}}\
 -type hard -name ring_bot
create_placement_blockage -bbox {{1095.000 0} {1190.000 1190.000}}\
 -type hard -name ring_right
create_placement_blockage -bbox {{0 1093.2} {1190.000 1190.000}}\
 -type hard -name ring_top
#对电源环四边区域设置禁止布线区，最高两层与其他5层分开设置
create_routing_blockage -bbox {{0 0} {80 1190.000}}\
-layer {metal6Blockage metal7Blockage}
create_routing_blockage -bbox {{0 0} {1190.000 80}}\
-layer {metal6Blockage metal7Blockage}
create_routing_blockage -bbox {{1110.000 0} {1190.000 1190.000}}\
 -layer {metal6Blockage metal7Blockage}
create_routing_blockage -bbox {{0 1109.6} {1110.000 1190.000}}\
 -layer {metal6Blockage metal7Blockage}
create_routing_blockage -bbox {{0 0} {95 1190.000}} -layer\
 {metal1Blockage metal2Blockage metal3Blockage metal4Blockage\
metal5Blockage}
create_routing_blockage -bbox {{0 0} {1190.000 95}} -layer\
{metal1Blockage metal2Blockage metal3Blockage metal4Blockage\
metal5Blockage}
create_routing_blockage -bbox {{0 1095.00} {1095.000 1190.000}} -layer\
 {metal1Blockage metal2Blockage metal3Blockage metal4Blockage\
metal5Blockage}
create_routing_blockage -bbox {{1095.000 0} {1190.000 1190.000}} -layer\
 {metal1Blockage metal2Blockage metal3Blockage metal4Blockage\
metal5Blockage}
#设置核心区域的电源条，水平方向走线为TM2层，垂直方向走线为M6层，条带间距为20μm
create_power_straps -start_at 110 -nets {VDD VSS} -width 4.0 -layer TM2\
 -configure step_and_stop -step 40.0\
 -stop 1100.0 -pitch_within_group 20 -start_low_ends boundary\
-start_high_ends boundary\
 -keep_floating_wire_pieces -direction horizontal -ignore_parallel_targets
create_power_straps -start_at 115 -nets {VDD VSS} -width 4.0 -layer M6\
 -configure step_and_stop -step 40.0\
 -stop 1100 -pitch_within_group 20.0 -start_low_ends\
boundary -start_high_ends boundary\
 -optimize_wire_locations -keep_floating_wire_pieces\
-direction vertical -ignore_parallel_targets
#放置tap cell
add_tap_cell_array -master_cell_name FILLTIE_HD1RVT -distance 136\
 -boundary_row_double_density true -ignore_soft_blockage true
#插入标准单元填充单元，用于电源轨道铺设
insert_stdcell_filler -cell_without_metal {F_FILLV1_HD64RVT\
F_FILLV1_HD32RVT
 F_FILLV1_HD16RVT F_FILLV1_HD8RVT F_FILLV1_HD4RVT F_FILLV1_HD2RVT\
F_FILLV1_HD1RVT}
#电源地逻辑连接更新
derive_pg_connection -power_net VDD -power_pin VDD -reconnect
derive_pg_connection -ground_net VSS -ground_pin VSS -reconnect
set_preroute_drc_strategy -max_layer M6 -min_layer M1
#设置电源轨道与上层电源条的过孔，一组20个
set_preroute_advanced_via_rule -move_via_to_center\
-size_by_array_dimensions {20 1}
preroute_standard_cells -nets {VDD VSS} -fill_empty_rows\
-do_not_route_over_macros\
 -advanced_via_rules -within {{0 0} {1190.000 1189.60}}\
-route_pins_on_layer M1\
 -remove_floating_pieces -skip_pad_pins
```

```
set_preroute_drc_strategy -max_layer TM2 -min_layer M2
remove_stdcell_filler -stdcell
remove_routing_blockage [get_routing_blockage *]    #去除禁止布线区域设置
#电源焊盘与内部电源环连接的布线和放置过孔操作脚本：手动放置操作的命令
source VDD_VSS_IO.route.0307.tcl
save_mw_cel -as init_design_icc    #保存版图
exit
```

以下是 fp.tcl 脚本中添加芯片 4 个拐角焊盘（芯片的 I/O 单元）的脚本 corner.tcl，首先创建 4 个拐角焊盘单元（示例代码中摆放的拐角焊盘分别是左下、右下、右上、左上方位的），再通过设定各个焊盘的原点坐标和方向放置单元，并锁定位置。corner.tcl 脚本如下。

```
create_cell BL_CORNER PCORNERRT
create_cell BR_CORNER PCORNERRT
create_cell TL_CORNER PCORNERRT
create_cell TR_CORNER PCORNERRT
set obj [get_cells ("BL_CORNER"} -all]
set_attribute -quiet $obj orientation N
set_attribute -quiet Sobj origin (0.000 0.000)
set_attribute -quiet $obj is_placed true
set_attribute -quiet $obj is_fixed true
set_attribute -quiet $obj is_soft_fixed false
set_attribute -quiet $obj eco_status eco_reset
set obj [get_cells ("BR_CORNER"} -all]
set_attribute -quiet $obj orientation FN
set_attribute -quiet $obj origin (1190.000 0.000)
set_attribute -quiet $obj is_placed true
set_attribute -quiet $obj is_fixed true
set_attribute -quiet $obj is_soft_fixed false
set_attribute -quiet $obj eco_status eco_reset
set obj [get_cells ("TR_CORNER") -all]
set_attribute -quiet $obj orientation FE
set_attribute -quiet $obj origin (1190.000 1190.000)
set_attribute -quiet $obj is_placed true
set_attribute -quiet $obj is_fixed true
set_attribute -quiet $obj is_soft_fixed false
set_attribute -quiet $obj eco_status eco_reset
set obj [get_cells ("TL_CORNER"} -all]
set_attribute -quiet $obj orientation FS
set_attribute -quiet $obj origin (0.000 1190.000)
set_attribute -quiet $obj is_placed true
set_attribute -quiet sobj is_fixed true
set_attribute -quiet $obj is_soft_fixed false
set_attribute -quiet $obj eco_status eco_reset
```

添加焊盘的脚本 pad.fp，其部分代码如下。该脚本设置输入网表中各个 I/O 焊盘的摆放坐标原点和方向，并锁定各个摆好的焊盘。焊盘的实际宽度为 55μm，所以在芯片的每一边，相邻焊盘间隔 10μm。

```
set obj [get_cells ("PAD_FLASH_0E3"} -all]
set_attribute -quiet $obj orientation N
set_attribute -quiet $obj origin (80.000 0.000)
set_attribute -quiet $obj is_placed true
set_attribute -quiet $obj is_fixed true
set_attribute -quiet $obj is_soft_fixed false
set_attribute -quiet $obj eco_status eco_reset
set obj [get_cells ("PAD_FLASH_D03"} -all]
set_attribute -quiet $obj orientation N
set_attribute -quiet $obj origin (145.000 0.000)
set_attribute -quiet $obj is_placed true
set_attribute -quiet $obj is_fixed true
```

```
set_attribute -quiet $obj is_soft_fixed false
set_attribute -quiet $obj eco_status eco_reset
set obj [get_cells ("PAD_ MEM_WDATAS") -all]
set_attribute -quiet $obj orientation N
set_attribute -quiet $obj origin (210.000 0.000)
set_attribute -quiet $obj is_placed true
set_attribute -quiet $obj is_fixed true
set_attribute -quiet $obj is_soft_fixed false
set_attribute -quiet $obj eco_status eco_reset
set obj [get_cells ("PAD_FLASH_CLK"} -all]
set_attribute -quiet $obj orientation N
set_attribute -quiet $obj origin (275.000 0.000)
set_attribute -quiet $obj is_placed true
set_attribute -quiet $obj is_fixed true
set_attribute -quiet $obj is_soft_fixed false
set_attribute -quiet $obj eco_status eco_reset
...
```

完成焊盘布局后，对各个焊盘添加金属引脚，引脚名称与焊盘对应的顶层端口名相同。该步骤的主要目的是确保顶层端口在 DRC 时可以找到对应的物理引脚。上文 fp.tcl 设计导入的 pin.def 文件部分内容如下，包括 52 个信号焊盘的引脚以及 5 类电源、地焊盘的引脚等信息。添加的信号引脚定义在 M6 层，宽度为 0.6μm，长度为 48.17μm。在设计过程中，将引脚手动加入版图，并通过 write_def 命令将添加的引脚导出为.def 文件（本案例为 pin.def文件），方便后续自动化调用。

```
VERSION 5.6;
DIVIDERCHAR "/";
BUSBITCHARS "[]";
DESIGN picosoc_top:
TECHNOLOGY SCCSSNLL_HD
UNITS DISTANCE MICRONS 1000:
DIEAREA (0 0)(1190000 1190000);
PINS 57;
- FLASH_D03 + NET FLASH_D03 + DIRECTION OUTPUT + USE SIGNAL + LAYER M6(0 0)
(48170 600) + PLACED(148415 0)N;
- FLASH_D02 + NET FLASH_D03 + DIRECTION OUTPUT + USE SIGNAL + LAYER M6(0 0)
(600 48170) + PLACED(118940 148388)N;
- FLASH_D01 + NET FLASH_D03 + DIRECTION OUTPUT + USE SIGNAL + LAYER M6(0 0)
(48170 600) + PLACED(148415 1189400)N;
- FLASH_D00 + NET FLASH_D03 + DIRECTION OUTPUT + USE SIGNAL + LAYER M6(0 0)
(600 48170) + PLACED(148415 148388)N;
- FLASH_OE3 + NET FLASH_D03 + DIRECTION OUTPUT + USE SIGNAL + LAYER M6(0 0)
(48170 600) + PLACED(83415 0)N;
- FLASH_OE2 + NET FLASH_D03 + DIRECTION OUTPUT + USE SIGNAL + LAYER M6(0 0)
(600 48170) + PLACED(1189400 83415)N;
- FLASH_OE1 + NET FLASH_D03 + DIRECTION OUTPUT + USE SIGNAL + LAYER M6(0 0)
(48170 600) + PLACED(83415 1189400)N;
- FLASH_OE0 + NET FLASH_D03 + DIRECTION OUTPUT + USE SIGNAL + LAYER M6(0 0)
(600 48170) + PLACED(0 83415)N;
- FLASH_CLK + NET FLASH_D03 + DIRECTION OUTPUT + USE SIGNAL + LAYER M6(0 0)
(48170 600) + PLACED(278415 0)N;
- FLASH_CSB + NET FLASH_D03 + DIRECTION OUTPUT + USE SIGNAL + LAYER M6(0 0)
(48170 600) + PLACED(1058415 0)N;
- UART_TX + NET UART_TX + DIRECTION OUTPUT + USE SIGNAL + LAYER M6(0 0)(600
 48170) + PLACED(1189400 278334)N;
    ...
  - VDD + NET VDD + SPECIAL+ DIRECTION INOUT + USE POWER;
  - VD025 + NET VDD25 + SPECIAL DIRECTION INOUT. + USE POWER:
  - VSS + NET VSS + SPECIAL + DIRECTION INOUT. + USE GROUND:
  - VSSD + NET VSSD + SPECIAL + DIRECTION INOUT. + USE GROUND:
```

```
- FP + NET FP + SPECIAL + DIRECTION INOUT. + USE GROUND:
END PINS
END DESIGN
```

在上述 fp.tcl 脚本完成读入 pin.def 文件并插入填充单元后，芯片版图如图 5-3-3 所示。可以看到芯片的矩形核心区，核心区外的焊盘按设置排列，4 个拐角焊盘已经添加，外围的信号焊盘上添加了引脚（有引脚的符号标记），焊盘之间放置了填充单元。上述这几步都属于 5.2 节讲述的布图规划设计的项目操作步骤。

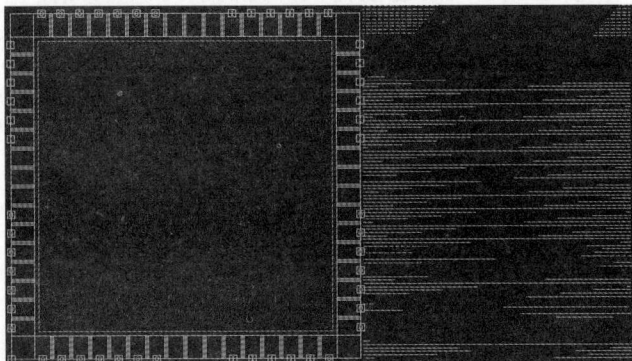

图 5-3-3 picosoc_top 芯片设计完成初始化布图和焊盘摆放后的版图

fp.tcl 脚本后续操作完成芯片的电源网络规划，包括电源网络的设置、电源环和电源条的铺设、从供电焊盘到内部电源环的连接、标准单元供电的电源轨道铺设等。

电源网络生成后，版图如图 5-3-4 所示，该项目中规划了 VDD、VSS 两条电源线，VDD、VSS 通过过孔 via56、via45、via34、via23、via12 从 M6 层连接到标准单元的 M1 层电源轨道上给所有的标准单元供电。并且该 M6 层与 M5/M6 层的环相连接进行供电。

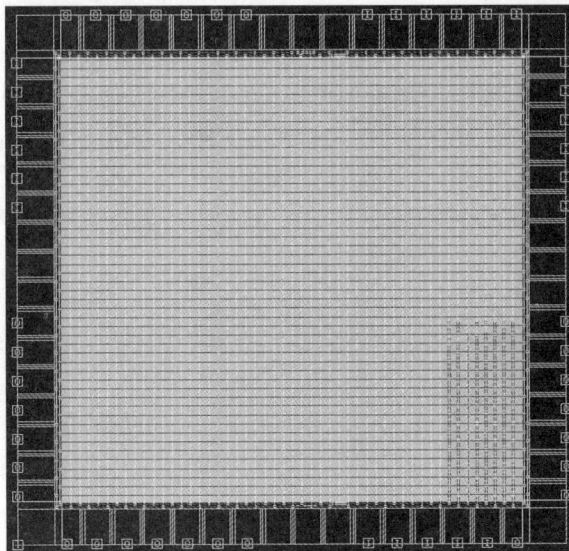

图 5-3-4 设计电源网络生成后的版图

执行完上述步骤之后，使用以下命令将已经布图规划好的设计保存，以供后续的设计步骤布局、时钟树综合以及布线使用。

```
save_mw_cel -as init_design_icc
```

5.4　布局

布局（placement）既保证版图满足一定设计规范，又为版图的走线指明了方向。版图布线期间原则上不能再大动单元的布局，只能微调。这也要求进行布局时必须深入考虑版图布线。高质量的布局会让版图布线走线顺畅、合理。不合理的布局可能使得设计无法满足设计规范，甚至会导致走线困难，最终只能再调整布局。

布局（上）

5.4.1　布局前的检查和设置

布局前的检查和设置如下。

（1）检查清单。

① 检查禁止布局设置是否正确添加，以及确认禁止布局的类型。

② 整理定义不采用单元列表 dont_use_list。

③ 设置好不能动的单元 dont_touch cell。

布局（下）

④ 确保时钟已经被设置为理想时钟网络。

⑤ 锁定住所有的宏块和预先想布局放好的单元。

⑥ 检查引脚访问（pin access）问题。

（2）布局前的设置

① 设置空闲单元（spare cell）或者工程变更命令单元（Engineering Change Order cell，ECO cell）。

② 设置磁力布局（magnet placement），比如设置隔离单元（isolation cell）以及电平转换单元的磁力布局。

③ 预先插入去耦单元（decap cell）。

④ 在模块级的端口输出插入端口缓冲器（port buffer）。

（3）布局

这个阶段将设计中的所有标准单元摆放到核心区中。整个布局过程可以基于以下几种因素来进行，不同的条件下布局的结果和质量也是不一样的。布局的好坏，直接决定了时钟树的质量和布线，最终体现为影响芯片的性能。

下面介绍几个术语的概念。

时序驱动（timing driven）：基于时序驱动进行的布局。大部分设计都需要做时序驱动的布局优化。

拥塞驱动（congestion driven）：基于拥塞做优化的布局。在布局过程中，设计工具会通过全局布线来估算设计中的布线情况，从而根据估算的拥塞状况来进行布局的优化。

功耗优化（power optimization）：随着工艺节点越做越小，芯片的规模也越来越大，芯片的功耗问题显然更为重要。EDA 工具都支持功耗优化的布局，功耗优化的方法有很多，可以通过 ICC 的 place_opt 布局优化命令带 power 参数选项来进行功耗的优化，也可以根据仿真产生的.vcd(value change dump)波形记录文件或者.saif 文件进行功耗分析，并采取功耗优化措施。

布局详细步骤如下。

① 初始布局（initial placement）：也称作粗略布局（coarse placement），将标准单元粗略摆放好，此时不考虑单元的重叠问题。

② 合规（legalization）：需要将粗略摆放好的单元，进行合规操作，将所有的标准单元放置合规，即不存在单元重叠（overlap）或者标准单元不在布局行上的问题。

③ 去除已有缓冲树（buffer tree）：将设计中已经存在的缓冲树移除。

④ 高扇出网络综合（High Fan-out Net Synthesis，HFNS）：将设计中高扇出的点（时钟信号、reset 信号等除外）进行解高扇出操作，优化时序。

⑤ 时序与功耗优化迭代（iteration）：主要包括单元尺寸调整、单元移动、分线、复制门单元、缓冲器插入和面积恢复这些步骤。

⑥ 扫描链重排（scan-chain re-order）：并不是每个设计都要进行扫描链重排，视不同的情况而定。这个过程主要用来缓解布线资源紧张问题。

⑦ 插入连接单元（tie cell）：将设计中的调用单元的固定输入值 0 或 1 通过连接单元连接起来。

5.4.2　扫描链重排

为了满足 DFT 的需求（可观察性、可控制性），将设计中所有的触发器连接在一条或者若干条链上，这些链就是扫描链。这一步可以在综合工具 DC 中实现。

在 DC 综合阶段，由于工具并没有所有寄存器的物理位置信息，所以工具默认情况下按照字母的顺序来做扫描链的插入。大部分情况下，这样的扫描链连接方式并不是最优的。ICC/ICC2 工具中的布局是基于时序和拥塞驱动的，所以原来两个寄存器（如 DFF2 和 DFF3）的扫描链是前后级的关系，但是在 ICC/ICC2 中，这两个寄存器可能离得比较远，如图 5-4-1 所示。图 5-4-2 所示为扫描链重排前 3 个寄存器的连接关系。这样的情况下，就会导致寄存器 SI 端的走线很乱，加重设计的拥塞问题。

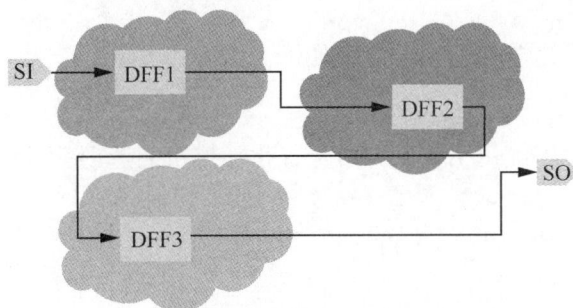

图 5-4-1　扫描链重排之前 3 个寄存器的布局布线示例

逻辑网表

图 5-4-2　扫描链重排之前 3 个寄存器的连接关系

图 5-4-3 所示为扫描链重排后 3 个寄存器的布局布线示例。

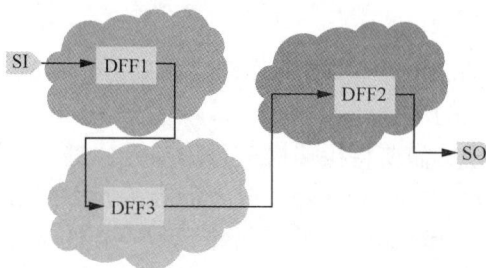

图 5-4-3　扫描链重排后 3 个寄存器的布局布线示例

扫描链重排步骤如下。

（1）在逻辑综合阶段，需要写出扫描链定义文件 scan.def，对应命令如下。

```
insert_dft
dft_drc
change_names -hierarchy -rules verilog
write_scan_def -output ./design_scan.def        #输出 scan.def 文件
write -format ddc -output ./design_with_scandef.ddc
```

scan.def 文件示例片段如下。

```
DESIGN my_design
SCANCHAINS 2;
-1
+START PIN test_si1
+FLOATING A (IN SI)(OUT Q)
B (IN SI)(OUT Q)
C (IN SI)(OUT Q)
C (IN SI)(OUT Q)
+PARTITION CLK_45_45
+STOP PIN test_so1
...
```

（2）在后端工具 ICC/ICC2 中读入对应的 scan.def 文件，命令如下。

```
read_def ./design_scan.def
```

或者通过读入带 scan.def 文件的.ddc 文件。

```
read_ddc ./design_with_scandef.ddc
```

同时，需要进行扫描链的检查，命令如下。

```
check_scan_chain;
report_scan_chain
```

（3）调用布局的时序优化引擎，并带上优化扫描链的选项就可以有效解决拥塞问题。命令如下。

```
place_opt -optimize_dft -congestion
```

5.4.3　布局优化

布局优化常采用的优化方式是近似点算法（Proximal Point Algorithm，PPA）优化。布局优化过程中需要确保全局拥塞（global congestion）和本地拥塞（local congestion）控制合理；要避免高的引脚密度区域和热点区域；需要满足时序 DRC 的要求，并做到利用率最优化。

好的布局让时钟树做起来非常轻松。反之，单元分布不符合数据流向的布局，对应时钟树质量会大打折扣。因为整个时钟树可能会由于不合理的时序单元布局被拖长，从而影响时序的收敛与签核，进而滞后项目进度。整个时钟树变长，意味着时钟树的级数更多、功耗更大，同时受片上变化效应（On-Chip Variation Effect，OCV 效应）影响就更深，时序就变得更不可收敛。

（1）布局阶段时序的优化技术。

布局阶段时序的优化技术如下。

① 细分分组路径（group path）。

② 为关键时序组(critical timing group)设置更高权重（weight）。

③ 将 place_opt 命令的 timing_driven 选项的力度（effort）设置为 high。

④ 使用少量低阈值的单元，如低阈值电压（Low Voltage Threshold，LVT）单元、超低阈值电压（Ultra Low Voltage Threshold，ULVT）单元，提高关键路径的时序性能。

⑤ 调整关键范围（critical range）的设置，以便通过工具进行局部优化调整。

（2）拥塞的优化技术。

在整个数字后端实现过程中，拥塞一直是一个大问题、大挑战。对于设计，想把 PPA优化做到极致，往往存在一定难度，常需要通过很多次的迭代实验。因此，有必要介绍几种常用的解决拥塞的方法。

① 通过布局的单元密度来控制局部拥塞。

② 采用拥塞驱动的布局，并根据不同需求设置该方式的力度为 medium 或者 high。

③ 利用禁止布局的设置。

④ 利用宏块避让区（keepout margin）的设置。

5.4.4　检查布局后拥塞

拥塞主要指资源分配不足或过度集中，导致性能下降或效率降低的状态。拥塞指标在设计布图规划等阶段有重要指导作用。

拥塞指标代表全局布线单元（Global Routing Cell，GRC）边界上需要的布线资源与可用布线资源的比值，当所需布线资源大于可用布线资源时，就会存在拥塞。ICC 在报告拥塞时，默认首先进行全局布线，使用全局布线的结果来报告拥塞。可以在 ICC 的图形用户界面（Graphical User Interface，GUI）上方工具栏中依次选择 "View" → "Map Mode" →"Global Route Congestion" 来显示拥塞图（congestion map），如图 5-4-4 所示。拥塞图显示拥塞不严重，仅在版图中部有少量拥塞溢出显示。

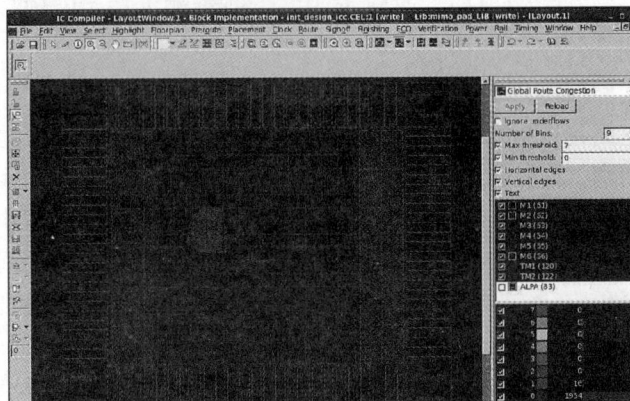

图 5-4-4　在 ICC 布图规划之后报告的拥塞图

GRC 为正方形，其每条边的尺寸通常为标准单元高度的两倍。ICC 会计算出 GRC 每条边可用于布线的布线轨道数目（capacity），以及布线需要的布线轨道数目（demand）。

图 5-4-5 左侧即一个 GRC，边上的数值即 demand/capacity。demand 与 capacity 差值即溢出（overflow）数，如果存在溢出，拥塞热图中的对应边就会高亮显示，溢出数越大，颜色越偏向暖色调（即红色）。

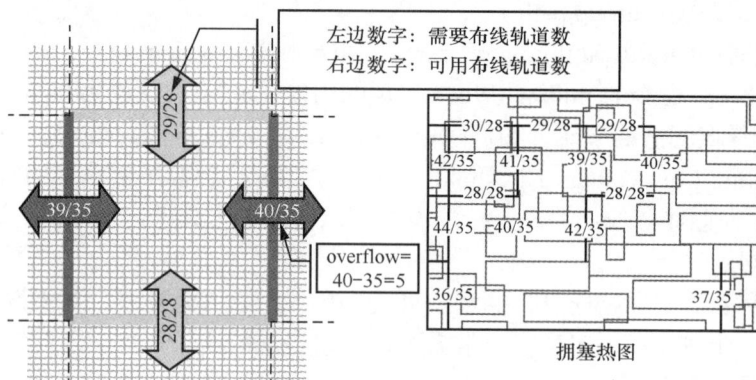

图 5-4-5　ICC 中的拥塞热图

图 5-4-6 所示为 ICC 中的拥塞报告。其中，最大（Max）溢出是 13，意味着至少有一个 GRC 的边界溢出是 13。也就是说这条边要额外走 13 条线，可是却没有额外的布线资源来供它进行布线。总共的 GRC 溢出是 2.73%，意味着设计中所有 GRC 的边界大约有 2.73% 存在着溢出。

```
phase5. Routing result:
phase5. Both Dirs: Overflow = 3621 Max = 13 GRCs = 2247 (2.73%)
phase5. H routing: Overflow = 1724 Max = 13 (1 GRCs) GRCs = 1139 (1.38%)
phase5. V routing: Overflow = 1897 Max = 8 (1 GRCs) GRCs = 1108 (1.34%)
phase5. METAL    : Overflow = 1162 Max = 8 (3 GRCs) GRCs = 879 (2.13%)
phase5. METAL2   : Overflow = 1826 Max = 6 (4 GRCs) GRCs = 1079 (2.62%)
phase5. METAL3   : Overflow = 562 Max = 7 (2 GRCs) GRCs = 440 (1.07%)
phase5. METAL4   : Overflow = 71 Max = 4 (1 GRCs) GRCs = 58 (0.14%)
```

图 5-4-6　ICC 中的拥塞报告

根据经验，一般最大溢出如果超过 10，这个设计基本上就无法布通了，最大溢出最好控制在 3～5。另外，如果总共的溢出超过 2%，也可以认为设计在后续阶段布线中会遇到问题。出现这些情况说明布图规划需要修改或者需要重新进行布图规划。需要根据拥塞出现位置采取相应处理方式。

（1）局部高密度标准单元引起的拥塞。

大量的布线通过高密度标准单元区域时，有时候会发生较为严重的局部拥塞。

为了解决局部拥塞，通常会借助 partial 禁止布局降低局部区域的标准单元密度。partial 禁止布局是在某一区域中设定的标准单元利用率。有时候用 partial 禁止布局并不能有效地解决拥塞，这时可以用 blockage array 来解决此类拥塞。将需要控制拥塞区域的标准单元在设定区域内按条状分布，一方面降低单元密度，另一方面预留出布线轨道。

（2）局部高密度引脚单元导致的拥塞。

在数字逻辑设计中，如果某些模块用了大量的高密度引脚的标准单元（如 AOI、OAI 单元等），这些标准单元与周边单元会有很多连线，导致在有限空间内存在大量布线，从而发生拥塞。解决方案如下。

① 在逻辑综合中，禁用这些高密度引脚的标准单元，避免在综合生成的网表中使用这

类单元，或者用 DC 的高级功能——DCG 解决拥塞。

② 有针对性地降低此种标准单元的密度，如在 ICC 后端设计中，对这类标准单元设置 keep_out_margin，预留周边区域。此种方法可有效削弱拥塞。

③ 对于层次性（hierarchical）设计，如果拥塞基本发生在某个模块内部，那么可以单独针对该模块设置 plan group，并设置其利用率（utilization ratio）。可通过工具实验尝试，找出既不会有太大拥塞，又不会显著增加电路面积的参数设置。

④ 除③之外，某些含有很多 AOI、OAI 单元的模块可以用关联布局（relative placement）解决。这些模块大多是数据通路（data path）、完成某类复杂数学运算的单元，其中，大部分的数据通路都有规律可循。如果让布局布线工具自动布局，摆放可能较乱，且利用率也较低；如果用手动分析摆放的方式，那么利用率甚至可以大于 95%，且不会有拥塞。原因在于单元的手动摆放比较规整，走线也很规整。不过这种方式对设计者的设计经验要求高，且非常耗时。现在也有一些研究采用人工智能、机器学习（machine learning）方式来自动做关联布局，实现对数据通路电路的布局优化。

5.4.5　检查布局后的时序

时序驱动的布局会将拥有时序关系的标准单元放置在接近的位置，以减少走线的 RC，降低传输延迟，如图 5-4-7 所示。

较小的时序违例可以在后续步骤中进行修复和优化，而在布局阶段不能出现太大的拥塞违例。布局后时序要差不多符合设计要求。如果布局后最差负裕量（Worst Negative Slack，WNS）约为 500ps，则继续调整优化时钟树综合阶段的电路意义不大。因为本身布局不好，造成标准单元摆放位置不合理。此时应该返回布局阶段，进一步精细调整、优化时序。

时序驱动的布局试图沿着关键时序路径密集地放置单元，以减少走线RC并满足建立时序

走线RC基于虚拟布线工具来估计

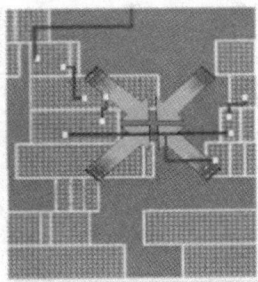

图 5-4-7　时序驱动的布局（基于虚拟布线）

5.4.6　布局项目实践

由于 picosoc_top 模块只有标准单元，因此不需要进行宏块的摆放，我们可以直接使用下面脚本进行布局以及优化标准单元的电路。

```
icc_shell -f ./icc_scripts/place_opt_icc.tcl | tee ./log/place_opt_icc.log
```
具体的 place_opt_icc.tcl 脚本内容如下。

```
sh date > place_opt_icc.time
source icc_setup.tcl
open_mw_lib $MW_DESIGN_LIBRARY
redirect /dev/null "remove_mw_cel -version_kept 0 place_opt_icc"
#从初始化布图结果中复制.cel文件作为布局开始设计
copy_mw_cel -from init_design_icc -to place_opt_icc
open_mw_cel place_opt_icc    #打开设计版图
#通用优化和布局设置
set pre_active_scenarios [all_active_scenarios]
set pre_cur_scenario [current_scenario]
source -echo ./icc_scripts/common_optimization_settings_icc.tcl
source -echo ./icc_scripts/common_placement_settings_icc.tcl
```

```
set_active_scenarios $pre_active_scenarios
current_scenario $pre_cur_scenario
#物理约束的检查，可以选择并输出结果
#check_physical_constraints > $REPORTS_DIR/check_physical_constraints.sum
#report_placement_utilization >> $REPORTS_DIR\
/check_physical_constraints.sum
#check_physical_design -stage pre_place_opt -no_display\
-output cpd_preplace_result
#目前时钟树依然是理想网络设置，时钟树综合之前都设置CLK理想网络
set_ideal_network [all_fanout -flat -clock_tree] ;
foreach scenario [all_active_scenarios] {    #时钟不确定性去除
    current_scenario $scenario
    if {[file exists set_disable_clk_gating.tcl]}
     {source set_disable_clk_gating.tcl}
    if {$ICC_APPLY_RM_UNCERTAINTY_PRECTS} {
     remove_clock_uncertainty [all_clocks]
     set_clock_uncertainty -setup $ICC_UNCERTAINTY_PRECTS [all_clocks]
     set_clock_uncertainty -hold $ICC_UNCERTAINTY_HOLD [all_clocks]
     }
}
current_scenario $pre_cur_scenario
set_app_var compile_instance_name_prefix icc_place
#添加tap cell
add_tap_cell_array -master_cell_name FILLTIE_HD1RVT -distance 136 \
    -pattern stagger_every_other_row -boundary_row_double_density true\
    -ignore_soft_blockage true \
    -left_boundary_extra_tap must_insert -right_boundary_extra_tap\
must_insert
#布局优化默认命令place_opt_cmd
if {1} {
    set power_cg_auto_identify true
    identify_clock_gating
if {$DONT_ROUTE_NET != ""}
 {  set_ideal_network -no_propagate [get_nets -all $DONT_ROUTE_NET];
    set_dont_touch [get_nets -all $DONT_ROUTE_NET]}
    if {$ICC_IS_BLOCK} {#模块级设计
#磁力布局
     magnet_placement -mark_soft_fixed [all_inputs]  -logical_level 1
     magnet_placement -mark_soft_fixed [all_outputs] -logical_level 1
     }
    set place_opt_cmd "place_opt -area_recovery -effort\
    $PLACE_OPT_EFFORT -power"
    if {$PLACE_OPT_CONGESTION} {lappend place_opt_cmd -congestion}
    if {$ICC_IN_SCAN_DEF_FILE != "" && [get_scan_chain] != 0}\
    {lappend place_opt_cmd -optimize_dft}
    if {$DYNAMIC_PWR_OPT} {lappend place_opt_cmd -power}
    echo $place_opt_cmd       #查看布局命令
    eval $place_opt_cmd       #执行布局优化主命令place_opt_cmd
    if {$PLACE_OPT_EFFORT == "high"} {   #布局后优化
     preroute_focal_opt -layer_optimization ;#利用顶层金属减少buffer
     psynopt -refine_critical_paths 100 ;#将寄存器与相关组合逻辑靠紧布局
     }
}
#添加冗余单元，用于后期电路修复
if {$ICC_INSERT_SPARE_LIB_CELL} {
insert_spare_cells -num_cells {INV12_HD1RVT 20 BUFV12_HD1RVT 20\
 NOR2V8_HD1RVT 20 NAND2V8_HD1RVT 20 MUX2V8_HD 1RVT 20\
DRNQV6_HD1RVT 20 AND2V6_HD1RVT 20 OR2V8_HD1RVT 20} -cell_name spares -tie
 set_attribute [get_cells spares*] is_soft_fixed true
```

```
    set_dont_touch [get_cells spares*] true
}
#电源地连接更新
derive_pg_connection -power_net $MW_POWER_NET -ground_net $MW_GROUND_NET
if {!$ICC_TIE_CELL_FLOW}
{
#固定电平连接更新
derive_pg_connection -power_net $MW_POWER_NET -ground_net\
$MW_GROUND_NET -tie}
report_timing -scenario [all_active_scenarios] -capacitance\
    -transition_time -input_pins -nets \
    -delay max -nosplit -slack_lesser_than 0 -max_paths 200\
 > $REPORTS_DIR/place_opt_icc.max.tim #时序结果
#创建并保存设计快照
create_qor_snapshot -name place_opt_icc
#输出报告
redirect -file $REPORTS_DIR/place_opt_icc.qor_snapshot.rpt\
{report_qor_snapshot -no_display}
redirect -file $REPORTS_DIR/place_opt_icc.qor {report_qor}
redirect -file $REPORTS_DIR/place_opt_icc.qor -append {report_qor -summary}
redirect -file $REPORTS_DIR/place_opt_icc.con\
{report_constraints -all -nosplit\
 -scenario [all_active_scenarios]}
redirect -file $REPORTS_DIR/place_opt_icc.pwr\
{report_power -scenario [all_active_scenarios]}
save_mw_cel -as place_opt_icc        #布局后的版图保存
sh date >> place_opt_icc.time
exit
```

执行完上述脚本之后，该项目的版图如图 5-4-8 所示。可以看到芯片设置的核心区内已经放置了标准单元，而禁止布局区内没有放置单元。

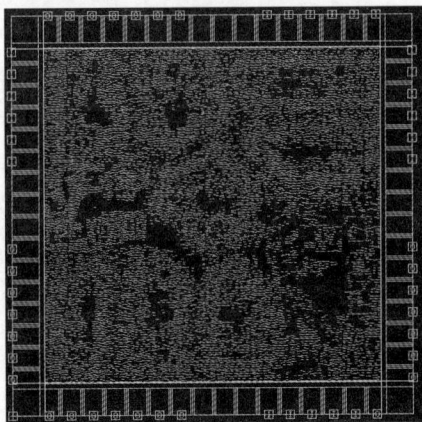

图 5-4-8　picosoc_top 模块执行布局优化后的版图

空闲单元布局完成后如图 5-4-9 的白色高亮部分所示，这部分方便后续 ECO 时使用，可以使用如下命令得到。

```
change_selection [get_cells -hier -filter "is_spare_cell==true"]
```

在 place_opt 之后，检查 ./reports/place_opt_icc.qor_snapshot.rpt 的时序结果。

```
No. of scenario = 1
s1 = func125_m40
WNS of each timing group:                s1
REGIN                                     -1.234
REGOUT                                    -1.660
```

```
Setup WNS:                                    -1.660
Setup TNS:                                    -8967.645
Number of setup violations:                   11557
Hold WNS:                                     0.000
Hold TNS:                                     0.000
Number of hold violations:                    0
Number of max trans violations:               3
Number of max cap violations:                 0
Number of min pulse width violations:         0
Route drc violations:                         0
Area:                                         376732
Cell count:                                   37097
Buf/inv cell count:                           8358
Std cell utilization:                         14.86%
```

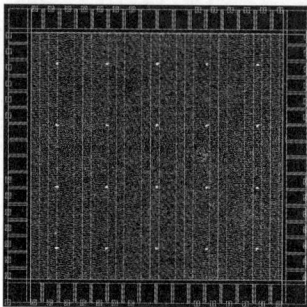

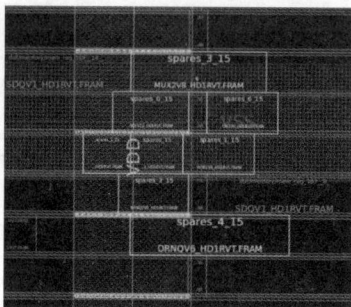

（a）空闲单元整体布局　　　（b）空闲单元单组布局放大版图

图 5-4-9　picosoc_top 芯片设计空闲单元版图

报告显示，Setup 有超过 1ns 的时序违例（Setup WNS:-1.660），经查看报告，发现这些违例都是与 I/O 端口相关的，由于我们不清楚 I/O 端口的时序外部的应用场景。布局布线阶段暂时不考虑与 I/O 端口相关的违例。

5.5　时钟树综合

时钟树综合主要是搭建芯片内部的时钟网络，使时钟信号能够从时钟源点经过物理连线传递到所有的时序单元。优化时钟网络结构，减小全局的时钟延时和偏差（skew），在集成了上亿个晶体管的芯片上，建立合理的时钟网

时钟树综合（1）　　时钟树综合（2）　　时钟树综合（3）

络，使物理版图的内部时序达到收敛，对后端设计是很大挑战。特别是时钟模块，时钟模块具有许多时钟信号，时钟树结构复杂，需要更多的人为操作来调整时钟树结构，以减小时钟的全局延时和偏差。

5.5.1　时钟树的概念

（1）时钟迟滞

时钟网络中信号的具体信息一般在设计约束中定义，时钟源点一般称为时钟根节点（root node），时钟信号最终到达的触发器 CK 端称为叶子节点（leaf node）。时钟迟滞（latency）又称插入延时（insertion delay），定义为时钟源到叶子节点的延迟时间，其中包括

时钟源插入延时与时钟网络插入延时两部分。时钟源插入延时指的是时钟产生单元（一般为晶振）到达当前设计时钟根节点的延迟时间；时钟网络插入延时是指当前设计中时钟网络的延迟时间，如图 5-5-1 所示。时钟源插入延时与时钟网络插入延时容易受到 OCV 与 PVT 的影响，所以二者不宜过长。对时钟树综合前的理想时钟来说，时钟网络插入延时为零。

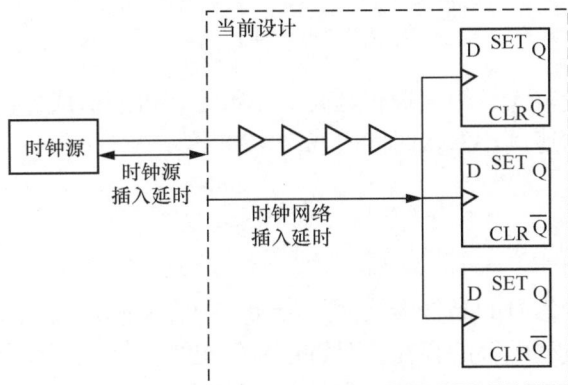

图 5-5-1　时钟网络插入延时

（2）时钟抖动

时钟抖动（clock jitter）是时钟信号在每个时钟周期（时钟参考点）上的随机、固有波动。其抖动的概率服从高斯正态分布，抖动幅度与时钟产生器的结构有关。由于时钟抖动具有暂时的随机性与不确定性，在数字电路设计中无法对其进行优化处理，只能通过计算系统的时序裕量（slack）来度量。图 5-5-2 所示是存在抖动的时钟波形。在数字电路中，时钟抖动的存在会影响电路性能，造成时序上的违例：情况 1，时钟信号起始于点 1，终止于点 6，时钟周期变大为 $T+2t_{jitter}$；情况 2，时钟信号起始于点 3，终止于点 4，使时钟周期减小为 $T-2t_{jitter}$。时钟抖动对电路的影响可以用下式表示：

$$T \pm 2t_{jitter} > t_{c-q} + t_{com} + t_{tu}$$

其中 t_{jitter} 表示点 2 到点 1（3）的用时，T 表示时钟周期（点 2 到点 5 的用时），t_{c-q} 表示触发器 CK 端到 Q 端的延时，t_{com} 表示组合逻辑电路的延时，t_{tu} 表示触发器建立时间。在情况 1 条件下，抖动虽然缩短了电路周期，却更容易引起建立时间违例（setup time violation）；在情况 2 条件下，抖动延长了电路周期，在对电路性能有严

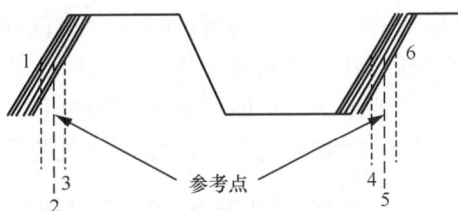

图 5-5-2　存在抖动的时钟波形

格要求的设计中，会造成保持时间违例（hold time violation）。综上所述，时钟抖动会使电路可靠性降低，因此合理地限制时钟抖动范围是非常重要的。

（3）时钟偏差

时钟偏差（clock skew）是指时钟信号到达同一时钟域内不同触发器的时间偏差，即 $t_{skew}=\max(|t_i-t_j|)$，t_i 与 t_j 分别为时钟源到达不同叶子节点的时间，其中 $0<i<n$，$0<j<n$（n 为同一时钟域内触发器的个数）。时钟偏差可以分为全局偏差（global skew）和局部偏差（local skew）两种。全局偏差是指时钟信号到达电路中寄存器时钟端的最长路径延时与最短路径延时的时钟差值；局部偏差是指同一时钟域内任意两个触发器间最大的时钟差值。在一般

的物理设计中，只需要对全局偏差进行分析。若时钟信号与数据传播方向一致，则时钟偏差为正；若传播方向相反，则时钟偏差为负。时钟偏差的存在会影响电路的性能：如电路中存在正的时钟偏差，将有效缩短电路的工作周期，但同时也会损失电路的同步性能，增加电路出错的概率。建立时间时序要求如下。

$$T \pm t_{\text{skew}} > t_{\text{c-q}} + t_{\text{com}} + t_{\text{tu}}$$

另外，若时钟偏差很大，组合逻辑延时 t_{com} 很小，可能造成保持时间 t_{hold} 约束难以满足，出现保持时间上的违例。保持时间时序要求如下。

$$t_{\text{hold}} + t_{\text{skew}} < t_{\text{c-q}} + t_{\text{com}}$$

（4）时钟转换时间

理想条件下，时钟信号的高低转换时间为 0，但在实际情况中，由于电压波动、温度变化、逻辑单元与线负载电容的存在，时钟信号的电平转换过程需要一定的时间。时钟转换时间（clock transition time）可以分为上升与下降两个过程，一般定义为供电电压 10%～90%的时间间隔。在时钟树综合过程中，考虑单元上升与下降转换时间给电路延时带来的影响是非常必要的，应尽量使单元的上升与下降转换时间保持平衡，以获得稳定、均匀的时钟信号。标准单元库提供了可以实现转换时间高度对称的逻辑单元，如 CLKBUF 单元。与普通的 BUF 单元相比，这种单元能够提高时钟树综合的质量，但会引入更大的版图面积。

5.5.2　时钟树的两个目标

随着芯片制造工艺的不断进步，芯片设计规模的不断扩大，时钟频率的不断提高，电路的时序越来越难满足设计的要求。在同步时序电路中，为满足设计对时钟信号的要求，时钟树综合变得越来越重要，使其目标也变得越来越明确，具体如下。

（1）满足时钟树的 DRC 约束，即达到时钟树最大时钟网络扇出、最大时钟转换时间等参数的要求。作为时钟树综合的首要任务与目标，时钟树 DRC 约束的满足在时钟树综合过程中具有最高优先级。

（2）由于时钟网络分布于整个芯片，驱动大的电容负载，所以实现尽可能小的时钟偏差及插入延时作为时钟树综合的次要目标，以提高时钟树综合的质量与效果。

5.5.3　时钟偏差均衡的几种情况

时钟信号的延时也称为插入延迟，它包括两部分，即时钟源（clock source）插入延迟和时钟网络（clock network）插入延迟。时钟源插入延迟是指来自系统（即时钟源或芯片）到当前芯片（或当前模块）时钟根节点的延迟，时钟网络插入延迟指的是时钟树的延迟，即从时钟树的根节点到各个时序单元的时钟端口的时间。不同路径的时钟延迟产生不同时钟偏差。

时钟偏差是由时钟路径的静态不匹配和时钟在负载上的差异造成的，引起时钟偏差的原因主要有以下几个。

（1）从时钟源点到各个寄存器（D 触发器）的连线长度不同。

（2）时钟路径上连线的物理参数不同，如电阻、电容、介电常数、厚度、接触孔和过孔电阻等。

（3）时钟网络上插入的时钟缓冲器和反相器的延迟不相同。

（4）时钟路径上单元器件参数的不同，例如，MOS管的阈值电压、迁移率等，它们都会影响单元的延迟。

时钟偏差包括全局偏差、局部偏差和有用偏差（useful skew）3种类型。

（1）局部偏差

局部偏差指的是在设计的同一时钟域内从时钟源点到达两个相邻寄存器之间的延时差，两个寄存器相邻即它们之间存在着数据路径。对于由同个时钟源驱动但在时序上不相邻的两个寄存器，从时序分析的角度上看，它们之间的时钟偏差是没有意义的，因为它们之间的时钟偏差不会对电路的性能产生影响。但是，从分析时钟传播网络的角度考虑，时钟信号的分布是全局的，因此引入全局偏差作为全局性时钟参考是必要的。

（2）全局偏差

全局偏差指的是在设计的同一时钟域内从时钟源点到任意两个寄存器之间的延时差，它不考虑这些寄存器之间是否存在数据传输关系，即两个寄存器之间可以没有数据路径。图5-5-3所示为全局偏差和局部偏差示意。

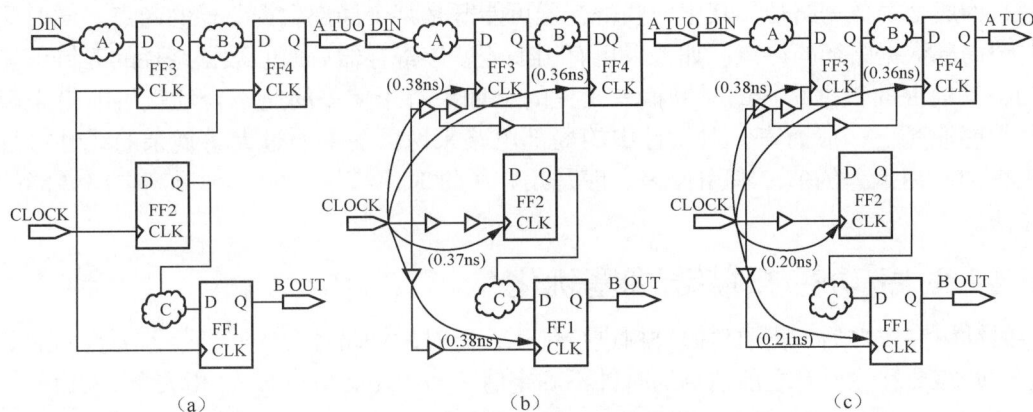

图 5-5-3　全局偏差和局部偏差示意

图 5-5-3（a）所示为插入时钟缓冲器之前的时钟网络，图 5-5-3（b）和图 5-5-3（c）所示分别是考虑全局偏差和局部偏差插入时钟缓冲器之后的时钟网络。图 5-5-3（b）所示为考虑全局偏差进行的时钟树综合，可以看出 4 条时钟路径之间的延时相差不大，它并不考虑 FF1 和 FF2、FF3 和 FF4 之间的数据路径。图 5-5-3（c）为考虑局部偏差进行的时钟树综合，相比图 5-5-3（b），可以看出时钟源点到 FF1 和 FF2 的路径延时变小了，并且相差很小，此时时钟树综合的目的是平衡 FF1 和 FF2、FF3 和 FF4 之间的时钟偏差，而并不考虑 FF2 和 FF3 之间的时钟偏差。

理论上讲，应该考虑局部偏差，但是实现起来会有很大的难度，因为考虑局部偏差时需要考虑相邻寄存器之间具体的数据路径，所以会耗用更多的内存和时间。而对于全局偏差，实现起来就会非常快速，时钟约束也相对简洁，并且可以通过约束全局偏差来限制局部偏差的取值范围，其缺点是可能要添加一些不必要的缓冲器。

（3）有用偏差

在传统或早期的时钟树综合中，期望获得"零偏差"的时钟树。但是后来研究发现，即使能够获得"零偏差"的时钟树，也不一定能得到最好的性能，于是就提出了有用偏差的概念。

有用偏差就是指通过调整时钟到达各个寄存器之间的时间偏差来满足时序的要求，如图 5-5-4 所示，FF1 与 FF2 之间组合逻辑的延迟为 2.3ns，FF2 与 FF3 之间组合逻辑的延迟为 3.3ns，时钟周期 T 为 3ns，FF1、FF2、FF3 的 t_{c-q} 延时均为 0.1ns，建立时间也均为 0.1ns。当时钟到达寄存器 FF1、FF2、FF3 的时间均为 1ns，时钟偏差为 0ns 时，则从 FF1 的输出端 Q 到 FF2 的输入端 D 的时序路径上的时间裕量为 0.5ns，从 FF2 的 Q 端到 FF3 D 端的时序路径上的时间裕量为-0.5ns。如果将时钟到 FF2 的时间由 1ns 变为 0.5ns，则时钟偏差变为 0.5ns，此时两条时序通路上的时间裕量均为 0ns。这就利用偏差平衡了"FF2/Q→FF3/D"时序路径上-0.5ns 的违例。

因此对于关键时序路径，我们可以利用有

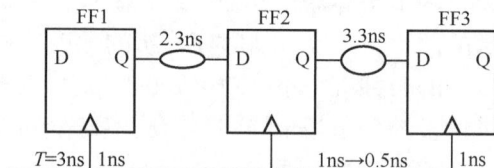

图 5-5-4　有用偏差

用偏差来优化电路的时序，从而提高电路的性能。但是有用偏差的值是有限制的，它和时钟周期有关，也和寄存器前一级路径的延迟有关。一般设计中都通过几级串联的局部数据路径来构成全局数据路径，其中一些寄存器可能既是某个局部数据路径的起点，同时又是另一个局部数据路径的终点。如果采用有用偏差，该寄存器后面的数据路径的时钟偏差是负的，其前面的数据路径的时钟偏差是正的，如果有用偏差的值不合理就可能带来新的系统性能瓶颈。一般而言，对设计中的局部电路来说，需要通过大量复杂的线性方程求解来得到有用偏差的值。有用偏差一般是用在关键时序模块中的一种提高电路性能的有效方法。

5.5.4　时序/功耗/扫描链/拥塞优化

时钟树完成之后，需要对时钟树进行优化，此时时钟路径上的时钟偏差为真实的确定值，因此需要移除所有之前估算的时钟不确定值（clock uncertainty），相关命令如下。

```
remove_clock_uncertainty [all_clocks]
set_app_option -list {timing_remove_clock_reconvergence_pessimism true}
```

此阶段不对保持时间违例进行修复，一方面是因为本设计的保持时间违例不算太大；另一方面是因为保持时间违例在修复时只需将数据通路变长，一般没有保持时间修复不了的情况。而建立时间违例修复需要把数据通路变短，实现的自由度比较小，因此，通常情况下先修复建立时间违例，再用 PT 修复保持时间违例。所以优化时钟树时不进行保持时间违例的优化，具体设置如下。

```
set_app_options -name clock_opt.hold.effort -value none
clock_opt -from final_opto      #设置时钟树优化命令
```

下面介绍一个在后端工具 ICC2 平台下进行的时钟树优化实例。设置 clock_opt.flow.enable.ccd 为 true，在 clock_opt 阶段使用 CCD 优化，CCD（Concurrent Clock and Data，同步时钟与数据），是近年来 Synopsys 的时钟树综合阶段的联合优化新技术，CCD 优化可以调整时钟延迟，并同时改善时序和功耗。在数据通路优化时通过有用偏差，利用正的裕量调节时钟到达寄存器的时间，从而提高时序 QoR（Quality-of-Results，结果质量）。使用 CCD 优化的相关设置如下，其中通过 ccd.max_prepone 控制在 CCD 优化过程中时钟延迟的减少量，通过 ccd.max_postpone 控制在 CCD 优化过程中时钟延迟的增加量。设置 clock_opt.

flow.enable_clock_ power_recovery 为无效，在优化时序的同时尽量避免时钟单元和寄存器的功耗增加。图 5-5-5 显示的是 ICC2 进行时钟树优化的命令设置。

```
set_app_options -name clock_opt.flow.enable_ccd -value true
set_app_options -name ccd.max_prepone   -value 100
set_app_options -name ccd.max_postpone -value 100
set_app_options -name ccd.critical_slack_percent -value 0.7
set_app_option -list {ccd.optimize_boundary_timing true}
set_app_options -name ccd.skip_path_groups -value {in2reg reg2out in2out}
set_app_options -name clock_opt.flow.enable_clock_power_recovery -value none
set_app_options -name time.remove_clock_reconvergence_pessimism -value true
```

图 5-5-5　ICC 2 的时钟树优化命令设置

图 5-5-6、图 5-5-7 所示为时钟树优化之前和之后时序 QoR 截图。设计中最差建立时间违例、保持时间违例：在时钟树优化之前的建立时间违例约为−169 ps，优化之后的建立时间违例约为−93 ps；由于该阶段设置了不对保持时间违例进行优化，因此不做保持时间违例的对比。

```
nformation: Timer using 'AOCV, CRPR'. (TIM-050)

iming
---------------------------------------------------------------
ontext                          WNS            TNS           NVE
---------------------------------------------------------------
a        (Setup)          -169.1053     -52594.7145         2196
esign    (Setup)          -169.1053     -52594.7145         2196

a        (Hold)           -441.5222    -307785.0462         4455
esign    (Hold)           -441.5222    -307785.0462         4455

---------------------------------------------------------------
iscellaneous
---------------------------------------------------------------
ell Area (netlist):                    349224.6822
ell Area (netlist and physical only):  357777.9090
ets with DRC Violations:       7566
```

图 5-5-6　时钟树优化之前时序 QoR 截图

```
Information: Timer using 'AOCV, CRPR'. (TIM-050)

Timing
---------------------------------------------------------------
Context                         WNS            TNS           NVE
---------------------------------------------------------------
Ma       (Setup)           -93.8680     -36014.8974         2810
Design   (Setup)           -93.8680     -36014.8974         2810

Ma       (Hold)           -450.1911    -310822.1146         4769
Design   (Hold)           -450.1911    -310822.1146         4769

---------------------------------------------------------------
Miscellaneous
---------------------------------------------------------------
Cell Area (netlist):                   336574.7662
Cell Area (netlist and physical only): 345886.1250
Nets with DRC Violations:      7226
```

图 5-5-7　时钟树优化之后时序 QoR 截图（时序结果改善）

图 5-5-8 所示为时钟树优化之后的时钟偏差。对比其中的 Clock Repeater Count、Clock Repeater Area、Clock Stdcell Area 与时钟布线之后未进行优化的时序结果中的相应数据，可以看出时钟树优化增加了时序最差的 M1 层时钟路径上的驱动单元数量，并调整了时序路径上单元的尺寸，以优化时序路径上的建立时间时序。最差的全局偏差与优化之前相比增加到约 184.7 ps，这是因为时钟树优化时使用了有用偏差优化建立时间时序，所以全局偏差变差了一些，但仍然小于 200 ps，满足设计要求。

==== Summary Reporting for Corner Ma ====

Summary Table for Corner Ma

Clock / Skew Group	Attrs	Sinks	Levels	Clock Repeater Count	Clock Repeater Area	Clock Stdcell Area	Max Latency	Global Skew	Trans DRC Count	Cap DRC Count
### Mode: func_a, Scenario: Ma										
pin_ _c0_clk	M,D	45185	23	1043	473.1342	2509.6223	722.2880	184.7649	16	0
_ _gclk	G	35	3	2	0.9496	4.0219	141.8495	56.1905	0	0
_ram1_gclk	G	35	8	14	6.0887	9.1610	302.9823	81.2991	0	0
_data_bank1_gclk	G	21	7	10	3.4633	6.0887	231.9348	92.4910	0	0
_ _per0_gclk	G	20	3	0	0.0000	2.0668	81.3484	31.0718	0	0
_ _per0_gclk	G	20	3	0	0.0000	2.1785	88.6917	21.3051	0	0
_ _bank0_gclk	G	19	7	9	3.5750	6.2005	172.3289	88.8264	0	0
_bank1_gclk	G	17	4	1	0.6145	2.2344	67.1577	8.3351	0	0
_ _lo_gclk	G	13	5	2	1.0055	3.0164	171.4298	15.2873	0	0
_bank0_gclk	G	13	3	0	0.0000	1.5641	71.5065	16.8419	0	0
_rom1_gclk	G	13	4	1	0.5586	2.6254	94.3288	36.4217	0	0
_ _hi_gclk	G	12	7	6	3.2957	4.9715	262.8222	22.6048	0	0
_ _lo_gclk	G	12	5	3	1.3406	3.5192	219.6124	57.6022	0	0
_ _hi_gclk	G	12	7	6	2.9847	5.0833	257.1382	32.0982	0	0
_ _gclk	G	11	3	0	0.0000	2.1227	88.9969	72.5718	0	0
_ _w3_gclk	G	8	3	0	0.0000	1.6758	55.1987	10.5858	0	0
_ _hi_gclk	G	7	4	1	0.3910	2.0110	145.9966	16.6402	0	0
_ _lo_gclk	G	7	4	2	1.2289	2.7930	170.3262	29.6102	0	0
_ _hi_gclk	G	7	3	0	0.0000	1.6199	124.0678	62.5367	0	0
_ _lo_gclk	G	7	4	1	0.3910	2.0668	171.2092	44.5803	0	0
_ _w0_gclk	G	6	3	0	0.0000	1.6199	67.4820	25.4822	0	0
_ _w1_gclk	G	6	3	0	0.0000	1.6199	44.4603	6.1035	0	0
_ _w2_gclk	G	6	3	0	0.0000	1.6199	86.4410	17.7784	0	0
pin_ _ _ _ _CLK_ _TOP	M,D	307	10	34	14.6353	20.3889	441.7381	66.2537	1	0
pin_ _ _ _WRCK	M,D	96	8	12	5.2508	6.2005	365.1162	43.6188	0	0
pin_ _ _jtag_tck	M,D	57	5	3	1.8434	7.5970	146.8229	22.7356	0	0
All Clocks		45645	23	1092	494.8637	2543.8086	722.2880	184.7649	17	0

图 5-5-8　时钟树优化之后的时钟偏差

5.5.5　时钟树布线和非默认规则布线

时钟树综合完成后，需要对时钟树进行布线。这里设计中共有 11 层金属，考虑到高层需要留给电源走线，中高层 M6 ~ M8 层走线宽度大、RC 较小，比较适合大驱动的时钟缓冲器走线，因此时钟布线层设置为 M6、M7、M8 层。通过 route_group 命令对所有的时钟网络进行详细布线，该过程需迭代多次，直至所有的违例都被修复或者达到指定的迭代次数。具体命令如下。

```
route_group -nets $all_clk_nets -reuse_existing_global_route true
```

选项-reuse_existing_global_route true 允许复用已有的全局时钟布线结果，这样可以使不同布线过程之间的相关性更好。时钟树布线完成后的全局偏差如图 5-5-9 所示，从中可以看出最大的全局偏差约为 128.9545 ps，此时时钟信号线有了确定的线延迟，时钟布线前的全局偏差有所增加，但仍小于可接受的最大值 200 ps，因此该时钟偏差满足要求。此外由于该阶段未做优化，与时钟布线前的时序结果相比，时钟树驱动的单元数量、时钟路径中插入的驱动单元数量、面积均未发生改变，最大延迟略有减小。

Summary Table for Corner Ma

Clock / Skew Group	Attrs	Sinks	Levels	Clock Repeater Count	Clock Repeater Area	Clock Stdcell Area	Max Latency	Global Skew	Trans DRC Count	Cap DRC Count
### Mode: func_a, Scenario: Ma										
pin_ _c0_clk	M,D	45185	23	1032	472.8549	2493.5344	700.5764	128.9545	17	0
_ 0_gclk	G	35	3	2	0.9496	4.0219	151.2146	57.9834	0	0
_ 1_gclk	G	35	8	14	6.4798	9.9989	276.8326	36.2666	0	0
_ _bank1_gclk	G	21	7	10	3.4633	6.0329	219.0742	81.4995	0	0
_ _per0_gclk	G	23	3	0	0.0000	2.0668	84.1331	22.1634	0	0
_ _por0_gclk	G	23	3	0	0.0000	2.1785	93.1931	11.5585	0	0
_ _bank0_gclk	G	19	7	9	3.5750	6.1446	178.6041	78.6221	0	0
_bank1_gclk	G	17	4	1	0.6145	2.2344	69.5229	4.2915	0	0
_ _lo_gclk	G	13	5	2	1.0055	3.0164	190.2553	20.6088	0	0
_ 0_gclk	G	13	3	0	0.0000	1.5641	74.4820	10.6239	0	0
_ram1_gclk	G	13	4	1	0.5586	2.5696	100.2797	32.0157	0	0
_even_hi_gclk	G	12	7	6	3.2957	4.9715	275.6777	17.3023	0	0
_even_lo_gclk	G	12	5	3	1.3406	3.4075	226.0402	47.7222	0	0
_odd_hi_gclk	G	12	7	6	3.0723	5.1391	268.4107	21.3405	0	0
_ram0_gclk	G	11	3	0	0.0000	2.0668	93.4902	70.2057	0	0
_ _w3_gclk	G	8	3	0	0.0000	1.6199	57.3349	4.8065	0	0
_ _hi_gclk	G	7	4	1	0.3910	2.0110	154.5606	13.1498	0	0
_ _lo_gclk	G	7	4	2	1.2280	2.7030	176.7159	16.4875	0	0
_ _hi_gclk	G	7	3	0	0.0000	1.6199	130.4955	55.5943	0	0
_ _lo_gclk	G	7	4	1	0.3910	2.1785	178.7242	31.9728	0	0
_ _ _gclk	G	5	3	0	0.0000	1.5641	69.3703	19.2261	0	0
_ _ _gclk	G	6	3	0	0.0000	1.5641	46.8636	0.9537	0	0
_ _ _gclk	G	6	3	0	0.0000	1.5641	93.8088	12.9719	0	0
pin_ _ _ _ _CLK_PDG_TOP	M,D	397	10	34	14.9146	20.6682	436.9920	65.3288	0	0
pin_ _ _ _	M,D	95	8	12	5.5301	6.4798	334.9102	36.0672	0	0
pin_ _ _ _tck	M,D	57	5	3	1.8434	7.5970	144.0991	22.7356	0	0
All Clocks		45645	23	1081	495.1430	2528.2795	700.5764	128.9545	17	0

图 5-5-9　时钟布线完成后的全局偏差

非默认规则布线（Non-Default Rule，NDR）违例是连线布线规则未按照设计要求进行布线，导致物理图形布线规则不符合设计要求引发的违例。NDR 违例报告明确指出了违例连线名称和正确的布线规则信息，正则匹配需要匹配违例连线名称和布线规则，使用命令 set_routing_rule 生成修复命令。

5.5.6 时钟树综合项目实践

本节展示 picosoc_top 处理器设计的时钟树综合。时钟树综合通过执行以下操作完成。

```
icc_shell -f ./icc_scripts/clock_opt_icc.tcl | tee ./log\
/clock_opt_icc.log
```

这个过程可以分为 3 个阶段实现，具体命令如下。

（1）只生成时钟树，但是并不进行时序优化。

```
clock_opt -only_cts -no_clock_route -update_clock_latency
```

（2）进行时序优化。

```
clock_opt -only_psyn -no_clock_route -congestion -area_recovery
```

（3）时钟网络全局布线。

```
route_zrt_group -all_clock_nets -reuse_existing_global_route\
true -stop_after_global_route true
```

上述 3 个阶段放在 clock_opt_icc.tcl 脚本里面一起完成。详细的时钟树综合 TCL 脚本采用模板化风格，具体脚本代码如下。

```
#时钟树综合及布线
sh date > clock_opt_icc.time
source icc_setup.tcl
open_mw_lib $MW_DESIGN_LIBRARY    #打开工程
redirect /dev/null "remove_mw_cel -version_kept 0 clock_opt_icc"
#复制版图，用于时钟树综合阶段设计
copy_mw_cel -from place_opt_icc -to clock_opt_icc
open_mw_cel clock_opt_icc    #打开时钟树设计版图
#各个阶段都要调用的设置
set pre_active_scenarios [all_active_scenarios]
set pre_cur_scenario [current_scenario]
source -echo ./icc_scripts/common_optimization_settings_icc.tcl
source -echo ./icc_scripts/common_placement_settings_icc.tcl
source -echo ./icc_scripts/common_cts_settings_icc.tcl
set_active_scenarios $pre_active_scenarios
current_scenario $pre_cur_scenario
set_app_var cts_instance_name_prefix CTS
set_app_var compile_instance_name_prefix icc_clock
#激活所有场景
set_active_scenarios [all_scenarios]
#设置工作场景和当前场景，用于 ICC 电路生成与优化，选择时钟树综合相关场景
set cts_only_scenarios [get_scenarios -cts_mode true]
if {[llength $cts_only_scenarios]}
{set_active_scenarios $cts_only_scenarios;}
current_scenario [lindex [get_scenarios -cts_mode true] 0]
#检查库是否适合时钟树综合
#检查物理设计
if {[file exists [which $ICC_CTS_EXCEPTION_FILE]]}\
{source -echo  $ICC_CTS_EXCEPTION_FILE}
#时钟树的检查与报告
check_clock_tree > $REPORTS_DIR/check_clock_tree.sum
report_clock_tree -exceptions -summary > $REPORTS_DIR/report_clock_tree.sum
#set_delay_calculation_options -preroute awe -routed_clock arnoldi
#时钟树综合主命令，只综合，不布线
clock_opt -only_cts -no_clock_route -update_clock_latency
remove_clock_tree_exceptions -all
save_mw_cel -as cts_icc_func    #保存设计节点
#修复之前的工作场景
if {[llength $cts_only_scenarios]} {unset cts_only_scenarios}
```

```
set_active_scenarios $pre_active_scenarios
current_scenario $pre_cur_scenario
source -echo ./icc_scripts/common_post_cts_timing_settings.tcl
current_scenario $ICC_MCMM_MAIN_SCENARIOS

#报告约束与时序结果
report_constraints -all -nosplit -scenario [all_active_scenarios]\
 > $REPORTS_DIR/compile_clk_tree.con
report_timing -scenario [all_active_scenarios] -capacitance\
-transition_time -input_pins -nets \
-delay max -nosplit -slack_lesser_than 0 -max_paths 999\
 > $REPORTS_DIR/compile_clk_tree.max.tim
report_timing -scenario [all_active_scenarios] -capacitance\
-transition_time -input_pins -nets \
-delay max -nosplit -slack_lesser_than 0 -max_paths 999\
-path_type full_clock_expanded  > \
$REPORTS_DIR/compile_clk_tree.max_clk.tim
report_timing -scenario [all_active_scenarios] -capacitance\
-transition_time -input_pins -nets \
-delay min -nosplit -slack_lesser_than 0 -max_paths 999\
 > $REPORTS_DIR/compile_clk_tree.min.tim
report_timing -scenario [all_active_scenarios] -capacitance\
-transition_time -input_pins -nets \
-delay min -nosplit -slack_lesser_than 0 -max_paths 999\
-path_type full_clock_expanded > \
$REPORTS_DIR/compile_clk_tree.min_clk.tim
#时钟树综合后优化 （-only_psyn）只优化电路，不布线
clock_opt -only_psyn -no_clock_route -congestion -area_recovery
save_mw_cel -as clock_opt_temp        #保存节点
#时钟树布线   （采用 route_zrt_group -all_clock_nets）
route_zrt_group -all_clock_nets -reuse_existing_global_route true\
-stop_after_global_route true
#电源网络连接更新
derive_pg_connection -power_net $MW_POWER_NET -ground_net $MW_GROUND_NET

if {!$ICC_TIE_CELL_FLOW} {derive_pg_connection -power_net $MW_POWER_NET\
 -ground_net $MW_GROUND_NET -tie}
#时序报告
report_timing -scenario [all_active_scenarios] -capacitance\
-transition_time -input_pins -nets \
-delay max -nosplit -slack_lesser_than 0 -max_paths 999\
 > $REPORTS_DIR/clock_opt_icc.max.tim
report_timing -scenario [all_active_scenarios] -capacitance\
-transition_time -input_pins -nets \
-delay max -nosplit -slack_lesser_than 0 -max_paths 999 -path_type\
full_clock_expanded > \
$REPORTS_DIR/clock_opt_icc.max_clk.tim
report_timing -scenario [all_active_scenarios] -capacitance\
-transition_time -input_pins -nets \
-delay min -nosplit -slack_lesser_than 0 -max_paths 999\
 > $REPORTS_DIR/clock_opt_icc.min.tim
report_timing -scenario [all_active_scenarios] -capacitance\
-transition_time -input_pins -nets \
-delay min -nosplit -slack_lesser_than 0 -max_paths 999 -path_type\
full_clock_expanded > \
$REPORTS_DIR/clock_opt_icc.min_clk.tim
#时钟树报告
if {[llength [get_scenarios -active true -setup true]]} {
#全局偏差报告
```

```
redirect -file $REPORTS_DIR/clock_opt_icc.max_skew {report_clock_tree\
-summary \
-scenarios [get_scenarios -active true -setup true]} ;
}
if {[llength [get_scenarios -active true -hold true]]} {
#最小全局偏差报告
redirect -file $REPORTS_DIR/clock_opt_icc.min_skew\
{report_clock_tree -operating_condition min \
-summary -scenarios [get_scenarios -active true -hold true]} ;
}
save_mw_cel -as clock_opt_icc   #保存时钟树阶段版图
create_qor_snapshot -name clock_opt_icc
redirect -file $REPORTS_DIR/clock_opt_icc.qor_snapshot.rpt\
{report_qor_snapshot -no_display}
redirect -file $REPORTS_DIR/clock_opt_icc.con\
{report_constraints -all -nosplit \
-scenario [all_active_scenarios]}
redirect -file $REPORTS_DIR/clock_opt_icc.qor {report_qor}
redirect -file $REPORTS_DIR/clock_opt_icc.qor -append\
{report_qor -summary}
redirect -file $REPORTS_DIR/clock_opt_icc.pwr\
{report_power -scenario [all_active_scenarios]}
sh date >> clock_opt_icc.time
exit
```

执行完时钟树综合之后，时钟树结构如图 5-5-10 所示。

图 5-5-10 时钟树结构

（4）执行完时钟树综合之后，检查./reports/clock_opt_icc.qor_snapshot.rpt 文件，时序结果如下。

```
No. of scenario = 1
s1 = func125_m40
WNS of each timing group:                          s1
REGIN                                          -1.660
REGOUT                                         -1.659
Setup WNS:                                     -1.660
Setup TNS:                                   -8100.522
Number of setup violations:                     11972
Hold WNS:                                      -0.005
Hold TNS:                                       -0.048
Number of hold violations:                         26
Number of max trans violations:                     1
Number of max cap violations:                       0
Number of min pulse width violations:               0
```

```
Route drc violations:                                    0
Area:                                               365984
Cell count:                                          37103
Buf/inv cell count:                                   8241
Std cell utilization:                                13.78%
```

报告显示，建立时间有 11972 条违例，保持时间有 26 条违例。建立时间违例几乎都出现在端口上，同时保持时间违例情况，在 TNS 不是特别大的情况下会以 PT 静态时序分析为准。

5.6　布线

布线（routing）为芯片内部所有连线创建物理图形，实现物理上的连接关系。布线完成后，物理连线都有实际的金属图形，在进行时序分析时，需要考虑互连线的寄生效应，通过 Star-RCXT 和 PT 结合的方式提取版图寄生参数信息，完成芯片的静态时序分析。布线前的时序分析尚未包含金属连线信息和寄生参数，时序结果较

布线（1）

布线（2）

为理想；布线后的物理版图更加接近实际情况，可能存在一定程度的恶化。

5.6.1　全局布线

布线第一阶段使用命令 route_global 单独进行全局布线，全局布线器使用三维 GRC 模拟芯片全局的布线情况，全局布线单元与标准单元高度相同。每一个全局布线单元都会根据阻塞、引脚、单元内部的布线轨道计算相应的布线能力（routing capacity）。在全局布线阶段，即使没有分配布线轨道，EDA 工具也能通过计算全局布线单元对布线轨道的需求，报告布线的违例情况，EDA 工具还需在后续流程对布线轨道进行物理分配。

全局布线分为两个阶段：初始布线阶段（initial routing phase）和再布线阶段（rerouting phase）。在初始布线阶段，EDA 工具将未连接的连线进行物理连接，计算所有全局布线单元的整体情况；在再布线阶段，EDA 工具尝试减少布线拥堵，删除违例连线并重新布线。EDA 工具允许多次运行再布线阶段，再布线阶段结束时，EDA 工具将统计布线违例，整体违例数量逐渐减少，当布线拥堵解决、全部优化完成或者达到最大优化次数时，全局布线器停止执行。EDA 工具默认使用中等优化效果，可以使用选项-effort_level 设置优化等级。命令 route_global 不会考虑时序和串扰对布线情况的影响，可以通过设置参数让 EDA 工具计算实际的连线延时，否则采用虚拟布线计算连线延迟。全局布线更注重芯片内部能否成功布线，快速评估布线拥堵对布线结果的影响并做出相应优化。若布线失败，需要对芯片内部标准单元布局、时钟树综合等流程重新进行调整；若布线成功，后续流程中将对芯片内部时序、互连串扰和 DRC 等因素进行优化。

5.6.2　布线轨道分配

布线第二阶段采用命令 route_track 为全局布线路径分配布线轨道，主要完成 3 个任务：分配水平方向轨道、分配竖直方向轨道、重叠部分再布线。轨道分配（track assignment）完成后，芯片内部会使用真实的金属图形代替全局布线成果，所有连线较为粗略，存在许多违例，尤其与单元引脚相连的位置违例较多，细节布线将修复这些违例。

5.6.3 详细布线

布线第三阶段使用细节布线器对全局布线和轨道分配的路线进行布线，将芯片内部划分为多个区域，查找每个区域的 DRC 违例。如果发现违例，布线器将删除违例连线并重新布线，能够检查布线设计规则、天线效应等违例，优化过孔数量和连线长度。

使用命令 route_detail 进行细节布线，首轮迭代时 zroute 布线器使用均一分布方法划分选区，检查所有选区内的 DRC 违例，在子迭代过程的开始阶段，布线器根据 DRC 违例的分布情况进行分区。若 DRC 违例较为分散，细节布线器将采用均一分布方法划分选区；若 DRC 违例集中在局部范围内，采用非均一分布方法划分选区。迭代过程中将对选区内的违例进行修复，默认的迭代次数为 40。如果芯片满足 DRC 要求、达到最大迭代次数或者无法再优化时，布线结束，图 5-6-1 所示为不同阶段连线的物理图形，依次为虚拟布线、全局布线和细节布线。布线后，版图空白区域将插入填充单元，填充单元除了能够保持阱的连续性，还可以作为参考位置，插入缓冲器时可以选用填充单元的物理坐标为插入点，用缓冲器替换填充单元，方便 ECO 阶段的违例修复。

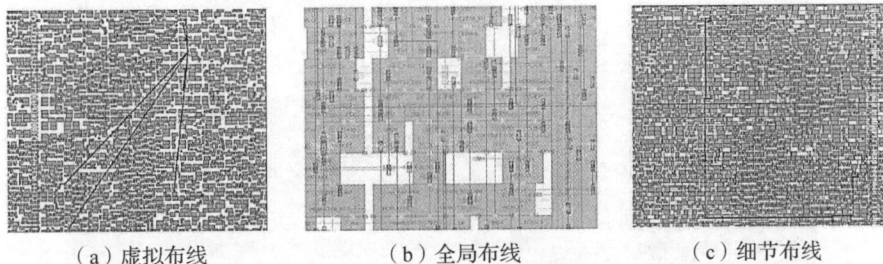

（a）虚拟布线　　　　　　（b）全局布线　　　　　　（c）细节布线

图 5-6-1　不同阶段连线的物理图形

5.6.4 布线项目实践

本节展示 picorv32 处理器的布线阶段设计。该阶段进行时钟和信号的布线，同时进行天线效应和时序优化，可以将它们合并到一个脚本中执行，执行命令如下。

```
icc_shell -f icc_scripts/route_opt_icc.tcl | tee ./log/route_opt_icc.log
```

该脚本包括如下几个步骤。

（1）时钟布线，命令如下。

```
icc_shell> route_zrt_group -all_clock_nets -reuse_existing_global_route true
```

时钟布线结果如图 5-6-2 所示。

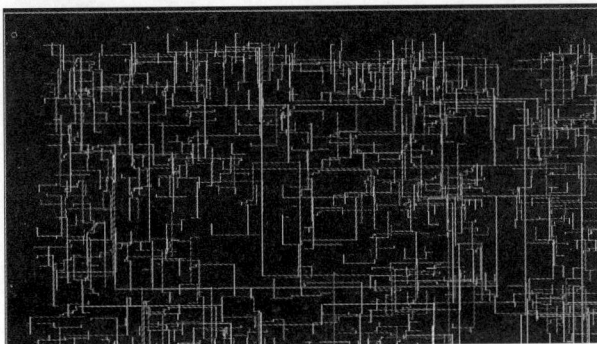

图 5-6-2　时钟布线结果

同时检查 ICC 运行后的.log 文件（log/route_opt_icc.log），该文件的部分内容如下。

```
Total seperated nodes are 62.
Potential connection region ((77,  77),  (1112,  1112)).
** Total OPEN Nets are 5.
** Total Electrical Equivalent Error are 0.
** Total Must Joint Error are 0.
-- LVS END : --
Elapsed =    0:00:04,  CPU =      0:00:04
Update error cell ...
1
save_mw_cel
Information: Saved design named route_opt_icc. (UIG-5)
1
```

（2）调用天线规则（antenna rule）文件，方便 ICC 自动修复天线效应。

```
Total number of DRCs = 0
```

（3）执行布线和时序优化。

```
route_opt -xtalk_reduction -area_recovery -effort $ROUTE_OPT_EFFORT
```

执行完 route_opt 命令之后的局部芯片版图如图 5-6-3 所示。

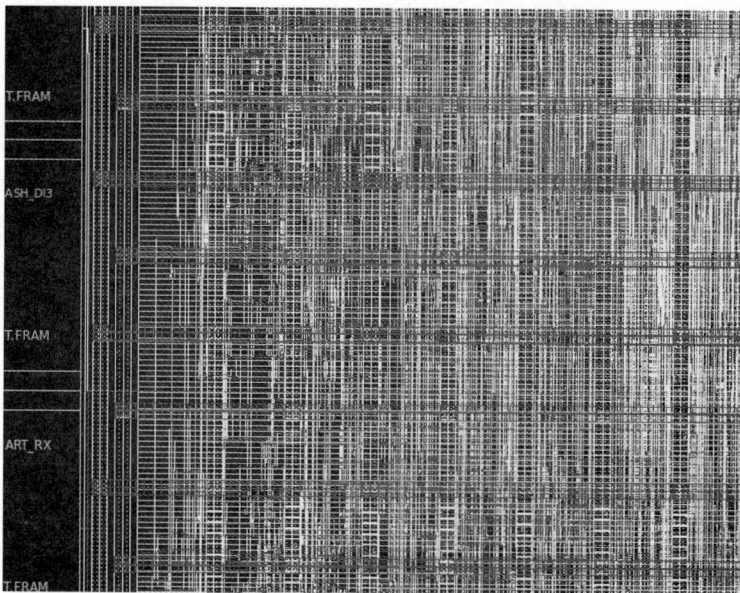

图 5-6-3　执行完 route_opt 命令之后的局部芯片版图

在.log（route_opt_icc.log）文件中可以查看执行完 route_opt 命令的布线结果，具体如下。

```
 Verify Summary:
 Total number of nets = 37206,  of which 0 are not extracted
 Total number of open nets = 0,  of which 0 are frozen
 Total number of excluded ports = 0 ports of 0 unplaced cells connected to
0 nets
 0 ports without pins of 0 cells connected to 0 nets
 0 ports of 0 cover cells connected to 0 non-pg nets
 Total number of DRCs = 0
 Total number of antenna violations = 0
 Total number of voltage-area violations = no voltage-areas defined
 Total number of tie to rail violations = not checked
 Total number of tie to rail directly violations = not checked
```

上述结果中 Total number of DRCs =0、Total number of antenna violations =0 表示布线阶

段没有 DRC 违例及天线效应违例。

（4）在 route_opt 命令执行之后，检查 ./reports/route_opt_icc.qor_snapshot.rpt 文件，结果如下。

```
No. of scenario = 1
s1 = func125_m40
WNS of each timing group:                    s1
REGIN                                     -1.234
REGOUT                                    -1.660
Setup WNS:                                -1.660
Setup TNS:                             -8967.645
Number of setup violations:                11557
Hold WNS:                                  0.000
Hold TNS:                                  0.000
Number of hold violations:                     0
Number of max trans violations:                3
Number of max cap violations:                  0
Number of min pulse width violations:          0
Route drc violations:                          0
Area:                                     376732
Cell count:                                37097
Buf/inv cell count:                         8358
Std cell utilization:                     14.86%
```

报告显示，布完线之后，建立时间违例有 11557 条，这些违例的详细信息会体现在静态时序分析工具 PT 的分析结果中。若 PT 结果没有违例，则认为该设计没有违例。

在完成布线之后，通过以下命令输出网表以及 GDSII 版图文件供后续的签核工具进行检查。

```
icc_shell -f ./icc_scripts/output_icc.tcl | tee ./log/output_icc.log
```

其中 output_icc.tcl 脚本内容如下。

```
source ./icc_setup.tcl       #针对本项目的 ICC 工具通用设置
open_mw_lib $MW_DESIGN_LIBRARY   #打开设计库
if {1} {
    close_mw_cel
    redirect /dev/null "remove_mw_cel -version_kept 0 route_final"
    #复制设计版图用于布线后的收尾工作
    copy_mw_cel -from route_opt_icc -to route_final
    open_mw_cel route_final          #打开布线后的版图设计单元
    source icc_setup.tcl
}
#插入填充单元（带金属的和不带金属的），并更新电源和地的逻辑连接
if {$ADD_FILLER_CELL} {
    #带金属的填充单元
    insert_stdcell_filler -cell_with_metal $FILLER_CELL_METAL \
-connect_to_power $MW_POWER_NET -connect_to_ground $MW_GROUND_NET \
-ignore_soft_placement_blockage
    #不带金属的填充单元
    insert_stdcell_filler -cell_without_metal $FILLER_CELL \
    -connect_to_power $MW_POWER_NET -connect_to_ground $MW_GROUND_NET \
    -ignore_soft_placement_blockage
}
#source ./remove_pg_port.tcl
source ./derive_pg.tcl   #更新所有电源地网络与端口的逻辑连接
source ./create_pg_text.tcl    #手动添加各电源地网络名称
#输出 GDSII 版图的设置，采用 write_stream
#指定设计库和设计单元，以及保存的 GDSII 文件路径名
set_write_stream_options -child_depth 0 -output_filling fill\
```

```
-output_pin {text geometry} \
-keep_data_type -rotate_pin_text_by_access_dir -map_layer $LAYER_MAP
#版图输出
write_stream -lib_name $MW_DESIGN_LIBRARY -format gds -cells route_final\
 $RESULTS_DIR/route_final.gds
#输出版图的Verilog文件，输出电源和地端口，用于LVS检查
write_verilog -wire_declaration -output_net -no_pad_filler -diode_ports \
 -force_no_output_references "FILLTIE_HD1RVT $FILLER_CELL PCORNERRT\
 PCORNERART PFILL001RT PFILL01RT PFILL5RT"\
 -pg $RESULTS_DIR/${DESIGN_NAME}_lvs.vg
#内部验证步骤
verify_zrt_route
verify_lvs -check_short_locator -check_open_locator
verify_pg_nets -macro_pin_connection all -pad_pin_connection ignore
save_mw_cel -overwrite
exit
```

5.7　工程变更命令

在芯片的整个设计过程中，设计者通常要对设计不断进行验证工作，对于设计早期的问题，设计者可以通过修改RTL代码解决。在设计的后期阶段，例如，临近最终签核，则可以通过工程变更命令（Engineering Change Order，ECO，也称工程改单）技术去实现。由于ECO技术关注的是特定环节的特定问题而非从整个设计流程入

工程改单（1）　　工程改单（2）

手，因此大大缩短了设计周期以及节约了设计成本，具有较大的优点。

大体上数字IC设计中的ECO可以分为流片（tapeout）前的ECO、流片过程的ECO，流片后的ECO。一般公司都会规定哪个阶段必须RTC冻结（RTL freeze），此后即使仿真验证有错误，也不会允许再更新RTL代码。因此，此时数字前端负责RTL代码设计的工程师只能在final RTL的基础上，通过写ECO脚本的方式来实现功能上的ECO，实现逻辑功能的修复调整。

5.7.1　修复时序问题的ECO

在RTL之后，还要进行修复时序（fix timing）的原因如下。

（1）RTL本身在设计上存在结构性缺陷，导致综合后的电路无论如何都无法实现想要的频率。其中一个非常常见的缺陷就是两级DFF之间的逻辑过多，运算过于复杂，导致综合后两个DFF之间的逻辑门个数太多。因为每个逻辑门都有延迟，级数多了导致数据传输延时增大，建立时间无法满足，也就无法达到目标频率。综合工具的延迟计算模型与实际实际布图后的延迟计算模型不同，也并未充分考虑芯片的物理性质，因此导致综合时的延时计算不准确。综合时的时钟树结构并不存在，也就是时钟信号的信息（skew、latency等）完全无法预测，而时钟信号对时序的影响十分巨大，导致在综合阶段很难看到时钟树综合后的时序情形。

（2）综合时考虑的PVT条件对于芯片签核时的条件（即MCMM）来说远远不够。综合后电路的时序需要在不同PVT条件下做优化。总体来说，综合后进行修复时序的原因在于需要把RTL存在的问题反馈给设计者，同时需要在考虑多种前提条件的情况下给布局布

线步骤一个良好的开端，然后后端设计者在充分考虑物理情形的情况下对时序做进一步的优化和修复，使芯片最终在签核时能够满足多种PVT组合条件下的时序收敛。

下面以修复保持时间违例为例进行讲解。

图5-7-1提出了一条典型的时序路径以及保持时间的计算方法。

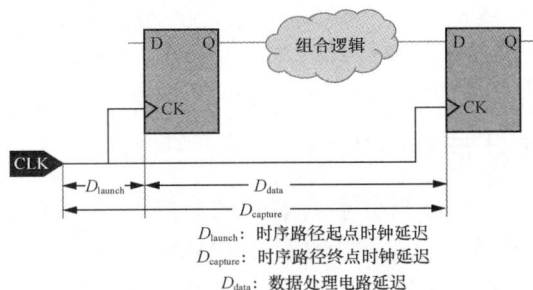

D_{launch}：时序路径起点时钟延迟
D_{capture}：时序路径终点时钟延迟
D_{data}：数据处理电路延迟

图5-7-1 时序路径以及保持时间的计算方法

对图5-7-1所示的时序路径，hold check需要满足如下条件，其中T_{hold}为寄存器最小保持时间约束。

$$D_{\text{launch}}+D_{\text{data}}>D_{\text{capture}}+T_{\text{hold}}$$

根据上面的公式可看出，保持时间违例修复有如下3类方法。

（1）增大数据处理电路延迟D_{data}。此方法为后端设计中最常见的方法之一，具体操作是在数据线上插入缓冲器或者通过延迟单元去增加延迟。

（2）增大时序路径起点时钟延迟D_{launch}。增大D_{launch}的方法理论上可行，但是在实际应用中，由于要考虑对时钟路径的影响、时序裕量等原因，在万不得已的情况下才考虑调整D_{launch}。

（3）减小时序路径终点时钟延迟D_{capture}。此方法也具有方法（2）的缺点，同时还因减短延迟在物理上无法实现的风险，应用更少。

总结来说，与建立时间不同，保持时间因为与时钟周期并无关系，只要时钟树实现比较均衡（偏差较小），保持时间就比较容易收敛。但是建立时间和保持时间其实是一对相互制约的约束，也就是说修复保持时间违例后建立时间裕量就会变小甚至变负，因此越是高频的路径，建立时间和保持时间的相互制约就越严重，甚至会出现修复建立时间违例后保持时间违例就无法修复的"互卡"现象。

5.7.2 功能修改的ECO

根据功能的不同，ECO可以分为功能改变以及非功能改变。功能改变是指由于客户对设计的追加需求或者签核流片之后发现芯片存在错误的情况下进行的ECO；而非功能改变则是指在不改变RTL网表的基础上修复部分时序以及串扰等问题而做的ECO。相对于功能改变需要进行大量逻辑门的添加或重新连线工作，非功能改变通常更易达到设计收敛目的。

在数字IC设计中做ECO的主要步骤如下。

（1）数字前端工程师制订ECO方案（验证方案有效性、可行性）。

（2）写ECO脚本。

（3）后端设计者根据ECO脚本，进行摆放单元和连线（手动的方式），并满足：

$$D_{\text{launch}} + D_{\text{data}}>D_{\text{capture}} + T_{\text{hold}}$$

（4）形式验证（确保后端进行变更后的功能和前端 ECO 方案功能的一致性）。

（5）确认基于流片版本的 GDSII 版图所有改动的金属层（通过 Calibre 进行 LVS 检查）。

（6）重新插入冗余单元或者人工修改冗余单元。

（7）再次进行时序签核的验证（修复所有的建立时间、保持时间的时序问题和 DRC 问题等）。

（8）再次进行 DRC/LVS 检查并修复违例。

（9）输出新的 GDSII 版图。

5.7.3　预留芯片流片后的 ECO

首先了解流片过程的 ECO。当数字后端实现后的设计时序已经符合签核标准，DRC 已经清零，LVS 验证已经通过，电源电压降、MVRC、Formality、DRCPLUS 等工具检查都已经通过。但是前端设计工程师还没来得及做完大部分测试用例的后仿真，而且芯片又面临着产品上市时间的压力。此时会先流片（将 GDSII 版图文件传给晶圆厂进行加工）。

流片后的 ECO 针对的是芯片已经流片回来，在测试过程中发现的错误，并且是必须修复的错误（无法通过软件绕过或者代价太大）。这个时候做 ECO 的代价相对流片前的 ECO 和流片中的 ECO 的代价大很多，而且还面临芯片量产的压力。改动少的可能只用修改芯片的几层金属层，改动大的可能就需要改动十几层金属层，甚至重新流片。做 ECO 之前，一般由数字前端设计工程师做出 ECO 方案，同时让后端设计者进行评估，主要评估需要改动的层数，判断时序能否快速收敛等方面的风险，此时 ECO 的代价是较高的时间成本和费用成本。

5.8　层次化设计

层次化设计是当下非常流行的设计思路，随着芯片的规模越来越大，完整芯片的数据量和复杂度和过去已经不能同日而语，无论是从工具的运行时间还是从芯片的结果质量考虑，直接完成整个芯片（full-chip）的设计工作变得越来越不现实。因此，需要引入层次化设计（hierarchy design）。

层次化设计（1）　层次化设计（2）　层次化设计（3）

5.8.1　虚拟布局和子模块划分

从芯片的规划开始，层次化的理念贯穿整个设计流程，RTL 代码设计、UPF 低功耗设计和验证、DFT、时序约束、逻辑综合、EC 等价性检查、后端版图设计、STA、版图输出、版图验证、功耗分析等都会受到不同的影响。在一个项目的开始阶段，需要根据实际的需求确定层次，这主要基于模块功能规模。图 5-8-1 所示为较复杂的基于 ARM 核的 SoC 项目案例。

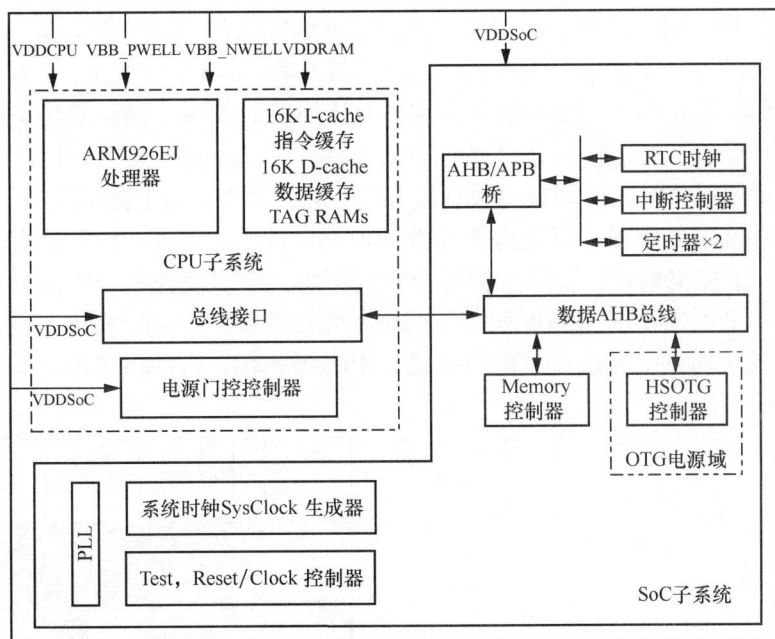

图 5-8-1 较复杂的基于 ARM 核的 SoC 项目案例

图 5-8-1 中包含如下内容。

（1）主控单元：CPU 和内核等。

（2）外设：SoC 子系统，负责特定功能的子模块。

（3）总线：AHB 总线。

（4）中心控制模块：包括时钟、电源、复位等模块。

（5）外设 IP：包括 PHY 以及各种接口协议。

（6）I/O：由于使用的层级都是芯片的 in、out 端口，通常都放在顶层。

（7）存储单元：例化在各个模块的内部，提供给模块自身使用。

根据这种结构，在做子模块划分的时候，会按照真实的需求来定义。

由图 5-8-2 可以看出，在整个 SoC 的设计中，主要的子模块有两种，顶层（top）和非顶层（none-top）。理论上讲，所有的 none-top 子模块，互相之间都没有依赖关系，除非它本身也是一个子模块的 top，具体如图 5-8-3 所示。

类别	子模块类型	独立约束（UPF、SDC等）
主控	内核	是
辅助	外设	是
总线	顶层	是，支持层次化设计
中心控制	顶层	是，支持层次化设计
其他	顶层 或 *-子模块	NA，按当前层次
存储单元	顶层 或 *-子模块	NA，按当前层次
I/O	顶层	是

图 5-8-2 SoC 设计子模块划分

这里的 top 和 sub_top1 就是所谓的层次化设计。在一个芯片里，top 子模块通常只有一个，但是可能有多个 sub_top 子模块，甚至是进一步划分的 sub_sub_top 子模块。这取决于芯片层次化的深度和芯片的复杂度。层次化设计划分越多，单个划分的模块复杂度会降低，但是会增加顶层划分的工作量，如 UPF、SDC 的约束以及物理划分的边界。

层次化设计的另一个影响是设计的依赖性。所有的 sub_top 都和 top 一样，在后端实现（逻辑综合和版图实现）时，任何包含子模块设计的后端工作，都需要其子模块支持。如图 5-8-3 所示，sub_top1 的逻辑综合，依赖于其子模块 sub_par_1_1、sub_par_1_2、sub_par_1_3 的综合。该方式的运行时间可能成为设计瓶颈。实际项目中，为了减少设计依赖性的影响，通常会采取一些变通的手段，以支持更高效的顶层设计。业界有一种设计划分方式，被称为临接（abut）子模块划分，去除了顶层设计的概念，而将设计划分的各个子模块完全贴合，例如，图 5-8-4 所示的布图规划的子模块划分。其中，各个子模块在设计中处于相同层次。各个子模块通过信号连线、电源网络、引脚等关联。这种临接设计简化了层次化结构，但在应用中有限制。

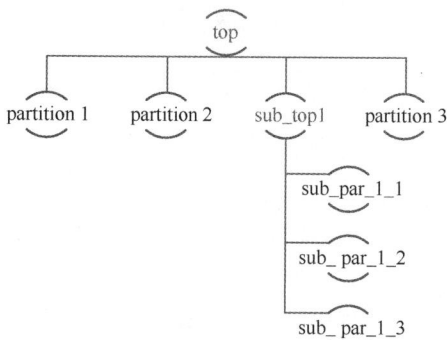

图 5-8-3　SoC 层次化设计的模块划分

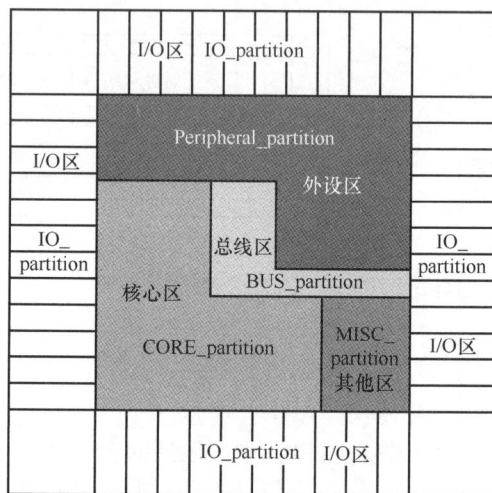

图 5-8-4　布图规划的子模块划分

5.8.2　子模块的引脚设置

一般而言，顶层的 I/O 端口称为 port，而在顶层下面各个层次化子模块的端口称为分区引脚（partition pin）。当这个子模块对应具体设计模块被单独加载后，这些引脚又会变成 I/O 引脚。如图 5-8-5 所示，长条状阴影小条就是引脚。从工具的属性编辑器（attribute editor）中也可以看到其是 partition pin。

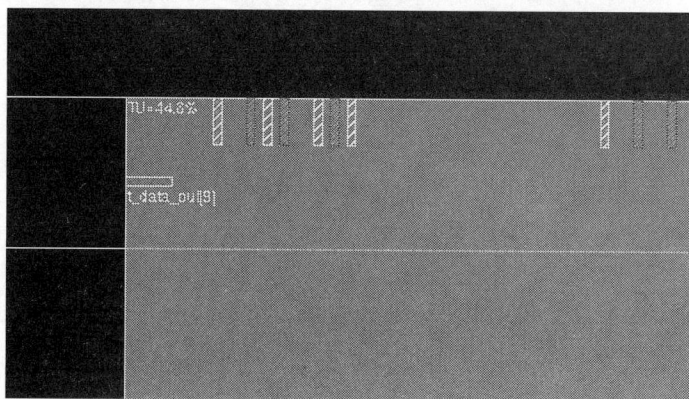

图 5-8-5　引脚指定

这些引脚在层次化设计流程中起着重要作用，是各个模块能顺利拼接、合并的关键。引脚的分配（assignment）功能就是给引脚排位置。芯片设计先定义好每个划分的子模块并切割划分，每个模块分别完成各自的布局布线操作，然后在顶层中实现合并。引脚是在物理设计上指导各个模块连接的关键。

在图 5-8-6 中，黑色线框部分是划分后的各个子模块。当引脚指定完成之后，在每个子模块的边界上会生成不同层（layer）的分区引脚。这些引脚定义了每个模块的输入和输出引脚。在模块层次，我们不能改变引脚的位置，否则无法完成顶层操作。设置合理的引脚位置，不仅可以指导模块的连接，而且会对时序的结果产生重要影响。

在图 5-8-7 中，左图的两个引脚相距较远，这在顶层对应一条走线很长的时序路径，从而造成严重的布线绕线（detour），给布线带来严重阻碍。如果 partition 1 的引脚设置得更加合理（图 5-8-7 右图所示），这样两个子模块之间的路径走向会得到明显的改善。所以在芯片层次的引脚指定很重要，可以改善顶层的关键路径问题。

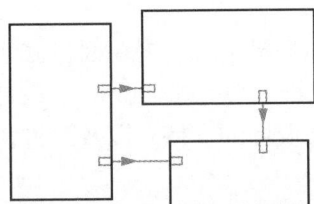

图 5-8-6 子模块的引脚连接

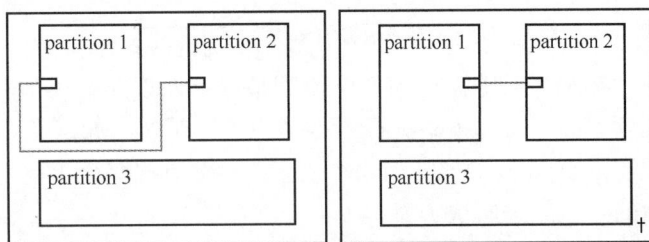

图 5-8-7 引脚指定合理性对比

引脚分配的流程如图 5-8-8 所示。

首先，在执行特定的引脚分配操作（如 assignPtnpin 命令）之前，可以先创建一些引脚约束，主要包括 pin group、pin guide、pin blockage、spacing、size、layer 等。下面简要介绍这些约束。

pin group：设置一个组，把需要的引脚加在这个组中，assignPtnPin 会尽量把这个组中的引脚放置在一起。使用约束命令 createPinGroup 完成。

pin guide：通常和 pin group 一起使用，可以指定一个区域，指定这个 pin group 的放置位置。使用约束命令 createPinGuide 完成。

pin blockage：可以指定一个禁止区域，执行 assignPtnPin 命令时不会在这个区域中放置引脚。使用约束命令 createPinBlkg 完成。

spacing、size、layer：可以指定引脚之间的 spacing（最小间距）、width（宽度）、layer（所在层），采用约束命令 setPinConstraint 完成。

图 5-8-8 引脚分配的流程

其次，使用 assignPtnPin 命令完成引脚分配，命令的执行过程如下。

```
<CMD>assignPtnPin
assignPtnPin QOR Start
Starting pin assignment...
The design is not routed.Using flight-line based methodfor pin assignment.
There are 155 ptnToPtn 2-pin nets in the design.
There are 155 aligned ptnToPtn 2-pin nets.
There are 5945 topToPtn 2-pin nets in the design.
There are 4012 unaligned topToPtn 2-pin nets.
```

```
There are 1933 non-neighbor topToPtn 2-pin nets.
There are 6100 total 2-pin nets in the design.
There are 4012 unaligned total 2-pin nets.
There are 1933 non-neighbor total 2-pin nets.
There are 155 aligned total 2-pin nets.
Completed pin assignment.
assignPtnPin:finished
```

然后，摆放好引脚以后，需要检查引脚分配是否正确。

一般可以使用 checkPinAssignment 命令检查结果是否符合规则，检查包括以下内容。

（1）引脚是否遵循设置的引脚约束。

（2）引脚位置是否设置在布线轨道上。

（3）原设计子模块和复制的子模块（clone partition）的引脚位置是否一致。

最后，引脚分配完成以后，可以先让工具在-honorPin 的模式下进行尝试性快速布线（trialRoute），用 trialRoute 的结果检查实际整个芯片设计的拥塞情况，即检查引脚对齐 pin alignment。

5.8.3　子模块的布局布线实现策略

数字芯片后端设计的一个原则是尽早发现和解决问题。布局需要综合考虑时序和物理实现两方面。布局策略选择可以考虑不同策略，如两轮布局流程（Two Pass flow）、设计内优化（In-Design OPT）。同时，还要考虑前端综合工具对后端设计的支持，以及时钟树综合后的一些问题解决方案。

通常做完布局后需要关注的是拥塞热图、时序的 QoR 报告等。更详细的便是模块的位置、是否有模块被拉开以及被拉开的原因，是否有工具无法修复的时序、DRC 问题、问题是否和布图规划相关等。在深亚微米及纳米节点工艺下，单纯地从这一步的结果已经很难综合评定此步的 QoR，建议整个流程走完后再做相应的调整。但如果拥塞热图或时序 QoR 在布局阶段的结果已经较差，则需要先分析并解决问题。

布局的问题分类如下。

（1）拥塞问题：要分析造成拥塞的原因。例如，一些通道的位置可能会有拥塞问题，需要检查是否正确使用了相应的禁止布局。

（2）时序问题：主要看块的分布位置是否合理、时序路径的走向是否合理等。

（3）新增电路面积检查：看看新增的面积是否合理，是否由于过度约束等引入不必要问题。

（4）检查关键模块的位置和分布，如时钟生成单元等。

（5）另外布局阶段要为时钟树综合做一定的准备，需要提前考虑时钟门控不够平衡可能引入的时序问题。

时钟树综合是布局布线流程中涉及设计知识最多的步骤之一。做好时钟树综合是为了更好地收敛时序、减少功耗等。时钟树综合前期准备要了解时钟结构，包括 DFT 电路的时钟结构，明确设计时钟树综合的规格需求（比如采用的时钟树综合单元、时钟树综合的时序、DRC 约束的设置、NDR 设定方法、时钟信号是否需要屏蔽保护、调用的宏块 IP 内部时钟树处理方式等），也需要对工具功能有相应理解，才能用工具完成相应树生成工作。

时钟树综合的 QoR 分析涉及两个方面，包括单纯的时钟树以及基于树的时序和物理设计评价。单从时钟树角度出发，要考虑时钟的时延、偏差、电源功耗等。从统筹的后端实现来看，需要考虑时钟树对设计的影响，是否有比较大的保持时间，是否可以利用有用偏差解决建立时间问题，时钟树综合是否引入物理设计风险，如为了平衡时钟树结构而引入的局部集中的延迟单元所带来的拥塞问题，以及跨不同角的平衡情况。

布线流程相对比较独立、固定，主要关注布线阶段的信号选择、串扰（CrossTalk）设置等关键因素。此外，还包括可制造性设计过孔处理、串扰抑制等设置。通常在布线阶段可能出现大量 DRC 问题，分析原因后，可能要回溯到前面的步骤进行调整修复。布线还可能产生 SI 问题。SI 包括局部 SI、芯片范围的 SI、数据通路的 SI、时钟信号的 SI 等，因此对于 SI 问题需要分别分析，并且同样可能要调整前面的布图规划以及布局、时钟树综合步骤来解决问题。布线质量主要是分析时序和物理设计的结果。

5.9 模块小结

本模块依托实际芯片设计项目，分析该项目中的数据准备、布图规划设计、电源规划设计、布局、时钟树综合生成、布线、ECO、层次化设计的基本原理，并结合前面模块的实践案例 RISC-V 处理器设计项目 picorv32 进行了数据准备、布图规划、布局、时钟树综合、布线项目实践。

5.10 习题

1. 标准单元库中的单元通常具有相同或者整数倍的_____。
2. 常见的芯片封装类型为_____。
3. 数字 I/O 单元可以分为_____I/O 和_____I/O。
4. 在数模混合芯片设计中，为避免数字信号电源对模拟信号电源产生干扰，通常在模拟模块四周增加_____。
5. 进行时钟树设计的时候通常会对时钟网络设置_____。
6. 在数字后端设计中，对于一个有 6 层布线金属层的设计，若 M5 层水平走线，则 M4 层或者 M6 层_____走线。
7. 物理版图布局布线主要包括哪几部分内容？
8. 布局布线前都要准备哪些数据？
9. 工艺文件（.tf 文件）主要描述哪些内容？
10. 布图规则中，芯片尺寸如何确定？
11. 布图规则中，宏单元的位置如何确定？
12. 时钟偏差有哪 3 种类型？
13. ECO 的主要步骤是什么？

模块六 物理验证

物理验证（Physical Verification）是确保按照芯片后端设计的电路版图生产得到的芯片按预期工作的保障措施，主要包括 DRC、ERC 和 LVS 检查。

DRC 用于确认芯片版图能够满足半导体制造商（晶圆厂）定义的规则。每个晶圆厂的芯片制造过程都遵循自己的一套设计规则，以对芯片制造过程中的正常偏差预留足够的裕量，使制造过程的偏差不会导致芯片故障。

ERC 用于发现电路版图中是否存在电学连接问题，主要目的是查出有无器件悬空或者短接等错误。

LVS 检查则提供芯片版图和原理图之间的设备和连接性比较。LVS 检查工具能够实现精确的电路验证。因为 LVS 检查能够通过测量全芯片的实际几何形状，实现完整物理参数的计算。版图中测量提取的参数可以反向标注到电路原理图中，也能为电路仿真提供充分的数据支持。

本模块在介绍 DRC、ERC、LVS 检查 3 种物理验证的原理后，通过设计项目案例 picorv32（模块名为 picosoc_top）讲解主流 EDA 工具的数字芯片物理验证方法和流程。

6.1 DRC

版图 DRC 是芯片设计物理验证的一部分，晶圆厂对各自不同工艺参数制定出满足芯片制造良率的同一工艺层及不同工艺层之间几何尺寸的约束，这些尺寸约束的集合就是版图设计规则。

DRC 是检查版图中所有因违反设计规则引起的潜在断路、短路或不良效应的物理验证过程。设计规则并不代表芯片制造成功或失败的硬性分水岭，或许一个违反某些设计规则的版图在流片后仍然能够正常工作；反之，一个满足所有设计规则的版图在流片后却不一定能够正常工作。

DRC 基本上是随着半导体晶体管电路设计一同产生的，无论是设计单个晶体管，还是复杂的 SoC，都需要进行 DRC，以确保版图设计工艺是可靠的，能够顺利出产。

基于 Cadence 公司的 EDA 软件，主要有 Dracula 和 Diva 等版图验证工具。Diva 是在线的验证工具，被集成在 Virtuoso 版图编辑器里，可直接单击菜单启动。Dracula 是一个可独立运行的验证工具，它功能强大、使用广泛、验证可靠，在验证版图时所需的计算时间和资源可以保持在合理范围内。下面就 Dracula 中的 DRC 加以说明。

设计规则是版图中各种图形尺寸的规范，是进行图形编辑错误检查的依据。DRC 用于检查版图中各掩模版相关层上图形的各种尺寸是否违反预定的设计规则。检查时基于既定版图生成 GDSII 版图文件（这个过程即 stream out），运行 Dracula 工具的 DRC 进行编译检查后输出结果文件，查看输出文件里是否有不满足设计规则之处。若有，根据提示的位置信息进行找错、去错，确保最终输出的版图尺寸全部符合设计规则要求。

DRC 基本流程如图 6-1-1 所示。

DRC 基本内容如下。

（1）内间距：图形内部的距离，即图形的宽度，如图 6-1-2 中的 a。

（2）外间距：图形外部的距离，即图形间距，如图 6-1-2 中的 b、c，包括同层（b）或不同层（c）图形的间距。

（3）内外间距：一个有关图形内部与另一个有关图形外部的距离，反映两图形的包含情况，如图 6-1-2 中的 d、f。

（4）内内间距：两个不同层有关图形内部的距离，反映图形的相互嵌入情况，如图 6-1-2 中的 e。

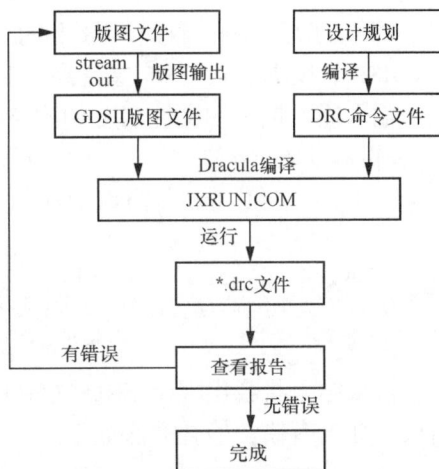

图 6-1-1　DRC 基本流程

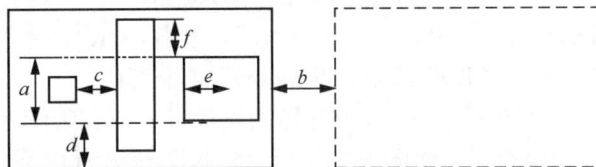

图 6-1-2　图形的间距

设计规则主要定义了线宽、线间距、金属层堆叠顺序和厚度等物理信息。设计过程中，所有的布线等都要遵守设计规则，最终在布局布线后要进行 DRC，并且要满足设计规则的所有要求。如果发现有间距、线宽违例，需要进行修复，直到通过所有 DRC 才可以进行制造加工。另外，对于一些特殊的 IP，特别是模拟 IP、PLL 等，其自身就有与设计规则文件不一样的规则要求，检查时也需要满足这些特殊的设计规则要求。

DRC 违例通常有以下几类：

（1）线间距违例；

（2）线宽违例；

（3）线和过孔间距的违例；

（4）孔间距违例。

在做 DRC 时，必须理解设计规则的含义，以便顺利完成 DRC 这项工作，以免漏查、误差等问题出现。需要额外注意的是，有些设计规则本身就很难满足或者无法满足，设计规则文件中也会明确给出一些可以忽略或者不用修复的点，在 DRC 过程中，如果遇到类似情况，可以不用修复此类问题，但是在最后的文档中要做好记录和说明。

6.2　ERC

本节以 Cadence 公司的后端工具 Virtuoso icfb 的 ERC 为例进行介绍。ERC 文件一般存放在 ./data/runsets 目录下，ERC 的主要功能就是查出有无器件悬空或者短接的错误。ERC 的方法如下。

（1）Cadence Virtuoso icfb 工具输出版图 GDS 文件。在"icfb"窗口单击"File"→"Export"→"Stream"，弹出"Stream Out"窗口，输出版图。

ERC

（2）打开"runsets"目录下的 ERC 文件并编辑：在"INDISK"项中输入 GDS 文件所在目录，在"PRIMARY"项中输入需要检查的文件名，如图 6-2-1 所示。保存后退出（在编辑器输入:wq）。

（3）在"cmd tool"窗口中输入以下示例命令（注意大小写）。

```
PDRACULA
/g ../runsets/c32044.erc
/f
jxrun.com
```

图 6-2-1　Cadence ERC 文件编辑界面

检查结果将会出现于 ERC 文件 PRINTFILE 一项中指定的输出文件中，打开查看检查结果，如果有错，检查方法如下。

（1）在"Virtuoso Edit"窗口菜单中单击"Tools"→"Inquery"，启动用户图形界面。继续单击此窗口中的"DRC"→"Setup"，弹出"DRC Setup"窗口。

（2）在"Dracula Data Path"中输入"./data/erc"，单击"OK"，弹出"DLW""Reference Windows""View DRC Error""Rules Layer Window"4 个窗口。

（3）在"Rules Layer Window"窗口中选择错误代号，并在版图上按"F"键，错误即会自动显示在版图上。如果有错，版图改完错后，将版图导出为 GDS 文件，并重复验证步骤，直至改完所有错误。

6.3　LVS 检查

随着芯片集成度的不断提高和规模的不断扩大，在设计的各个环节上所需运行的验证也相应增多，LVS 检查变得越来越重要。本节阐述 LVS 检查流程和常见的错误类型。

LVS 检查（1）　　　LVS 检查（2）

6.3.1　LVS 检查流程

如图 6-3-1 所示，LVS 检查的流程如下。

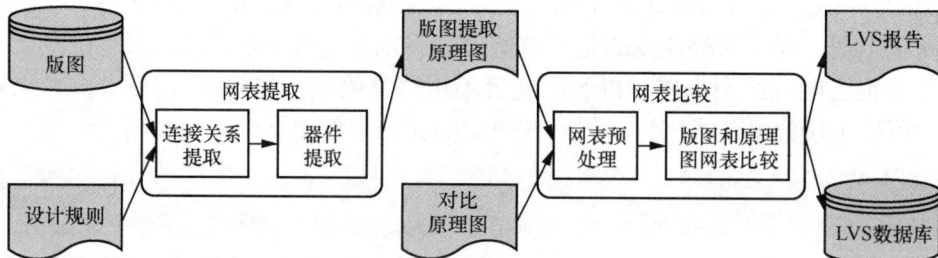

图 6-3-1　LVS 检查流程

（1）从自动布局和布线（Automated Place and Route，APR）工具实现的版图中提取（extract）网表。

（2）将提取出的网表与原始网表进行比较，确保一致。

（3）如果两个网表不相同，这时手动修改版图，使之与要实现的网表相同。

下面分别讲述网表提取和网表比较。

1. 网表提取

网表提取（netlist extraction）的主要功能是从版图中提取网表，以下分别介绍网表提取内容和网表提取算法。

（1）网表提取内容

网表提取内容包含连接关系提取（connection extraction）和器件提取（device extraction）两大模块。

① 连接关系提取。

连接关系提取模块的主要功能是标识线网（net）并为线网命名。标识线网是指把金属、过孔、多晶硅等导体划分为不同的连通集合，从而生成不同的线网。标识线网用 CONNECT 命令实现，CONNECT 命令有以下两种语法形式。

- CONNECT(layer1 layer2…)这条命令指定 layer1、layer2……上的图形只要有相交或邻接的关系，就表明图形是电学相连的，这时要为相连的图形赋相同的节点号。但点接触不构成连接，参见图 6-3-2 所示的例子，执行 CONNECT (L1 L2)生成 3 个 net，分别赋予不同的 net ID：1、2、3。

- CONNECT(layer1 layer2 layer3…BY layerC)这条命令指定如果 layer1 的图形通过 layerC 与 layer2、layer3 上的图形相连，则图形视为电学相连。其中，layer1 称为上层（upper layer），layer2、layer3 称为下层（lower layer），并按 layer2、layer3……的顺序确定优先级，layer2 的优先级最高。layerC 称为孔层（contact layer）。layer1、layer2 和 layerC 这 3 个层上的图形要成功连接必须满足：这 3 个层上的图形有公共面积（即公共面积大于零）；公共面积不能被 layer1、layer2 和 layerC 的其他部分图形完全屏蔽（但可以部分屏蔽）。layer3、layer4……依次类推。这就是 CONNECT (…BY…)连接方式的屏蔽效应。一个孔层图形的任意一个部分只能用于一次连接。如图 6-3-3 所示的例子，执行 CONNECT(M1 M2 BY VIA)生成 5 个 net，分别赋予不同的 net ID：1、2、3、4、5。

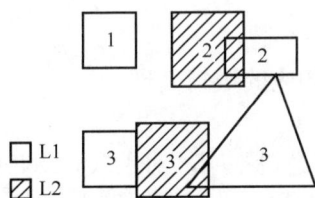

图 6-3-2　线网连接关系 CONNECT(L1 L2)　　图 6-3-3　线网连接关系 CONNECT(M1 M2 BY VIA)

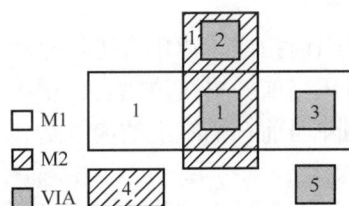

② 器件提取。

器件提取模块的主要功能是识别器件、计算器件属性和输出网表。器件提取即利用 LVS 检查规则中定义的器件提取规则，从芯片版图中识别、提取器件，计算器件属性，输出 SPICE 网表和器件数据库等。器件提取由 DEVICE 命令实现，典型的 DEVICE 命令语法形式如下。

```
DEVICE ({device_name['('device_model')']}
device_seed_layer{{device_pin_layer[' ('device_pin_name')']}…}['…])
```

该命令不仅可以提取内置器件（MOS、BJT、CAP、RES、DIO、JFET、INDU、VOLT

等），还可以提取自定义器件，并计算器件参数。device_name 用于指定器件名称。device_model 用于指定器件子类型。device_seed_layer 用于指定器件层，也叫作种子层，是识别器件的核心层。device_pin_layer 用于指定引脚所在的层，这些层必须用 CONNECT 命令建立连接信息。device_pin_name 用于显式指定引脚的名称。

（2）网表提取算法

网表提取的关键技术是扫描线算法，CONNECT 命令和 DEVICE 命令均使用了扫描线算法，两者的基本算法相同。下面介绍一种成熟的、基于边的扫描线算法的原理。

边即一条直线段，用它的两个端点的坐标表示，对于非垂直边（与 y 轴不平行的边），其两个端点分别是 x 坐标最小和最大的顶点；而对于垂直边（与 y 轴平行），则两个端点分别是其 y 坐标最小和最大的顶点。为了描述方便，无论什么边，其两个端点都分别统一称为左端点和右端点。如果再在边的基础上增加方向概念，则得到有向边。如果方向是从边的左端点指向右端点的，则称该有向边为正向边；反之，则称该有向边为负向边。在基于边的扫描线算法中，扫描线是核心的概念，扫描线算法的本质就是将平面的二维几何问题转化成两个一维问题，具体如下。

x 方向的处理：将几何图形（以边的形式表示）区域以特定方式划分成若干分隔带，使某些特定的几何特征状态在每个分隔带内保持不变。所有分隔带的边界线就是所谓的扫描线，那些特定的几何状态也就只有在经过扫描线时才会发生变化。

y 方向的处理：由于所关心的几何特征状态只在经过扫描线时发生变化，所以只需要每次沿着 y 方向处理当前扫描线上的边即可。

由于需要对 x 方向进行扫描线分隔，所以要求边按照 x 坐标进行排序（因为方向是从左向右的，所以一般取边左端点的 x 坐标），而所谓扫描线的位置也就是扫描线的 x 坐标。另外，在 y 方向上，一般情况下要求以有序的方式进行扫描，即按照边与当前扫描线的交点的 y 坐标以及边的斜率进行排序。基本扫描线算法的流程如下：

① 确定当前扫描线的位置；

② 加入当前扫描线上新的进入边（如果是左端点扫描线），与原有的边构成当前扫描线边集合；

③ 对当前扫描线边集合进行排序；

④ 遍历当前扫描线边集合，根据不同的命令进行相应的逻辑处理；

⑤ 删除当前扫描线上的离开边，并重新回到步骤①。

CONNECT 命令和 DEVICE 命令在步骤④的处理逻辑不同。对于 CONNECT(layer1 layer2)命令，实际上是求图形等价类的问题，如果 layer1 和 layer2 的图形之间有 overlap 或 touch 关系，则认为 layer1、layer2 是同一个节点。对于 CONNECT(layer1 layer2 layer3…BY layerC)命令，只能通过孔层建立不同层之间的连接，所以没有必要扫描无孔层的区域。更严格地说，只需要扫描 layer1 和孔层都存在，并且 layer2、layer3……中至少有一个存在的区域就可以了。如果一条扫描线上至少有这样 3 个不同的层，就应当扫描，否则不需要扫描。在 DEVICE 命令中，LVS 工具通过扫描线算法分析图形之间的位置关系，从而识别并提取相应的器件。器件层相同的多条 DEVICE 命令只会触发一次器件生成过程，当器件生成以后还要对生成的器件进行识别。器件与模板匹配的过程：首先匹配辅助层，若辅助层匹配失败，则结束匹配；若辅助层匹配成功，就对引脚层进行匹配。

图 6-3-4 所示为执行 DEVICE(R("RES")GT M1(pos)M1(neg))命令的例子。GT 图形属于器件层，两个 M1 图形在引脚层。对于 DEVICE 命令，只有和 GT 图形相关的 B、C、D、G、H 这 5 个位置需要扫描。A、I 和 J 位置因没有器件层，所以不需要扫描。E 和 F 为边的交点所在位置，不需要扫描，但在处理扫描线 G 时，必须能发现并处理这两个位置上的所有交点。

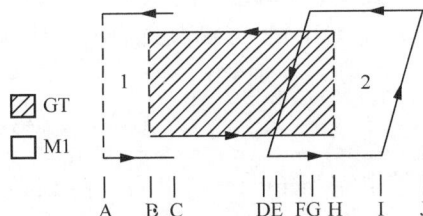

图 6-3-4　执行 DEVICE(R("RES")GT M1(pos)M1(neg))
命令的例子

2．网表比较

网表比较（netlist comparison）的主要功能是检查从版图中提取的网表和从原理图中导出的网表的一致性，如果有差异则报告给用户。用到的关键技术是图同构等算法，技术已经成熟，这里不赘述。

6.3.2　LVS 错误类型

LVS 错误类型大体分为两类：不一致点和失配器件。

（1）不一致点：可分为节点不一致和器件不一致。节点不一致是指版图和原理图中各有一节点，这两个节点所连器件的情况相似，但是又不完全相同；器件不一致是指版图和原理图各有一器件，这两个器件相同，所连接的节点情况很相似，但又不完全相同。

（2）失配器件：指器件在原理图中有在版图中没有，或在版图中有在原理图中没有。

LVS 常见的错误类型如下：

（1）匹配的节点上没有器件；

（2）匹配的器件上有不匹配的节点；

（3）器件不匹配；

（4）匹配的节点上有多余的版图器件；

（5）匹配的节点上有多余的线路图器件；

（6）匹配的节点上有非匹配的版图和线路图器件；

（7）其他不匹配的版图器件；

（8）其他不匹配的线路图器件；

（9）器件的类型（N 型和 P 型，多晶硅电阻或扩散电阻）不匹配；

（10）器件的尺寸（W 或 L）不匹配；

（11）MOS 可逆性错误；

（12）衬底连接不匹配；

（13）器件的电源连接不匹配（多电源供电的情况）；

（14）简化多个 MOS 拼接为单个 MOS 时出错；

（15）过滤多余的器件出错。

6.4　物理验证项目实践[*]

本节对 picorv32 处理器设计使用 Calibre 工具来做布局布线后版图的 DRC 以及 LVS 检查。

创建 merge.tcl 脚本,使用 Calibre 的 filemerge 指令将布局布线后的 GDS 文件与底层标准单元以及 IP 的 GDS 文件合并,脚本内容如下。

```
Layout filemerge -in /home/eda/TeachPrj/DigitalBackend/ADC_Chip/IP/StdCell\
/ SCC55NLL_HD1_RVT_V0.2/SCC55NLL_HD1_RVT_V0p2/gds/scc55nll_hd1_rvt.gds \
-in ../../../ICC/results/picosoc_top.gds \
-out ./picosoc_top_FULL.gds
```

编辑完 merge.tcl 脚本后,在 Linux 命令行执行以下命令,输出合并后的 GDS 文件。

```
calibredrv merge.tcl
```

接着在 Linux 命令行执行以下命令将布局布线后带 PG 的网表与标准单元以及 IP 的.cdl 合并,输出合并后的.cdl 网表。

```
v2lvs -w 1 -v ../../ICC/results/picosoc_top_lvs.vg -o picosoc_top_lvs.cdl\
 -log picosoc_top_v2lvs.log \
-s /home/eda/TeachPrj/DigitalBackend/ADC_Chip/IP/StdCell/SCC55NLL_HD1_RVT_V0.2\
/SCC55NLL_HD1_RVT_V0p2/cdl/scc55nll_hd1_rvt.cdl -s0 VSS -s1 VDD
```

修改 DRC 与 LVS 检查的 cmd file（drc/scr/SMIC_CalDRC_55LLULPGE_0912182533_V1.13_0.drc 以及 lvs/scr/SMIC_CalLVS_55ULP_09121825_V1.16_0.lvs）中的 option 选项,选择适合当前工艺与检查要求的选项,并修改 SOURCE PATH 以及 LAYOUT PATH 为当前项目文件地址。一个典型的 LVS cmd file 如下。

```
SOURCE PATH "../../v2lvs/picosoc_top_lvs.cdl"
SOURCE PRIMARY "picosoc_top"
SOURCE SYSTEM SPICE
LAYOUT PATH "../../merge/picosoc_top_FULL.gds"
LAYOUT PRIMARY "route_final"
LAYOUT SYSTEM GDSII
LVS REPORT "lvs.rep"
```

编辑完 cmd file 之后,在 Linux 命令行执行 **calibre -drc 或 calibre -lvs** 命令,注意加上 cmd file 文件路径,即可运行 DRC 或 LVS 检查。例如,执行 LVS 检查的命令如下。

```
calibre -lvs ../scr/SMIC_CalLVS_55ULP_09121825_V1.16_0.lvs \
| tee ../log/SMIC_CalLVS_55ULP_09121825_V1.16_0.lvs.log
```

检查结束后在 Linux 命令行执行 **calibredrv** 命令,打开 Calibre 图形用户界面,如图 6-4-1 所示。

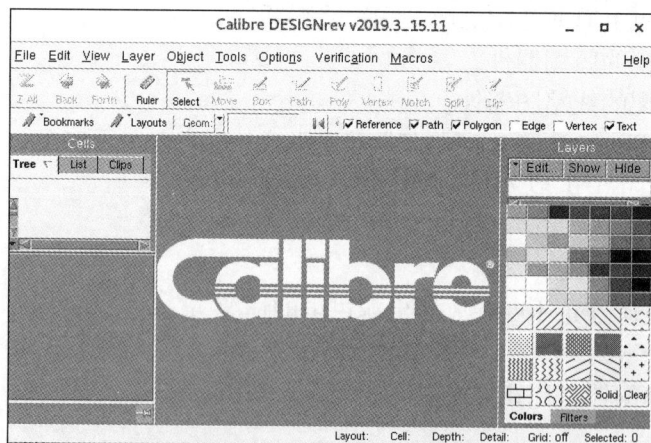

图 6-4-1　Calibre 图形用户界面

在 Calibre 工具的菜单栏单击"File"→"Open Layout Files...",选择相关设计的 GDS 文件,然后在菜单栏单击"Verification"→"Start RVE...",弹出"Calibre RVE"窗口,如图 6-4-2 所示。

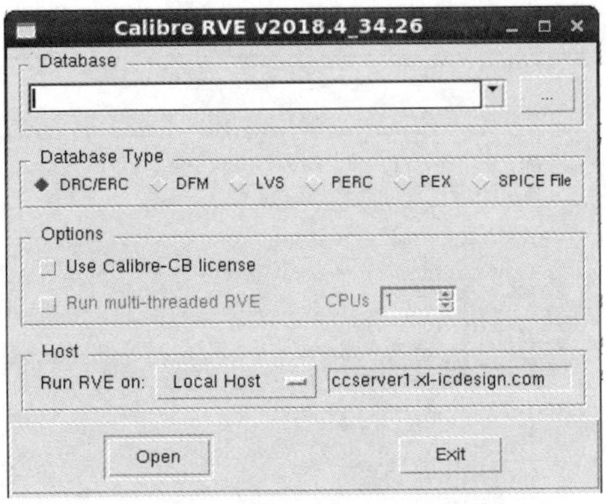

图 6-4-2 "Calibre RVE"窗口

在"Calibre RVE"窗口中，如果要查看 DRC 结果，在"Database"选项组中选择 "pv/drc/run/drc_ CAL.OUT"，"Database Type"选择"DRC/ERC"；如果要查看 LVS 检查结果，在"Database"选项组中选择"pv/lvs/run/svdb"，"Database Type"选择"LVS"。单击 "Open"，即可查看 DRC 或 LVS 检查结果，如图 6-4-3 所示。

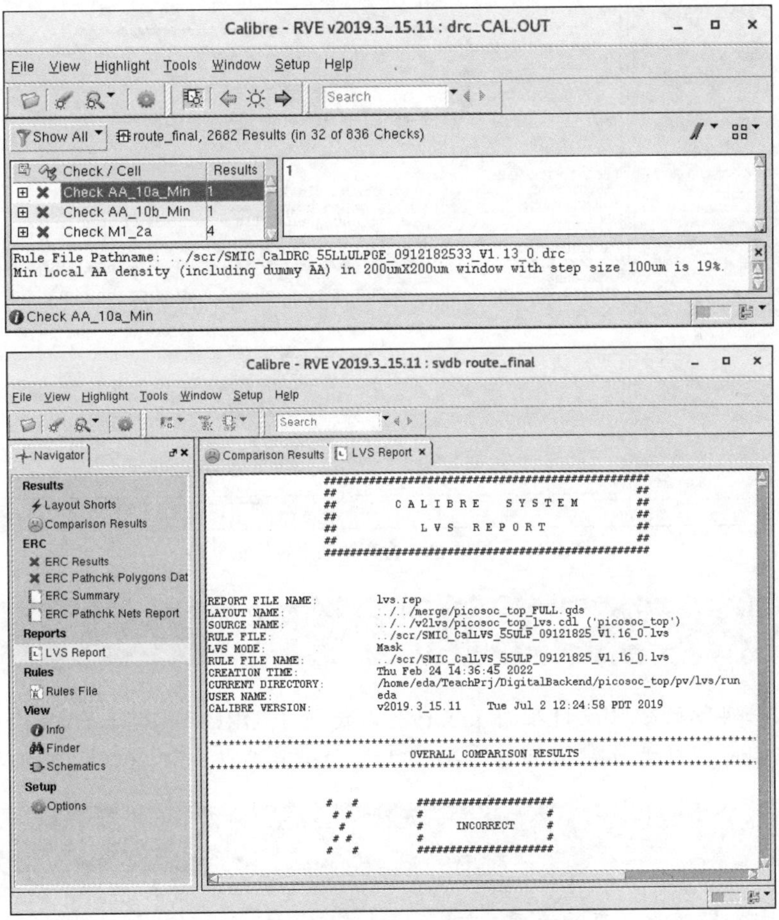

图 6-4-3 查看 DRC 或 LVS 检查结果

如果检查结果有错，则查看报错信息，根据报错的位置一条条地进行修正，然后重新运行检查，直至检查结果报告正确，如图 6-4-4 所示。

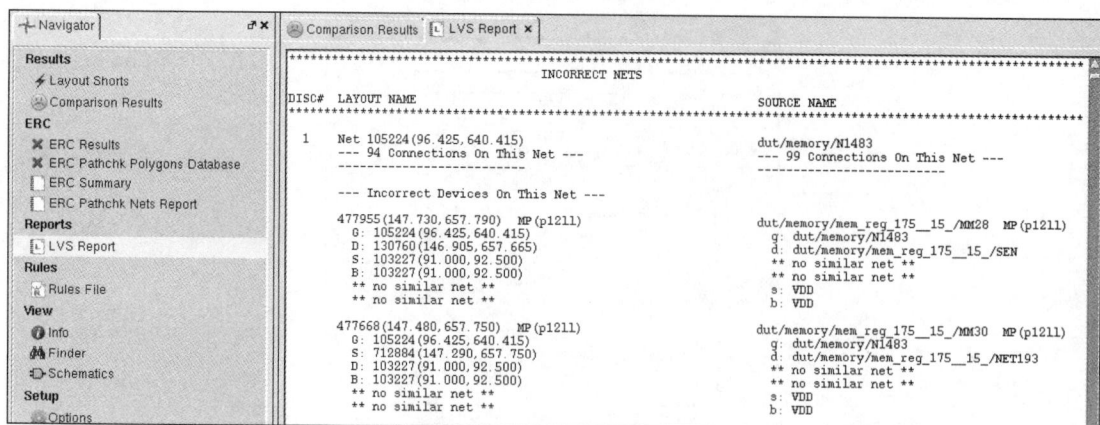

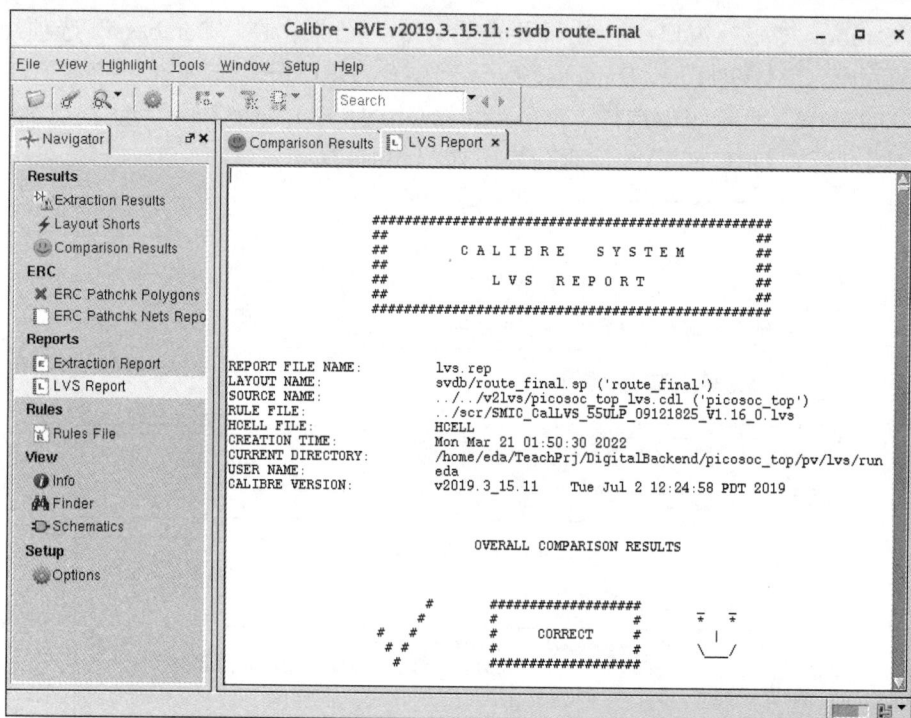

图 6-4-4　根据 LVS 检查结果报告修正电路

6.5　模块小结

本模块依据实际的芯片设计项目 picorv32，进行了 DRC、ERC、LVS 检查，以及检查结果报告分析的讲解，并在模块的最后演示了本书贯穿式项目 picorv32 的物理验证流程。

6.6　习题

1. ERC 的主要功能是查出有无_____，或者_____错误。
2. LVS 检查连接关系提取模块的主要功能是_____和_____。
3. LVS 检查器件提取模块的主要功能是识别_____、计算_____和输出_____。
4. LVS 的错误类型大体分为两类：_____和_____。

5. 物理验证主要包括哪些内容？
6. DRC 的主要目的是什么？
7. 画出 DRC 的基本流程。
8. DRC 的主要内容是什么？
9. LVS 检查的流程是什么？
10. LVS 检查中网表提取内容主要有哪些？

模块七 RC 参数提取*

目前的数模混合芯片设计中，需要对模拟部分进行版图后仿真并对整体芯片进行时序分析。版图后仿真需要进行晶体管级的寄生参数提取，芯片时序分析则需要对互连线进行寄生参数提取。RC 参数提取的精确度和效率在很大程度上影响着整体芯片设计的质量和效率。

芯片通过版图设计最终转化到硅片后，由于同层以及不同材料之间寄生参数的影响会使电路性能与最初仿真结果产生偏差，甚至使电路无法正常工作，因此，电路完成 DRC 和 LVS 检查后还需进行版图寄生参数提取（Layout Parasitic Extraction, LPE）和寄生电阻提取（Parasitic Resistance Extraction, PRE）。版图设计的完整寄生参数应当包括 R、C、L、K，其中 L 和 K 在单元库版图和低频数字 IC 中常常被忽略。LPE/PRE 完成后我们可以得到含有大量寄生元件信息的电路 SPICE 或 CDL 格式网表文件。

本模块的项目实践部分以开源 RISC-V 处理器项目 picorv32 为例，介绍 RC 参数提取工具 Star-RCXT 的基本使用方法。

7.1 RC 参数提取的电路模型

1．R 参数提取

电阻参数提取在深亚微米的应用中很直观，它通常将连线以线宽的方式分割成若干小方块，再将一段很长的线根据存储和计算速度分成若干段，图 7-1-1 所示为互连线中的 RC 树模型。该模型适用于每一层平面形状 R 参数的提取，互连线之间的过孔电阻则由晶圆厂给出。

RC 参数提取的
电路模型

为了提高计算速度和准确度，工程应用中提取互连线 R 参数时会建立相应的 R 模型提取，如图 7-1-2 所示。采用分段法提高了 R 模型的计算速度和准确度。

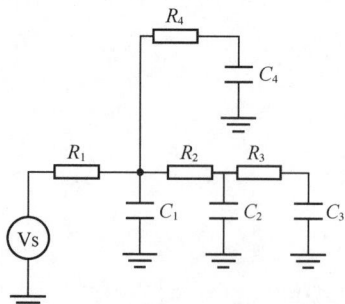

图 7-1-1 互连线中的 RC 树模型

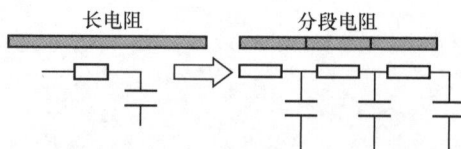

图 7-1-2 互连线中的 R 模型提取

2．C 参数提取

互连线单位长度的总电容由面积电容 C_A、侧面电容 C_L 和边缘电容 C_F 这 3 个部分组成，即 $C_{wire}=C_A+C_L+C_F$。在纳米级的设计中，当互连线距离较远、金属线厚度非常小时，通常

忽略侧面电容 C_{L}，此时的互连线 C 参数的提取可以简单地用平行板电容器模型来计算。长度为 L 的互连线电容的计算：$C_{\text{wire}}=L \times W \times C_{\text{A}}+2（L+W）\times C_{\text{F}}$。

　　由于半导体工艺的不断发展，每两层金属空间靠得越来越近，互连线金属从 2~3 层（1.0~0.5μm）到 4~6 层（0.35~0.18μm），再增加到 7~9 层或更多（130nm 以下）。此时的电容分布参数需要采用复杂的 3D 计算来处理，以满足不同设计情况下对提取精确度的要求，如图 7-1-3（c）所示。

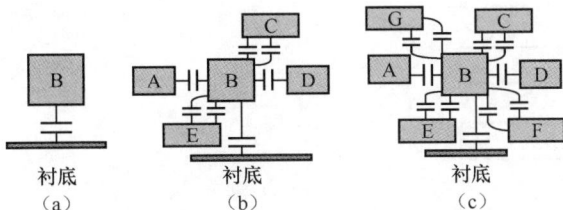

图 7-1-3　电容参数提取的不同层次模型

图 7-1-3 中表示的层次分别如下：

① C 参数的简单提取模型；

② C 参数提取的 2D 或 2.5D 模型；

③ C 参数提取的 3D 模型。

7.2　RC 参数提取流程

　　在纳米级的电路设计中，与版图相关的寄生效应显得非常重要。在进行单元库的设计时，版图设计结束后，带有寄生参数的后仿真可以更为精确地验证芯片的特性。因此必须进行尽可能精确的寄生参数提取，从而更完善和有效地进行版图后仿真。

RC 参数提取流程

　　对于混合信号电路，模拟模块（如锁相环电路等）对寄生参数的敏感性更强，在设计中可以采用多种 EDA 工具相结合的方式进行参数提取。图 7-2-1（a）所示是标准的寄生参数提取流程，用户可以在版图中读取有层次的网表，并提取参数（如SPF、SPEF、SBPF 等文件），可以对同一个网表展平（flatten）后进行不带有版图寄生参数和带有版图寄生参数的仿真比较。

　　对于较大的设计，可以进行有选择的反标寄生参数流程，如图 7-2-1（b）所示。反标寄生参数流程只对版图中的有效点做寄生参数提取，且反标于相应的有效点上，忽略掉那些有把握的和对寄生参数不敏感的模块，可以提高仿真的速度。

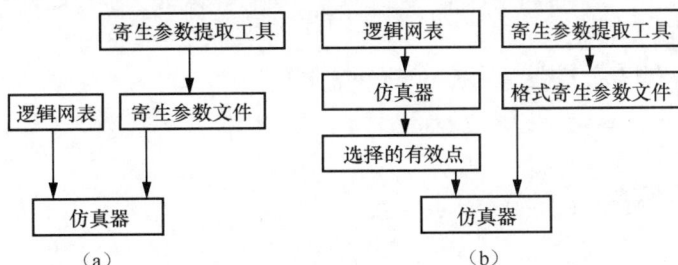

图 7-2-1　寄生参数提取及仿真流程

设计中首先对一个含有锁相环模块的数字 IP 进行版图的 LVS 检查，接着进行标准流程反标寄生参数并进行后仿真，流程如图 7-2-2 所示。

验证仿真需要的各种网表文件包括前版图的 SPICE 网表，数字模块的 RC 参数网表，另外需要对模拟模块的网表进行反标寄生参数，并替换芯片前版图网表中相应的网表内容。对芯片中锁相环关键模块进行两种仿真试验，所得结果如图 7-2-3 所示。

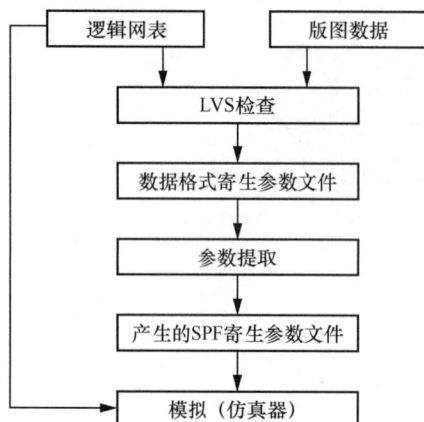

图 7-2-2　晶体管级的后仿真流程

仿真时间（锁相环核心模块）	NanoSim时间	HSPICE时间
75μs	40min	155min
190μs	280min	2115min

图 7-2-3　两种仿真试验结果对比

可以看出，由于后仿真中加入了 RC 参数，因此仿真工作量大了很多。另外，晶体管级的后仿真中，NanoSim 速度要高于 HSPICE 速度，因此对较大规模的数模混合电路，需要采用整体仿真模式。

7.3　RC 参数提取项目实践

本节对 picorv32 处理器设计采用 Synopsys 公司的 Star-RCXT 工具，提取物理设计后版图的 RC 参数。

运行如下命令。

```
StarXtract -clean star_milkyway_smc.cmd
```

这里的 star_milkyway_smc.cmd 是同时进行多个端角（corner）的 RC 参数抽取脚本，本例中一共进行 8 个 corner 的抽取。脚本内容如下。

```
BLOCK: route_opt_icc              #用于提取 RC 参数的后端设计版图
MILKYWAY_DATABASE: ../icc/picosoc_top_LIB        #用于提取 RC 参数的后端设计库
OPERATING_TEMPERATURE: 125
TCAD_GRD_FILE: ../LIB/physical/techfile/smic_55_1p7m_1tm_CMAX.nxtgrd
MAPPING_FILE: ../LIB/physical/techfile/StarRC_55LLULP_1P7M_6Ic_1TMc_ALPA
1_cell.map
MILKYWAY_CELL_VIEW: *
MILKYWAY_EXPAND_HIERARCHICAL_CELLS: NO
NMM_CORES: 1
STARRC_DP_STRING: list localhost:1
EXTRACTION: RC
REDUCTION: YES
NETLIST_NODE_SECTION: NO
COUPLE_TO_GROUND: NO
STAR_DIRECTORY: STAR_DIR
NETS: *
```

```
POWER_EXTRACT: NO
REMOVE_FLOATING_NETS: YES
REMOVE_DANGLING_NETS: NO
SHORT_PINS: YES
SKIP_CELLS: *
NETLIST_FILE: picosoc_top              #输出文件名前缀
NETLIST_CONNECT_SECTION: YES
NETLIST_INSTANCE_SECTION: YES
NETLIST_CONNECT_OPENS: *
NETLIST_FORMAT: SPEF        #输出格式
NETLIST_SUBCKT: YES
CASE_SENSITIVE: YES
POWER_NETS: VDD VSS         #电源地网络
SIMULTANEOUS_MULTI_CORNER: YES
CORNERS_FILE: corners.smc
#RC 参数输出文件，一共 8 个 corner 的 SPEF 文件
SELECTED_CORNERS: cmax_125.spef cmax_m40.spef cmin_125.spef cmin_m40.spef
rcmax_125.spef rcmax_m40.spef rcmin_125.spef rcmin_m40.spef
SUMMARY_FILE: picosoc_top.star_sum
ECO_MODE:NO
MAGNIFICATION_FACTOR: 0.9
MAGNIFY_DEVICE_PARAMS: NO
```

上述使用 ../icc/picosoc_top_LIB 中的 route_opt_icc 这个后端设计 .cel 文件（通过 save_mw_cel 命令保存）进行 RC 参数提取，且其中用来配置 8 个 corner 所需的 RC 参数文件 corners.smc 的内容如下。

```
CORNER_NAME: cmax_125.spef
TCAD_GRD_FILE: ../LIB/physical/techfile/smic_55_1p7m_1tm_CMAX.nxtgrd
OPERATING_TEMPERATURE: 125
CORNER_NAME: cmax_m40.spef
TCAD_GRD_FILE: ../LIB/physical/techfile/smic_55_1p7m_1tm_CMAX.nxtgrd
OPERATING_TEMPERATURE: -40
CORNER_NAME: cmin_125.spef
TCAD_GRD_FILE: ../LIB/physical/techfile/smic_55_1p7m_1tm_CMIN.nxtgrd
OPERATING_TEMPERATURE: 125
CORNER_NAME: cmin_m40.spef
TCAD_GRD_FILE: ../LIB/physical/techfile/smic_55_1p7m_1tm_CMIN.nxtgrd
OPERATING_TEMPERATURE: -40
CORNER_NAME: rcmax_125.spef
TCAD_GRD_FILE: ../LIB/physical/techfile/smic_55_1p7m_1tm_RCMAX.nxtgrd
OPERATING_TEMPERATURE: 125
CORNER_NAME: rcmax_m40.spef
TCAD_GRD_FILE: ../LIB/physical/techfile/smic_55_1p7m_1tm_RCMAX.nxtgrd
OPERATING_TEMPERATURE: -40
CORNER_NAME: rcmin_125.spef
TCAD_GRD_FILE: ../LIB/physical/techfile/smic_55_1p7m_1tm_RCMIN.nxtgrd
OPERATING_TEMPERATURE: 125
CORNER_NAME: rcmin_m40.spef
TCAD_GRD_FILE: ../LIB/physical/techfile/smic_55_1p7m_1tm_RCMIN.nxtgrd
OPERATING_TEMPERATURE: -40
```

以上文件内容定义了 8 个 corner 输出文件与 .nxtgrd 库文件以及工作温度的对应关系，可以得到如下 8 个不同 corner 下的 RC 参考文件，用于 PT STA。

- picosoc_top.cmax_125.spef。
- picosoc_top.cmax_m40.spef。
- picosoc_top .cmin_125.spef。
- picosoc_top .cmin_m40.spef。

- picosoc_top .rcmax_125.spef。
- picosoc_top .rcmax_m40.spef。
- picosoc_top .rcmin_125.spef。
- picosoc_top.rcmin_m40.spef。

得到的.spef 文件将在模块八的项目实践中用于 SPI（Serial Peripheral Interface，串行外部接口）电路的 STA。

7.4　模块小结

本模块分析了实际芯片项目中 RC 参数提取的流程并根据实际项目进行 RC 参数提取的实践。

7.5　习题

1. 版图后仿真需要进行_____级的寄生参数提取。
2. RC 参数文件主要描述了互连线的_____和_____信息。
3. 电路完成 DRC 和 LVS 检查后还需进行_____提取和_____提取。
4. 工程应用中提取互连线 R 会建立相应的 R 模型提取，采用_____法提高了 R 模型的计算速度和准确度。
5. 版图设计的完整寄生参数应当包括_____、_____、_____、_____。
6. 互连线单位长度的总电容由_____、_____和_____这 3 个部分组成。
7. 常见的寄生参数文件格式有_____、_____、_____等。
8. 标准的寄生参数提取流程是什么？
9. 画出 C 参数的简单提取模型。
10. 晶体管级的后仿真流程是什么？

模块八　静态时序分析

时序分析是芯片设计流程中必不可少的一环。一般来说，分析或检验电路设计时序方面的特征主要有两种手段：动态时序仿真（Dynamic Timing Simulation，DTS）和静态时序分析（Static Timing Analysis，STA）。

动态时序仿真的优点是比较精确，同后者相比，它适用于更多设计类型。但是它也存在着比较明显的缺点，首先是分析的速度比较慢，其次是需要使用输入矢量，这使得它在分析过程中有可能会遗漏一些关键路径（critical path），因为输入矢量未必对所有相关的路径都敏感。

静态时序分析不依赖于激励，可以穷尽所有路径，运行速度很快，占用内存很少；它完全克服了动态时序仿真的缺陷，适合进行超大规模的 SoC 电路的验证，可以节省多达 20% 的设计时间；在功能和性能上完全可以满足全芯片分析的要求。所以通常采用静态时序分析的方法来进行时序分析。

本模块的项目实践部分以开源 RISC-V 处理器项目 picorv32 为例，介绍静态时序分析工具 PT 的基本使用方法。

8.1　静态时序分析的基本知识

静态时序分析首先要计算出电路各个路径上的延迟（延时），然后利用穷尽分析方法检查各个路径是否满足建立时间和保持时间约束，最终确定电路是否符合设计要求。

一条路径的总延时是指器件延时与互连线延时的总和，其中器件延时通过查找时序库中的查找表来获得；互连线延时根据芯片布局布线后提取的 RC 反标参数来获取。

静态时序分析的
基本知识

1. 时序约束文件

设计约束文件的类型有很多种，但常用的是标准设计约束文件，其是对整个设计时序要求的体现。与静态时序分析有关的标准设计约束指令如表 8-1-1 所示。

表 8-1-1　标准设计约束指令

设计环境约束	时序约束	时序特例
set_drive set_driving_cell set_input_transition set_load	create_clock create_generated_clock set_clock_transition set_clock_uncertainty set_input_delay set_output_delay set_propagated_clock	set_false_path set_max_delay set_multicycle_path set_disable_timing set_case_analysis

续表

设计规则约束	常见的 7 条时序约束
set_max_capacitance set_max_fanout set_max_transition	create_clock set_clock_uncertainty set_input_delay set_output_delay set_load set_driving_cell set_operating_conditons

2．时序路径和时序分析

时序分析是指把某一段路径的总延时和该段路径的时序约束要求相比较，时序分析的根本目的是验证电路内部各个路径的建立时间与保持时间能否满足所设计电路的基本要求。下面对时序路径进行几点说明。

（1）建立时间和保持时间。

建立时间和保持时间就是同步信号的结束点（一般是寄存器数据输入端 D 引脚）相对于时钟输入的时间要求，静态时序分析的目标就是检查所有路径上的建立时间和保持时间是否满足终点器件的要求（器件时序库中定义了要求）。时序检查（时序的具体分析）通过验证时钟输入端在时钟信号到来之前以及之后保持数据不变的时间，即建立时间和保持时间，从而保证信号的完整性，如图 8-1-1 所示。

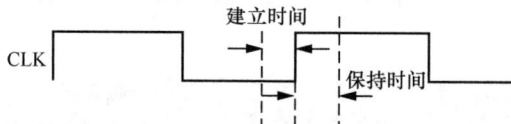

图 8-1-1　时序路径中的时序检查

建立时间的定义：输入端的数据在时钟的上升沿（或下降沿）到达之前，保持数据稳定的时间。在典型情况下使用"最差条件"时序库检查建立时间时序，如果出现时序违例，则要增大时钟周期或者减小数据路径上的总延时。

保持时间的定义：输入端的数据在时钟的上升沿（或下降沿）到达之后，保持数据不变的时间。在典型情况下使用"最佳条件"时序库检查保持时间时序，如果出现违例，就通过优化布局布线减少时钟路径延时以便加快时钟到达终点寄存器的时钟端，或者增加数据路径的延时。

（2）时序路径的类型

在进行电路的时序分析时，包含数据传输以及时钟传输的延迟数据，而且需要考虑建立时间和保持时间的要求。分析时的数据路径通常开始于起点寄存器的时钟端，结束于终点寄存器的数据输入端 D 引脚。如果将寄存器用 R 表示，输入和输出端分别用 I 和 O 表示，那么时序路径可以分为 4 种类型，即 I2R（输入端到寄存器）、R2R（寄存器到寄存器）、R2O（寄存器到输出端）和 I2O（输入端到输出端），如图 8-1-2 所示。

在分析以上路径的时序是否满足设计要求之前，除了需要读取网表和 SDF 反标参数文件以外，还需要在约束文件中写好相应的约束。表 8-1-2 给出了时序类型与时序要求的定义。

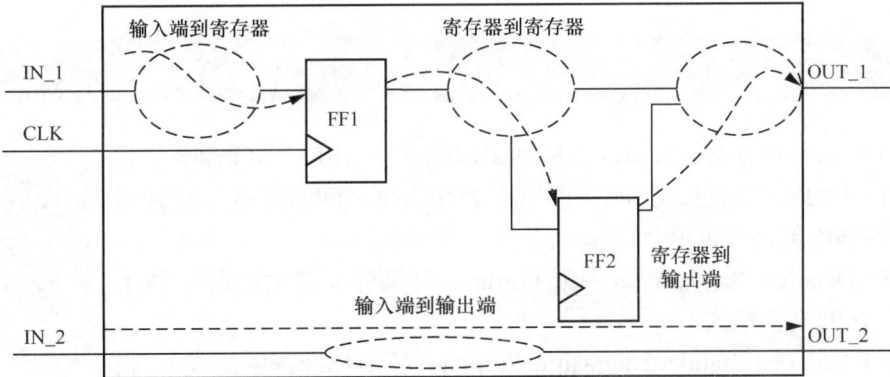

图 8-1-2 时序路径的类型

表 8-1-2 时序类型与时序要求的定义

类型	定义要求
R2R	时钟
I2R	时钟、输入延迟
R2O	时钟、输出延迟
I2O	根据同步输入与输出延迟分配时序要求

另外，约束文件中还需要定义相关的 I/O 参数，如图 8-1-3 所示。I/O 参数通常包括以下两类参数。

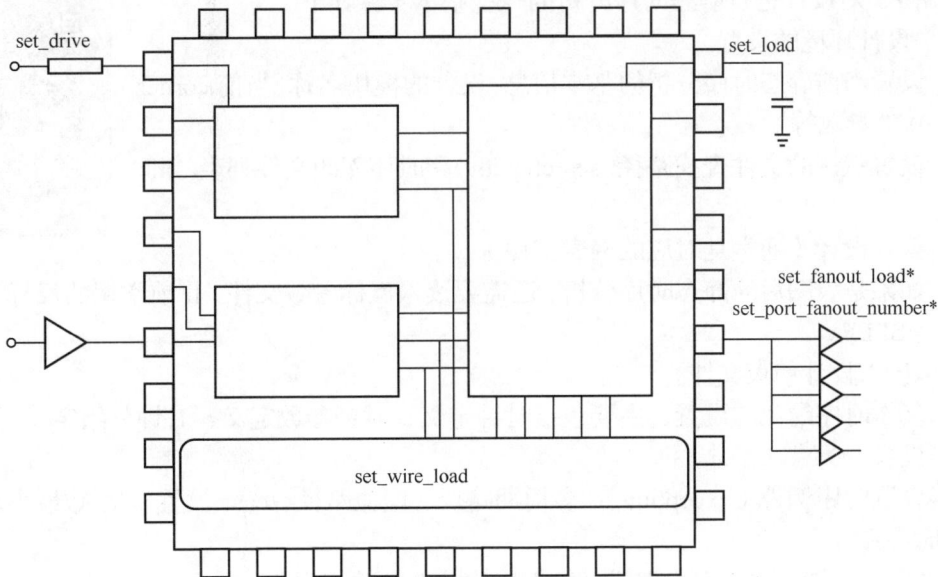

图 8-1-3 约束文件中需要定义的 I/O 参数

- 输入参数：可选命令为 set_drive 和 set_driving_cell，二者功能相似，根据实际情况二选一即可。
- 输出参数：可选指令为 set_load、set_fanout_load、set_port_fanout_number，根据实际情况三选一即可。

8.2   时序约束相关文件介绍

SDF（Standard Delay Format，标准延时格式）：IEEE 国际标准，它描述了设计中的时序信息，指明了模块引脚和引脚之间的延迟、时钟到数据的延迟和内部连接延迟。

DSPF（Detailed Standard Parasitic Format，详细标准寄生格式）：属于 Cadence 公司的文件格式。

RSPF（Reduced Standard Parasitic Format，精简标准寄生格式）：属于 Cadence 公司的文件格式。

SBPF（Synopsys Binary Parasitic Format，新思科技二进制寄生格式）：属于 Synopsys 公司的文件格式。

SPEF（Standard Parasitic Exchange Format，标准寄生交换格式）：属于 IEEE 国际标准文件格式。

以上 4 种文件格式都是从网表中提取出来的，表示 RC 参数信息，是在后端工具与时序分析工具之间传递 RC 参数信息的文件格式。

8.3   静态时序分析的基本流程

采用 PT 对设计进行静态时序分析的一些基本步骤如下。

（1）设计环境的设置。

① 设置当前静态时序分析的基本信息：设计的模块名称、当前 corner 对应的 PVT 参数等。

② 设置默认的文件查找路径（search path）和时序库的文件列表（link path）。

③ 读入设计（通常是对应的网表文件）。

④ 如果是版图后的静态时序分析，还需要读入反标参数文件，目前常用的反标参数文件格式是 SPEF。

（2）读入设计约束文件。

① 基本时序约束的设置，主要包括时钟定义、时钟参数定义、时钟分组定义。

② 设置 I/O 端口延时。

③ 设置时序例外（exception）：多周期路径、虚假路径、case 设置、最大/最小延时和无效的时序弧等。

（3）一切设置完成后对电路进行静态时序分析并输出报告。

① 使用常见 PT 指令输出常见报告：check_timing、report_analysis_coverage、report_timing 等。

② 根据实际需求，编写特定脚本输出特定报告。

③ 输出当前设计的时序模型.lib/.db 文件。

8.4　实例报告解读

以下参考案例的处理器设计使用 Synopsys 公司的 PT-SI 工具进行静态时序分析，需要的文件有：标准单元库的时序库文件（*.db）、设计中涉及的所有硬核单元的时序库文件（*.db）、布局布线后的门级网表、提取了耦合电容的 SPEF 文件以及设计约束文件。图 8-4-1 显示了 PT-SI 静态时序分析流程。

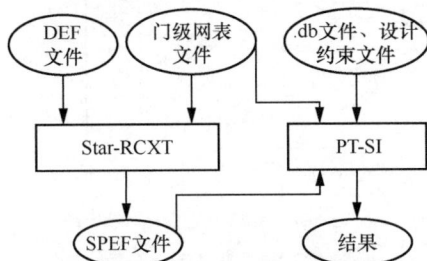

图 8-4-1　PT-SI 静态时序分析流程

下面对各输入文件做简要的说明。

（1）SPEF 文件。

全芯片布局布线工作完成后，要对互连线的寄生参数进行提取，得到 SPEF 文件，以便 PT-SI 工具进行更为精确的时序和噪声分析。图 8-4-1 所示的寄生参数提取使用的是 Synopsys 公司的 Star-RCXT，输入文件是全芯片的设计交换格式（Design Exchange Format，DEF）文件和全芯片的物理设计完成之后导出的门级网表文件。

（2）时序库文件。

参考案例设计的时序库文件是 Synopsys 公司用于描述物理单元的时序和功耗信息的*.lib 文件。为保证数据的精确性，PT-SI 工具多采用非线性查找表的方法，利用在库文件中查找的符合单元真实情况的数据进行延时与功耗计算。在进行静态时序分析之前，需要把全定制模块的*.lib 文件转化为*.db 文件，这样数据才能被 PT-SI 工具读取，执行转化的命令如下。

```
read_lib mux_tt_1p2v_25c.lib
write_lib mux -o mux_tt_1p2v_25c.db
read_lib plus_logic_tt_1p2v_25c.lib
write_lib plus_logic -o plus_logic_tt_1p2v_25c.db
read_lib plus_shift_tt_1p2v_25c.lib
write_lib plus_shift -o plus_shift_tt_1p2v_25c.db
read_lib direct_tt_1p2v_25c.lib
write_lib direct_tt -o direct_tt_1p2v_25c.db
read_lib RegisterFile_tt_1p2v_25c.lib
write_lib RegisterFile -o RegisterFile_tt_1p2v_25c.db
```

（3）设计约束文件。

设计约束文件定义了设计的时序约束，包括时钟定义、I/O 延时、路径约束以及驱动能力等，是进行时序优化的目标。

图 8-4-2 所示是后续实践项目 SPI 电路的时序路径报告。在报告中有对应的起点（Startpoint）和终点（Endpoint）位置，同时路径有对应的 Path Group。图 8-4-2 中的 Path Group 为 spi_sck_in。具体路径分为 launch 路径和 capture 路径，从 spi_sck_in 上升沿到 Endpoint

的 D 端（data arrival time）称为 launch 路径，从下一个 spi_sck_in 的上升沿到 Endpoint 的 CK 端（data required time）称为 capture 路径。

```
Startpoint: u_spis/pos_sft_buf_reg_21_
          (rising edge-triggered flip-flop clocked by spi_sck_in)
Endpoint: u_spis/pos_sft_buf_reg_22_
          (rising edge-triggered flip-flop clocked by spi_sck_in)
Path Group: spi_sck_in
Path Type: max

Point                                           Incr      Path
-------------------------------------------------------------------
clock spi_sck_in (rise edge)                    0.00      0.00
clock network delay (propagated)                0.00      0.00
u_spis/pos_sft_buf_reg_21_/CK (SDRNQV1_HD1RVT)  0.00      0.00 r
u_spis/pos_sft_buf_reg_21_/Q (SDRNQV1_HD1RVT)   0.32      0.32 f
u_spis/U1819/ZN (AOI22V0_HD1RVT)                0.13      0.45 f
u_spis/U36/ZN (OAI211V0_HD1RVT)                 0.16      0.61 f
u_spis/pos_sft_buf_reg_22_/D (SDRNQV1_HD1RVT)   0.00      0.61 f
data arrival time                                         0.61

clock spi_sck_in (rise edge)                    8.00      8.00
clock network delay (propagated)                0.00      8.00
clock uncertainty                              -0.10      7.90
u_spis/pos_sft_buf_reg_22_/CK (SDRNQV1_HD1RVT)  0.00      7.90 r
library setup time                             -0.27      7.63
data required time                                        7.63
-------------------------------------------------------------------
data required time                                        7.63
data arrival time                                        -0.61
-------------------------------------------------------------------
slack (MET)                                               7.03
```

图 8-4-2　时序路径报告

8.5　功耗优化与 ECO 时序修复

Synopsys 公司的 PT 是目前业界主流的静态时序分析软件，是 EDA 界公认的时序签核工具，它的时序分析结果得到了各个主要半导体厂商的认可，具有非常强大的功能。PT 具有如下特点。

（1）运行速度较快，对内存的要求相对比较低。

（2）可以处理数百万门甚至数千万门的设计，特别适合大规模的 SoC 设计。

（3）使用工具命令语言。

（4）支持多时钟、多相位、门控时钟、多功能模式、多周期路径、透明的锁存器和时间借用的设计。

（5）支持最小时间和最大时间的分析，可以检测虚假路径，可以做模式分析、状况分析，以及在电平敏感以锁存器为主的设计中进行时间借用。

在数字芯片设计流程中，版图前、布线之后以及版图后等许多阶段都可以使用 PT 来进行静态时序分析；另外，PT 还提供功耗优化和 ECO 时序修复功能。

（1）功耗优化。

功耗优化的主要手段是把漏电流较大的单元替换成漏电流较小的单元，相对的高阈值电压的单元速度慢、漏电低，比如对应 TSMC 工艺，LVT/ULVT 单元漏电流大、速度快，而 SVT/HVT 单元漏电流小、速度慢。因此把 LVT/ULVT 单元替换成 SVT/HVT 单元或者通过降低单元的驱动能力，实现功耗的降低。这是因为大驱动能力的单元速度快、功耗高。

因为在后续设计规则（max_transition 和 max_cap）违例修复和建立时间、保持时间时序违例修复中，PT 可能会执行相反的操作，即把小驱动单元的驱动能力变大或者把 SVT/HVT 单元替换成 LVT/ULVT 单元。如果重复在两者之间迭代，不但浪费时间，而且设计的性能可能也不会得到提升。所以优先在第一轮 ECO 迭代中优化功耗，并且在最后一轮迭代之前只优化这一次。

又因为在第一轮迭代设计中，很多路径时序不满足，如果不加选择地对设计进行功耗

优化，会恶化设计的建立时间性能，增加时序修复的难度和时间。所以优化功耗时通过设置建立时间阈值，只对设计中建立时间裕量大于这个阈值的电路进行功耗优化。

功耗优化结果如图 8-5-1 所示，在 max leakage 模式下，PT 优化前后功耗从 0.1894W 降低到了 0.1499W，主要优化了静态功耗（泄漏电流）。

```
Power-specific unit information :
     Voltage Units = 1 V
     Capacitance Units = 1 pf
     Time Units = 1 ns
     Dynamic Power Units = 1 W
     Leakage Power Units = 1 W


  Attributes
  ----------
     i  -  Including register clock pin internal power
     u  -  User defined power group

                   Internal  Switching  Leakage    Total
                   Power     Power      Power      Power    (     %)  Attrs
Power Group        --------  ---------  --------   ------------------------
clock_network        0.0159  8.164e-03  3.450e-03  0.0275 (14.51%)  i
register          4.272e-03  6.384e-04     0.0246  0.0295 (15.56%)
combinational     3.002e-09  9.059e-03     0.0425  0.0546 (28.83%)
sequential           0.0000     0.0000     0.0000  0.0000 ( 0.00%)
memory               0.0175     0.0113     0.0380  0.0668 (35.26%)
io_pad            9.480e-03  9.499e-04  6.153e-04  0.0110 ( 5.83%)
black_box            0.0000     0.0000     0.0000  0.0000 ( 0.00%)

  Net Switching Power  =    0.0301  (15.89%)
  Cell Internal Power  =    0.0501  (26.44%)
  Cell Leakage Power   =    0.1092  (57.67%)
                          ---------
Total Power               0.1894  (100.00%)
```

```
Power-specific unit information :
     Voltage Units = 1 V
     Capacitance Units = 1 pf
     Time Units = 1 ns
     Dynamic Power Units = 1 W
     Leakage Power Units = 1 W


  Attributes
  ----------
     i  -  Including register clock pin internal power
     u  -  User defined power group

                   Internal  Switching  Leakage    Total
                   Power     Power      Power      Power    (     %)  Attrs
Power Group        --------  ---------  --------   ------------------------
clock_network        0.0158  8.167e-03  3.450e-03  0.0274 (18.28%)  i
register          4.519e-03  6.348e-04     0.0152  0.0204 (13.61%)
combinational     2.250e-03  8.959e-03     0.0131  0.0243 (16.22%)
sequential           0.0000     0.0000     0.0000  0.0000 ( 0.00%)
memory               0.0175     0.0113     0.0380  0.0668 (44.53%)
io_pad            9.481e-03  9.435e-04  6.153e-04  0.0110 ( 7.36%)
black_box            0.0000     0.0000     0.0000  0.0000 ( 0.00%)

  Net Switching Power  =    0.0300  (19.98%)
  Cell Internal Power  =    0.0495  (33.82%)
  Cell Leakage Power   =    0.0705  (47.00%)
                          ---------
Total Power               0.1499  (100.00%)
```

（a）PT 优化前功耗　　　　　　　　　　　　　（b）PT 优化后功耗

图 8-5-1　功耗优化结果

（2）设计规则违例修复。

设计规则违例修复主要是修复违背最大转换时间、最大电容要求的路径。由于最终流片要求必须修复设计规则违例，且它常常是造成时序违例的原因，所以为减少时序优化的迭代次数，在优化时序之前要先修复设计规则违例。并且后续每一轮 PT 时序优化完成、布局布线工具 ECO 结束要进行新一轮 PT 时序优化的时候，也要先修复设计规则违例。

PT 修复设计规则违例的主要手段有插入缓冲器和增大单元的驱动能力。为了较合理地修复设计规则违例，参考案例设计指定了几种缓冲器以修复违例且不会增加太多的面积、功耗。设计规则违例修复结果如图 8-5-2 所示，修复完成后没有最大电容违例，只在 I/O 端口有最大转换时间的虚假违例（原因是 I/O 单元库的驱动和负载能力要远大于标准单元）。所以 PT 修复完成后，没有设计规则违例。

```
Remaining Violations:
Scenario                        Total  Unfixable
--------------------------------------------------
func_lt_cmin                        0        0
func_lt_rcmin                       0        0
func_ml_cmin                        0        0
func_ml_rcmin                       0        0
func_wc_cmax                        0        0
func_wc_rcmax                       0        0
func_wcl_rcmax                      0        0
func_wcl_cmax                       0        0
func_tth_typical                    0        0
--------------------------------------------------
Total                               0        0
```

```
Remaining Violations:
Scenario                        Total  Unfixable
--------------------------------------------------
func_lt_cmin                      192       97
func_lt_rcmin                     192       97
func_ml_cmin                      192       97
func_ml_rcmin                     192       97
func_wc_cmax                      192       97
func_wc_rcmax                     192       97
func_wcl_cmax                     192       97
func_wcl_cmax                     192       97
func_tth_typical                  192       97
--------------------------------------------------
Total                            1728      873
```

（a）最大电容　　　　　　　　　　　　　　　（b）最大转换时间

图 8-5-2　设计规则违例修复结果

（3）建立时间违例修复。

使用 PT 进行时序违例修复的时候，先进行建立时间违例修复。因为建立时间违例修复和保持时间违例修复的手段是恰恰相反的，如果先进行保持时间违例修复，那么建立时间违例很难再进行修复。使用 PT 进行建立时间违例修复的主要方式有增大单元驱动能力、将 SVT 单元替换成 LVT 单元，以及插入缓冲器利用有用偏差进行优化等。

（4）保持时间违例修复。

使用 PT 修复保持时间违例的主要手段是插入缓冲器（或者专门的延迟单元）。为了减少保持时间违例修复插入的单元数量，规定 PT 使用工艺专门设计的延迟单元。保持时间违例修复，可能会造成建立时间违例。所以修复了保持时间违例，就要重新修复建立时间违例，然后进行保持时间违例修复。如此迭代，直到没有时序违例为止。

建立时间违例、保持时间违例修复结果如图 8-5-3 所示，可以看到，修复完成后，没有保持时间违例，建立时间违例只存在于 reg→out 路径，可以忽略。所以 PT 修复完成后，设计时序收敛。

<table>
<tr><td colspan="5">Setup violations</td></tr>
<tr><td></td><td>Total</td><td>reg->reg</td><td>in->reg</td><td>reg->out</td><td>in->out</td></tr>
<tr><td>WNS</td><td>-2.2649</td><td>-0.0134</td><td>-0.0995</td><td>-2.2649</td><td>0.0000</td></tr>
<tr><td>TNS</td><td>-94.0142</td><td>-0.0263</td><td>-0.4033</td><td>-93.5846</td><td>0.0000</td></tr>
<tr><td>NUM</td><td>55</td><td>2</td><td>9</td><td>44</td><td>0</td></tr>
</table>

Hold violations

<table>
<tr><td></td><td>Total</td><td>reg->reg</td><td>in->reg</td><td>reg->out</td><td>in->out</td></tr>
<tr><td>WNS</td><td>-0.0457</td><td>-0.0457</td><td>0.0000</td><td>0.0000</td><td>0.0000</td></tr>
<tr><td>TNS</td><td>-0.7533</td><td>-0.7533</td><td>0.0000</td><td>0.0000</td><td>0.0000</td></tr>
<tr><td>NUM</td><td>57</td><td>57</td><td>0</td><td>0</td><td>0</td></tr>
</table>

（a）初始时序

Setup violations

<table>
<tr><td></td><td>Total</td><td>reg->reg</td><td>in->reg</td><td>reg->out</td><td>in->out</td></tr>
<tr><td>WNS</td><td>-2.2771</td><td>0.0000</td><td>0.0000</td><td>-2.2771</td><td>0.0000</td></tr>
<tr><td>TNS</td><td>-93.8486</td><td>0.0000</td><td>0.0000</td><td>-93.8486</td><td>0.0000</td></tr>
<tr><td>NUM</td><td>44</td><td>0</td><td>0</td><td>44</td><td>0</td></tr>
</table>

No hold violations found.

（b）PT 优化后时序

图 8-5-3　建立时间违例、保持时间违例修复结果

8.6　静态时序分析案例

本节对 RISC-V 开源处理器 picorv32 设计使用 PT 进行时序的签核检查。涉及的文件包括布局布线输出.v 文件、标准设计约束（SDC）文件、Star-RCXT 提取的 SPEF 文件以及时序库.db 文件。设置好这些输入文件之后，进行 check_design、check_timing、update_timing 等操作就可以产生对应的报告文件。同时可以将运行的结果保存，以便下一次重新查看时序结果。

1．PT 脚本基本流程

（1）准备文件以及创建环境。

① 准备好布局布线后用 ICC 得到的.v 文件、SDC 文件。

② 准备好 SPEF 文件以及时序库.db 文件。

③ 用 pt_shell 启动工具后，按照自己的目录结构，设置 link_library。

④ 使用 read_verilog 命令读入布局布线后的.v 文件，设置 current_design 后执行 link 命令。

⑤ 使用 read_parasitics 命令读入提取后的 SPEF 文件。

⑥ 使用 read_sdc 命令读入 SDC 文件。

⑦ 使用 set_propagated_clock [all_clocks]命令设置所有时钟为传播时钟，防止 SDC 文件中含有时钟的延迟设置。

⑧ 使用 update_timing –full 命令更新时序。

（2）使用 PT 进行时序检查。

准备好文件并设置完成后，PT 进行时序检查的主要操作如下。

① 使用 check_timing 命令检查 SDC 文件。

② 使用 report_annotated_parasitics 命令查看没有反标的 net 的情况。

③ 使用 report_analysis_coverage 命令查看时序检查的整体情况。

④ 使用 report_global_timing 命令按 path group 查看整体的时序情况。

⑤ 使用 report_timing 命令可以查看具体时序路径的情况，常用选项有 -delay_type、-input_pins、-max_slack、-nworst、-path_type full_clock 等。

⑥ 使用 report_constraint 命令查看 DRV 相关问题的违例。

⑦ 使用 save_session 命令保存会话状态，以便后续继续分析。

2．动态多场景分析时序分析

如果希望将多个端角一起分析，可以进行动态多场景分析（Dynamic Muti-Scenario Analysis，DMSA）时序分析。运行如下命令。

```
pt_shell -multi_scenario -file PT_DMSA.tcl | tee pt.log
```

在 PT 动态多场景分析产生时序结果以及自动修复时序问题的过程需要注意：对于有 8 个 corner 的动态多场景分析的时序分析以及修复，需要保证至少有 16 个 CPU 核心进程才能同时进行 8 个时序 corner 分析。PT_DMSA.tcl 详细的脚本如下：

```
#设置工作路径及错误文件
file delete -force ./dmsa_work
set multi_scenario_working_directory ./dmsa_work
set multi_scenario_merged_error_log ./dmsa_work/error_log.txt
#添加EDA工具搜索路径，各个场景集成相同搜索路径
lappend search_path $sh_launch_dir
#设置多核多进程
set_host_options -max_cores 2 -num_processes 16
# Starts hosts 开启hosts
start_hosts
#报告主机hosts的使用情况
report_host_usage -verbose
#创建SS 工艺角对应的场景，共 1×4×2 = 8 种
foreach mode {func} {    #采用func功能模式
    foreach corner {cmax cmin rcmax rcmin} {    #设置RC corner
        foreach temperate {125 m40} {    #设置2种温度，即125℃和-40℃
            foreach sdf {0} {
                create_scenario \
                -name ${mode}_SS_${corner}_${temperate} \
                -specific_variables {mode corner temperate sdf} \
                -specific_data {pt_slow.tcl}
                #slow关联SS， 创建的时候执行，产生各自的时序分析结果
            }
        }
    }
}

#创建FF 工艺角对应的场景， 共 1×4×2=8 种
foreach mode {func} {#采用func功能模式
    foreach corner {cmax cmin rcmax rcmin} {#设置RC corner
        foreach temperate {125 m40} {#设置2种温度
            foreach sdf {0} {
                create_scenario \
                    -name ${mode}_FF_${corner}_${temperate} \
                    -specific_variables {mode corner temperate sdf} \
                    -specific_data {pt_fast.tcl}    #fast关联FF
            }
        }
    }
}
```

```
#开启分析全部场景
current_session -all
#为 ECD 步骤生成整合报告
report_constraint -all_violators -signi 3 -nosplit > pt_merged.tran_violation
report_qor -significant_digits 3 -summary > pt_merged.qor

#修复 DRC、建立时间、保持时间违例
set_app_var eco_instance_name_prefix "U_pt_eco"
set_app_var eco_net_name_prefix "N_pt_eco"
set_app_var eco_report_unfixed_reason_max_endpoints 10
set_app_var eco_enable_more_scenarios_than_hosts true
# remote_execute  命令对各个场景都执行，下面主要是 PT 命令后的各个场景输出
remote_execute { write_changes -reset }
set_app_var eco_alternative_area_ratio_threshold 0
#ECO DRC 违例修复
fix_eco_drc -type max_capacitance -verbose -methods {size_cell}\
 -buffer_list {BUFV16_HD1RVT BUFV12_HD1RVT BUFV8_HD1RVT}
fix_eco_drc -type max_transition -verbose -methods {size_cell}\
 -buffer_list {BUFV16_HD1RVT BUFV12_HD1RVT BUFV8_HD1RVT}
remote_execute { write_changes -format icctcl -output\
 ${sh_launch_dir}/eco_changes_tran_cap.tcl}
remote_execute { write_changes -reset }
#ECO 时序修复，针对建立时间违例
fix_eco_timing -type setup -verbose -slack_lesser_than -0.000
remote_execute { write_changes -format icctcl -output \
${sh_launch_dir}/eco_changes_setup.tcl}
remote_execute { write_changes -reset }
#ECO 时序修复，针对保持时间违例
fix_eco_timing -physical_mode none -type hold -methods {insert_buffer} \
-buffer_list {DEL4V6_HD1RVT DEL3V6_HD1RVT DEL3V2_HD1RVT\
DEL1V6_HD1RVT BUFV8_HD1RVT} \
-slack_lesser_than -0.000 -hold_margin 0 -setup_margin -0.00
remote_execute {write_changes -format icctcl -output\
${sh_launch_dir}/eco_changes_hold.tcl}
remote_execute {set eco_alternative_cell_attribute_restrictions " " }
#exit
```

以上动态多场景分析的时序分析脚本对 SS 和 FF 工艺角分别进行分析，分别调用了 pt_slow.tcl 和 pt_fast.tcl 两种.tcl 时序分析脚本，分别结合读入的 8 个 SPEF 文件，对不同的 RC corner（cmax、cmin、rcmax、rcmin 共 4 种）和温度条件（−40℃及 125℃）进行场景分析。各个场景的分析并行完成，结果保存在单独文件夹中。

pt_slow.tcl 脚本针对 SS 工艺角分析，主要的操作包括：对 PT 工具的变量设置；对搜索路径、目标库文件、链接库路径的设置；读入 ICC 后端版图完成后输出的网表（不带电源端口）；读入与当前场景对应的 RC 参数文件；设定操作工作条件（set_operating_conditions），分析类型设置为 OCV（对 max 和 min 条件都采用最大时延 max .db 时序库文件），并设置降额（derate）系数用于区分 launch 路径与 capture 路径的时延差异；在完成设置后，对该场景采用不同的命令进行时序报告分析，包括建立时间、保持时间、违例、例外等。与 pt_slow.tcl 脚本对应，pt_fast.tcl 脚本针对 FF 工艺角进行分析，OCV 分析的 max 和 min 条件都采用最小时延 min .db 时序库文件。

pt_slow.tcl 脚本和 pt_fast.tcl 脚本的具体代码将在模块十一的 11.2 节中介绍。

脚本中选择了 16 个 CPU 核心，并且每个 corner 的时序分析使用 2 个 CPU 核心进行分析。得到时序报告文件 pt_merged.qor。报告里面显示如下信息，说明没有建立时间违例和

保持时间违例。

```
Summary of timing violations
No setup violations found
No hold violations found
```

若有时序问题，PT 会调用脚本里面的 fix_eco_timing 命令产生可用于 ICC 的 ECO 文件以进行 ECO 修复。同时，fix_eco_drc 命令用于处理最大过渡时间和最大电容的 DRC 修复。修复完成后，再重新提取 RC 参数，进行静态时序分析。

8.7 模块小结

本模块依托实际的芯片项目，介绍该芯片设计项目中涉及的静态时序分析的基本知识和流程，展示该项目中的设计约束文件和报告并进行实例报告解读，配合静态时序分析案例实践进行静态时序分析的应用介绍。

8.8 习题

1. 要分析或检验电路设计时序方面的特征有两种主要手段：_____和_____。
2. 静态时序分析的目标是什么？
3. 设计规则违例修复主要是修复违背_____、_____。
4. 设计约束文件中主要包含哪些内容？
5. 静态时序分析相对于动态时序仿真有哪些优点？
6. 时序路径由哪些要素构成？
7. 静态时序分析的基本流程是什么？
8. PT 修复设计规则违例的主要手段有哪些？
9. 建立时间违例修复的主要方式有哪些？
10. 保持时间违例修复的主要手段是什么？

模块九 仿真验证

仿真验证是为了保证芯片设计的逻辑代码达到预期要求，满足产品定义的规范。仿真验证包括功能仿真以及时序仿真两类。

功能仿真在版图设计（数字芯片后端设计）之前进行，也被称为前仿真（pre-layout simulation）。此时尚未设计电路版图，因此无法根据电路走线精确地计算信号延迟，仿真时不包含电路的延时信息。功能仿真的主要目的是检查代码中的语法错误以及验证代码行为的正确性，确定设计是否正确实现了预定的功能。

时序仿真在数字芯片的逻辑综合后和后端设计阶段进行。在后端设计完成后进行的仿真也被称为后仿真（post-layout simulation）。

本模块首先介绍主流的仿真工具，再分别介绍功能仿真和时序仿真的流程，并针对 SPI 电路讲解时序仿真示例。

9.1 仿真工具

Verilog 是 RTL 层次的业界主流 HDL。Verilog 仿真器包括 EDA 公司的商用仿真器，如 Synopsys 的 VCS、Mentor（现为西门子的子公司）的 Modelsim 和 Questa、Cadence 的 NCsim 和 Incisive 等；也包括开源的仿真器，如 Icarus Verilog 等。

仿真工具

VCS（Verilog Compiled Simulator）是编译型 Verilog 仿真器，它完全支持 OVI 标准的 Verilog、PLI 和 SDF。VCS 具有目前行业中相当高的模拟性能，其出色的内存管理能力足以支持千万门级的 ASIC 设计，而其模拟精度也完全满足深亚微米 ASIC 签核的要求。VCS 结合了节拍式算法和事件驱动算法，具有高性能、大规模和高精度的特点，适用于从行为级、RTL 到签核等各个阶段。VCS Linux 验证库建立在经实践验证的 Synopsys 的 DesignWare 验证 IP 的基准上，并添加了对 Synopsys 参考验证方法学（Reference Verification Methodology，RVM）和本征测试平台的支持，能够实现覆盖率驱动的测试平台方法学，而且显著提高运行时间性能。VCS Linux 验证库是业界范围最广的基于标准的验证 IP 产品组合之一，可以方便地集成到 Verilog、SystemVerilog、VHDL 和 Openvera 的测试平台中，用于生成总线通信以及协议违例检查。监测器提供了综合、全面的报告，显示了对总线通信协议的功能覆盖率。VCS 验证库的验证 IP 也包含在 DesignWare 库中，也可作为独立的套件购买。

下面将分别介绍功能仿真和时序仿真，并结合项目案例讲解 VCS 结合 Synopsys 的自动化调试工具 Verdi 的逻辑仿真验证流程。

9.2 功能仿真

功能仿真（即前仿真）是指在设计实现前对所创建的逻辑进行的验证其功能是否正确

的过程。布局布线以前的仿真都称作功能仿真，它包括综合前仿真（pre-synthesis simulation）和综合后仿真（post-synthesis simulation）。综合前仿真主要针对基于原理图的设计；综合后仿真既适合原理图设计，也适合基于 HDL 的设计。

（1）Testbench 及其结构

在 Verilog HDL 中，通常采用 Testbench（测试平台）方式进行仿真和验证。在仿真时，Testbench 用来产生测试激励给待验证设计（Design Under Verification，DUV），或者称为待测试设计（Design Under Test，DUT），同时检查 DUV/DUT 的输出是否与预期一致，从而达到验证设计功能的目的，如图 9-2-1 所示。

在 Testbench 模块内，例化 DUT 的顶层模块，并把测试行为的代码封装在内，直接对待测试系统提供测试激励。图 9-2-2 给出了典型的 Testbench 程序结构。

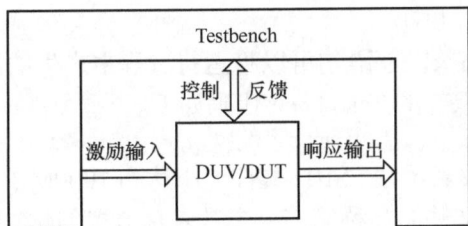

图 9-2-1　Testbench 结构

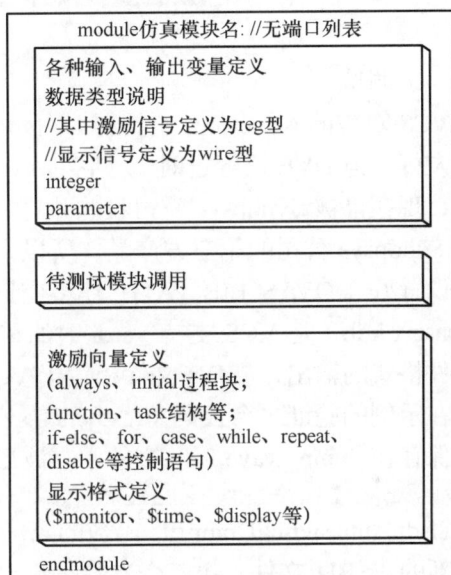

图 9-2-2　典型的 Testbench 程序结构

（2）编译

编译过程使用 vcs 命令，例如，在命令行执行以下命令编译 DUT 代码（dut.v）和验证平台代码（testbench.sv）。

```
$vcs -sverilog +v2k -full64 dut.v testbench.sv
```

其中-sverilog、+v2k、-full64 是可选编译参数。

- -sverilog 表示支持 SystemVerilog。
- +v2k 表示支持 Verilog-2001 标准。
- -full64 在 64-bit 模式下编译，生成 64-bit 模式仿真的可执行文件。

VCS 编译过程如图 9-2-3 所示。

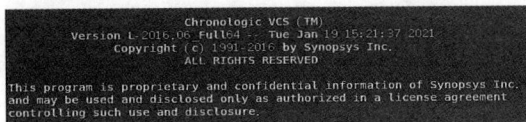

图 9-2-3　VCS 编译过程

```
All of 57 modules done
make[1]: Entering directory
CPU time: 37.385 seconds to compile + 1.547 seconds to elab + .844 seconds to link
```

图 9-2-3　VCS 编译过程（续）

（3）运行

编译成功后，会生成可执行文件，在命令行执行以下命令可以运行仿真。

```
$simv -l vcs_run.log
```

仿真运行过程如图 9-2-4 所示。仿真运行的输出和信息将被保存到 vcs_run.log 文件内。

```
Chronologic VCS simulator copyright 1991-2016
Contains Synopsys proprietary information.
Compiler version L-2016.06_Full64; Runtime version L-2016.06_Full64;  Jan 19 15:22 2021
```

```
$finish at simulation time      8589996462514999
        V C S   S i m u l a t i o n   R e p o r t
Time: 8589996462515000 fs
CPU Time: 296502.840 seconds;       Data structure size:  36.7Mb
Thu Jan 21 22:39:17 2021
```

图 9-2-4　仿真运行过程

（4）调试

VCS 对应的 waveform 工具有 DVE 和 Verdi。因为 DVE 是原生的，所以 VCS 对 DVE 非常友好。但 DVE 已经过时了，它对 uvm 等新特性支持得不好。Verdi 是 Debussy 公司的产品，现在已被 Synopsys 公司收购并着力发展，可以说 Verdi 是未来的潮流。但由于其原来是 Synopsys 公司的第三方产品，所以 VCS 对其支持并不是很友好。如果要支持 Verdi，需要设置好 NOVAS_LIB_PATH 环境变量，并且在命令行中添加-kdb 的选项，knowledge database（kdb）是 VCS 支持 Verdi 时的重要概念。另外，VCS 支持 VCD 和 FSDB 两种波形文件格式的输出，FSDB 文件相较于 VCD 文件更小。

在示例的验证平台代码（testbench.sv）中加入以下语句可以将运行过程中产生的波形数据保存在 dump_wave.fsdb 文件中，波形输出保存的 Testbench 代码如下。

```
$fsdbAutoSwitchDumpfile(1000, "dump_wave.fsdb", 20);
```

$fsdbAutoSwitchDumpfile 函数的第一个参数表示在 FSBD 文件大小达到 1000MB 后，创建新的 FSBD 文件，第二个参数是输出波形文件的名称第三个参数表示最多创建 20 个 FSDB 文件。图 9-2-5 显示了仿真生成了多个 FSDB 波形文件。

```
267292071 1月  21 21:22 dump_wave_000.fsdb
267399414 1月  21 21:30 dump_wave_001.fsdb
267355453 1月  21 21:37 dump_wave_002.fsdb
267334539 1月  21 21:46 dump_wave_003.fsdb
267494929 1月  21 21:54 dump_wave_004.fsdb
267256854 1月  21 22:01 dump_wave_005.fsdb
267372150 1月  21 22:09 dump_wave_006.fsdb
267450449 1月  21 22:17 dump_wave_007.fsdb
267287165 1月  21 22:25 dump_wave_008.fsdb
267420740 1月  21 22:33 dump_wave_009.fsdb
190690606 1月  21 22:39 dump_wave_010.fsdb
267392864 1月  21 20:12 dump_wave_011.fsdb
267307990 1月  21 20:19 dump_wave_012.fsdb
267472230 1月  21 20:27 dump_wave_013.fsdb
267342074 1月  21 20:35 dump_wave_014.fsdb
267336159 1月  21 20:43 dump_wave_015.fsdb
267407890 1月  21 20:51 dump_wave_016.fsdb
267312364 1月  21 20:59 dump_wave_017.fsdb
267346863 1月  21 21:06 dump_wave_018.fsdb
267452864 1月  21 21:14 dump_wave_019.fsdb
```

图 9-2-5　生成 FSBD 波形文件

波形文件生成后，采用 Synopsys 公司的新一代波形显示与调试工具 Verdi 打开波形文件来调试，在命令行执行以下命令。

```
$verdi
```

Verdi 启动后，命令行输出图 9-2-6 所示的消息。

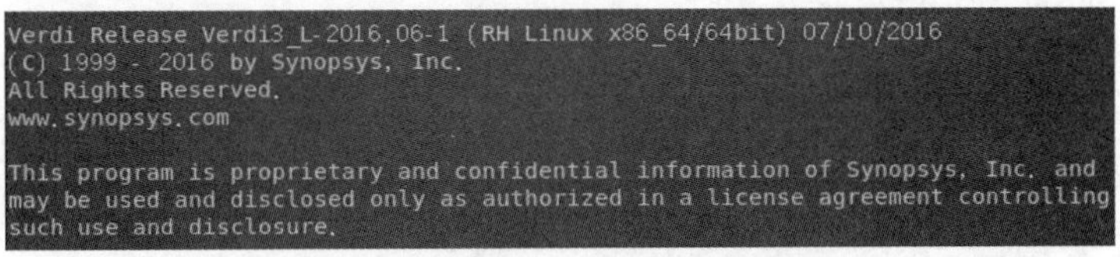

图 9-2-6 打开 Verdi 工具的命令行输出

之后弹出图形用户界面，如图 9-2-7 所示。

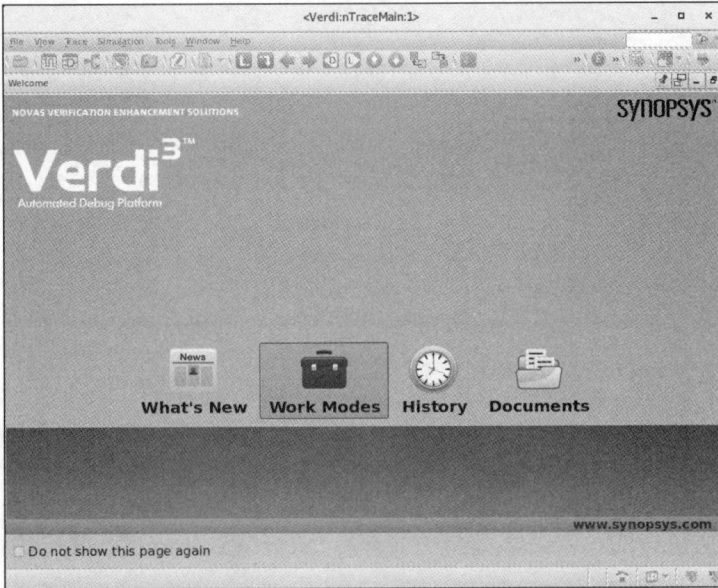

图 9-2-7 Verdi 工具图形用户界面

单击"Work Modes"，进入工作模式选择界面，如图 9-2-8 所示。

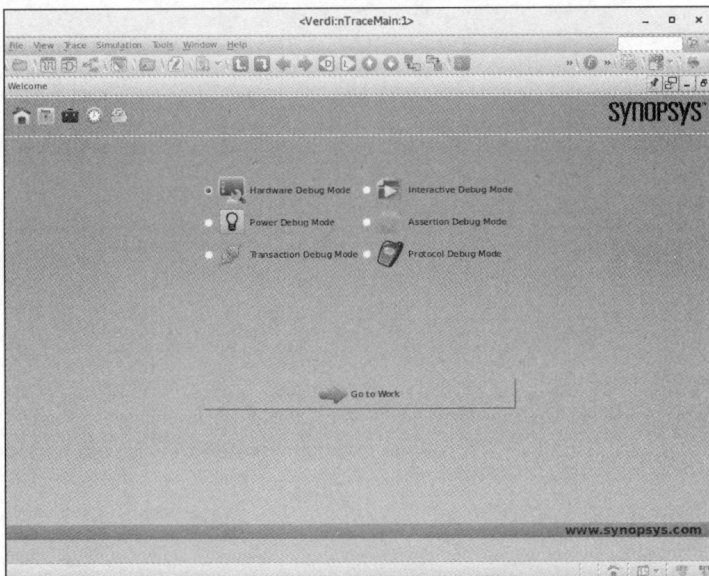

图 9-2-8 Verdi 工作模式选择界面

选择默认的 "Hardware Debug Mode"（硬件调试模式），单击 "Go to Work"，进入信号跟踪主窗口，如图 9-2-9 所示。

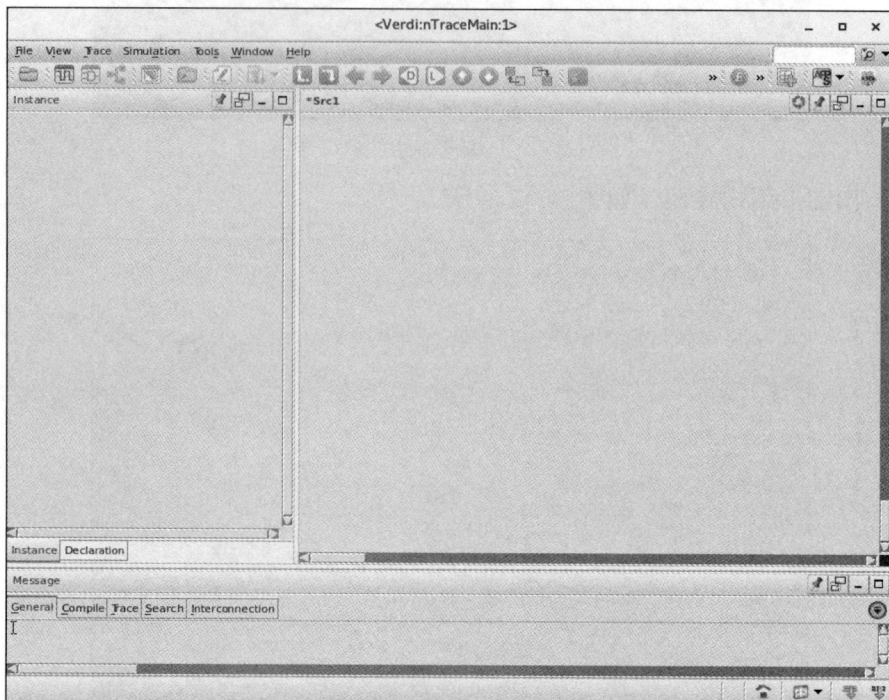

图 9-2-9　Verdi 工具信号跟踪主窗口

在信号跟踪主窗口的 "Tools" 菜单中选择 "New Waveform"，开启仿真波形窗口，如图 9-2-10 和图 9-2-11 所示。

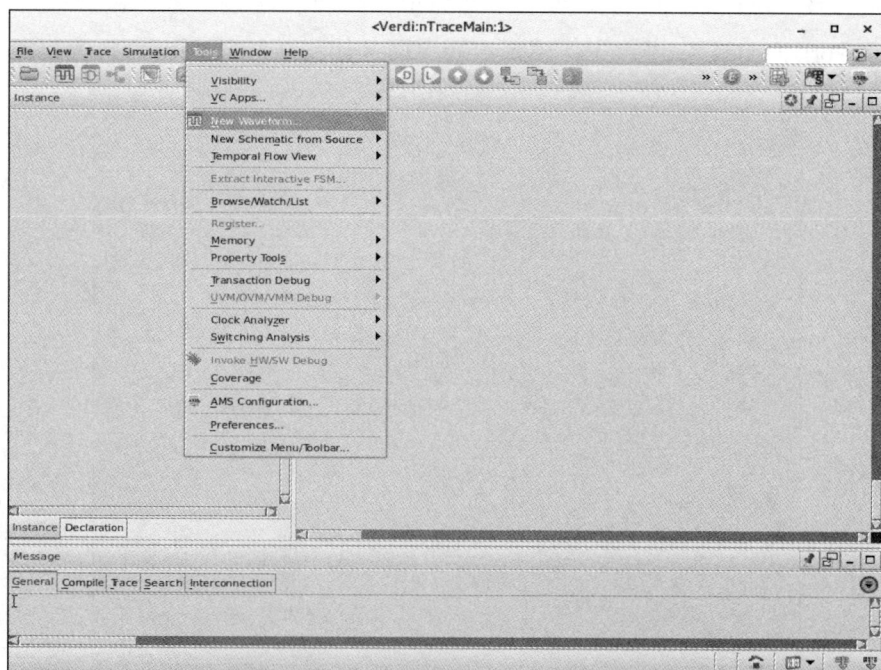

图 9-2-10　选择 "Tools" → "New Waveform"

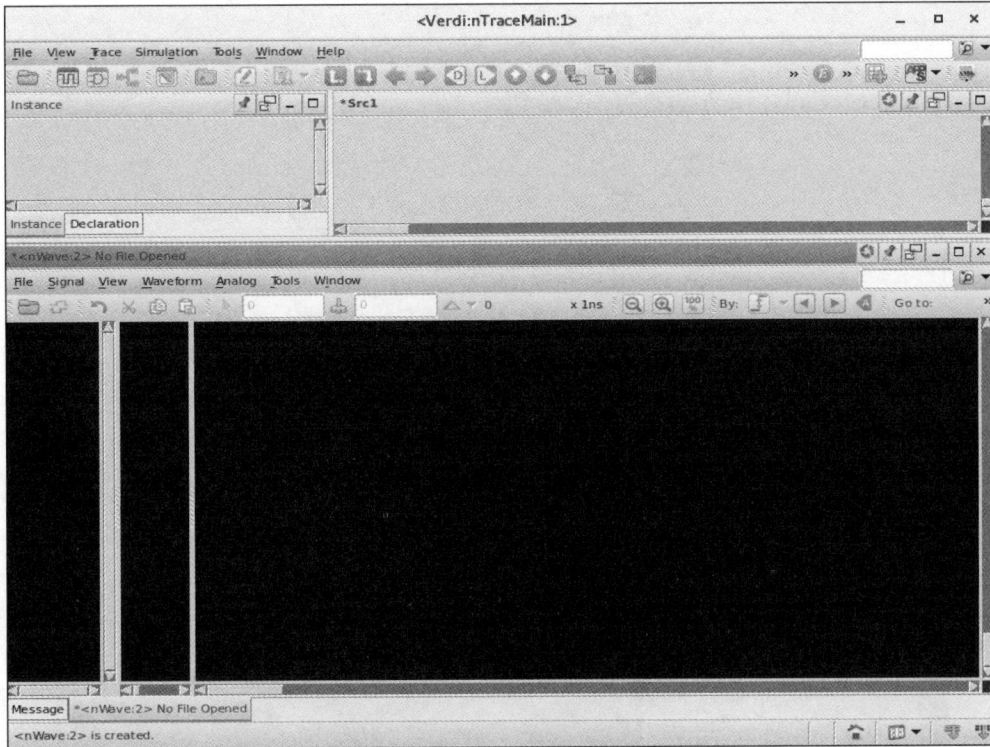

图 9-2-11　Verdi 工具仿真波形窗口

打开 VCS 输出的波形文件，如图 9-2-12 和图 9-2-13 所示。

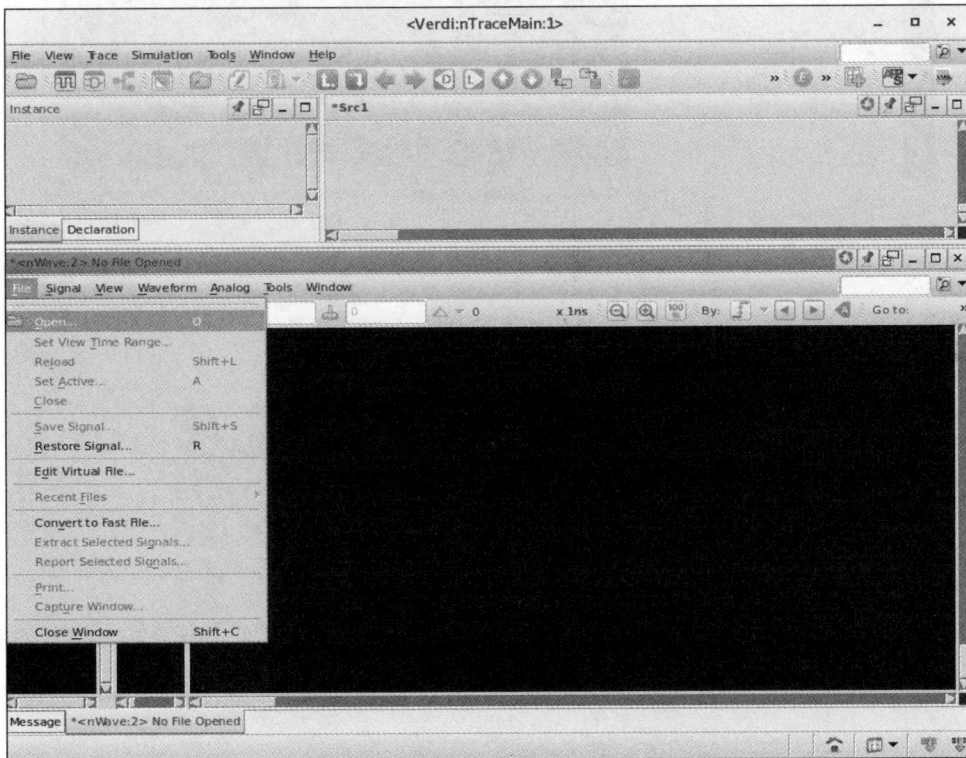

图 9-2-12　选择 "File" → "Open"

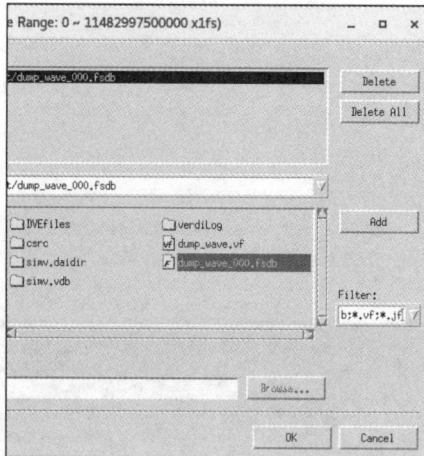

图 9-2-13　选择 FSDB 文件界面

在"Signal"菜单选择"Get Signals"，开启波形信号选择窗口，如图 9-2-14 和图 9-2-15 所示。

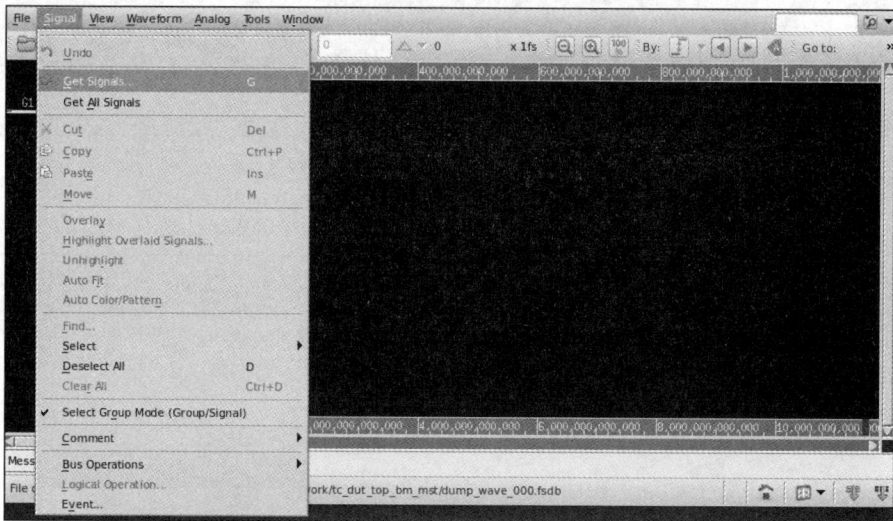

图 9-2-14　选择"Signal"→"Get Signals"

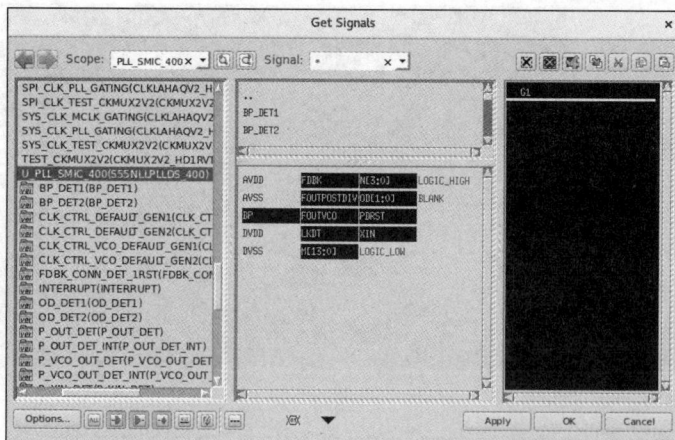

图 9-2-15　Verdi 工具波形信号选择窗口

图 9-2-16 显示的是示例模块加载的仿真波形。

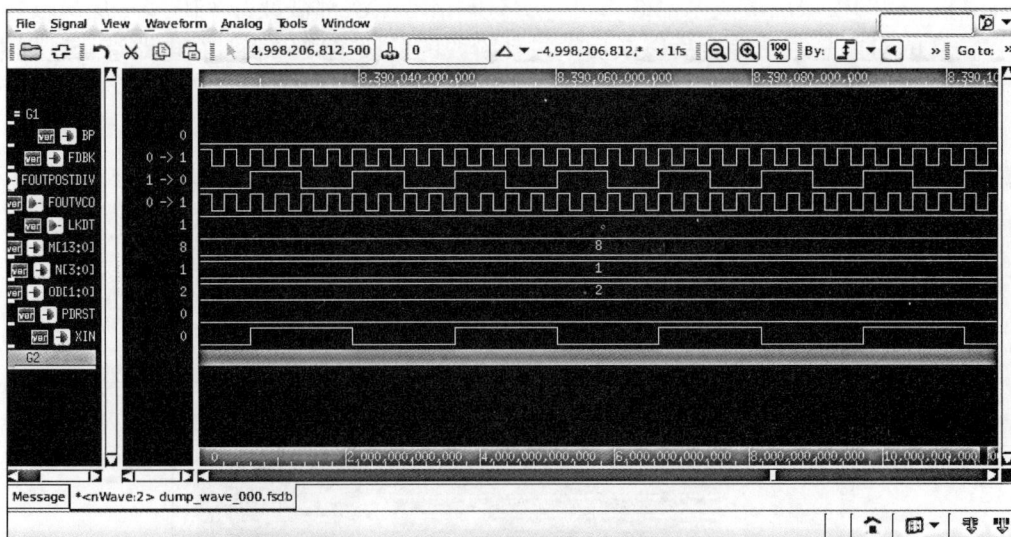

图 9-2-16　示例模块加载的仿真波形

9.3　时序仿真*

时序仿真（timing simulation）又称为后仿真，使用逻辑综合或布局布线后 EDA 工具给出的器件单元和连线的延时信息，在最坏的情况下对电路的行为做出实际的估价。时序仿真使用的仿真器和功能仿真使用的仿真器是相同的，所需的流程和激励也是相同的。唯一的差别是时序仿真加载到仿真器的设计包括基于实际布局布线设计的最坏情况下的布局布线延时，并且在仿真结果波形中，时序仿真后的信号加载了时延，而功能仿真没有。

与前仿真相比，vcs 编译命令参数除了用 dut 的.vg 网表文件替换.v 设计文件，还多了以下选项。

```
+neg_tchk +maxdelays -negdelay +sdfverbose
```

+neg_tchk：使能时序检查中的负延时。

+maxdelays：使用 SDF 文件中的 max 值。

-negdelay：使能 SDF 文件中的 IOPATH 和 INTERCONNECT 中的负值。

+sdfverbose：显示 SDF 文件反标时的详细警告和错误信息。

在 testbench.sv 文件中，添加以下代码反标 SDF 文件，通过$sdf_annotate 函数将后仿真的 SDF 时序文件反标导入顶层被测模块，提供详细的器件及连接线延迟数据。图 9-3-1 至图 9-3-3 展示的是模块十一 ADC 芯片项目中的仿真反标代码、Verdi 工具抓取调试信号的过程和子模块 PLL 的仿真波形。

```
initial begin
  $sdf_annotate("../../dut/post_sim/sdf/MA100_TOP_SS_cmax_125.sdf", sim_top.dut_top,,, "MAXIMUM",,) ;
end
```

图 9-3-1　反标 SDF 文件

SDF 文件作用层次定位在 DUT 的顶层。用 Verdi 工具进行调试，抓取信号时可以发现，原来 DUT 下面的模块层次关系已经不见，所有的信号层次都被展开（IP 多一层）。这是由于时序仿真的对象是逻辑综合后以及后端设计阶段的门级电路网表，在电路综合过程中，通常电路的层次化结构会被展开。

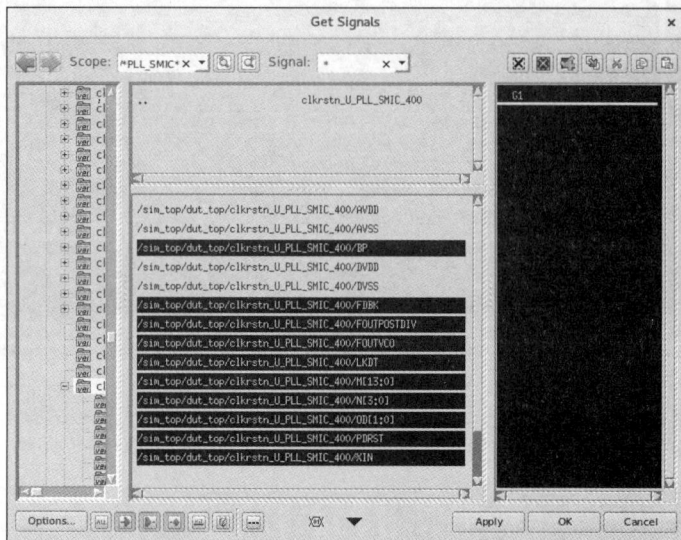

图 9-3-2　Verdi 工具抓取调试信号

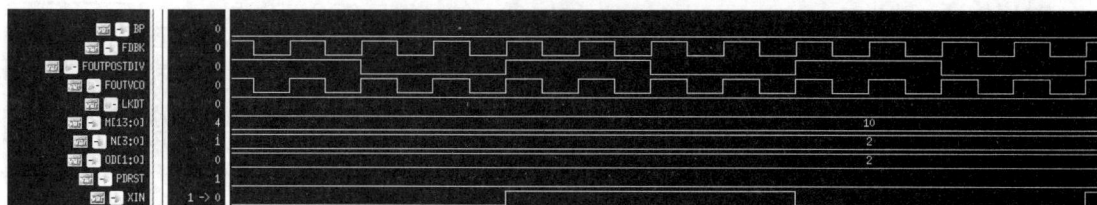

图 9-3-3　Verdi 调试波形

除此以外，前仿真用例代码中若没有直接引用信号的层次，则可以不用修改直接用于后仿真，调试方法与前仿真一样。

以下是模块十一 SPI 模块项目中采用的前/后仿真脚本案例。

```
TC=
DF=
COV=0
LOG=$(TC)    ==== run at ====    [ $(shell date) ]
SEED:=$(shell date +%N)
STRING=$(shell grep " seed"  ./vcs_run.log)
export PRJ_DIR:=$(shell pwd)
WORK_DIR:=$(PRJ_DIR)/work/$(TC)
WAVE_DIR:=$(PRJ_DIR)/wave/$(TC)
FILELIST_DIR:=$(PRJ_DIR)/filelist
VERDI_FILELIST=$(FILELIST_DIR)/filelist_verdi.f
INC_DIR:=+incdir+$(PRJ_DIR)+./+../
PRE_SIM_DF=+notimingcheck +nospecify
POST_SIM_DF=
COV_CFG_FILE=$(PRJ_DIR)/script/cov_hier.cfg
all:run
ifeq ($(COV),1)
COV_RUN_FLG=-cm line+cond+fsm+tgl+path+branch+assert
```

```
COV_CMP_FLG=-cm_tgl mda -lca $(COV_RUN_FLG) -cm_hier $(COV_CFG_FILE)
else
COV_RUN_FLG=
COV_CMP_FLG=
endif
ifneq ($(findstring tc_dut_netlist,$(TC)),)
FILE_LIST= -f $(FILELIST_DIR)/filelist_netlist.f
PRE_SIM_DF=
POST_SIM_DF=+overlap +neg_tchk +maxdelays -negdelay +sdfverbose
VERDI_FILELIST=$(FILELIST_DIR)/filelist_netlist_verdi.f
else ifneq ($(findstring tc_dut_top,$(TC)),)
FILE_LIST= -f $(FILELIST_DIR)/filelist_sys.f
else ifneq ($(findstring tc_vip,$(TC)),)
FILE_LIST=
else
FILE_LIST= -f $(FILELIST_DIR)/filelist_mod.f
endif
FILE_LIST+= $(PRJ_DIR)/tc/$(TC).sv
run:
        mkdir -p $(WORK_DIR);
        mkdir -p $(WAVE_DIR);
        cd $(WORK_DIR);
        #执行 VCS 编译, 给出一系列的控制参数
        vcs -sverilog +v2k -I -full64 \
                        -debug -debug_all -debug_access+all         \
                        -timescale=1ns/1ps                          \
                        $(INC_DIR) -y ./                            \
                        +libext+.v+.vp+.vhd+.vh+.sv+.svh            \
                        +define+$(DF)                              \
                        $(PRE_SIM_DF)                              \
                        $(POST_SIM_DF)                             \
                        +plusarg_save +self_def_seed=$(SEED)       \
                        -assert svaext                             \
                        $(COV_CMP_FLG)                             \
                        $(FILE_LIST)                               \
                        -l vcs_cmp.log                             \
                        -P $(NOVAS)/share/PLI/VCS/LINUX64/novas.tab\
                        $(NOVAS)/share/PLI/VCS/LINUX64/pli.a
        @echo $(LOG) >> work/test_report.txt
        cd $(WORK_DIR);
        #执行 simv 仿真, 输出 dump 文件
        ./simv $(COV_RUN_FLG) -l vcs_run.log +ntb_random_seed=$(SEED)
```

图 9-3-4 所示是以上脚本仿真后打开 Verdi 界面输出的 SPI 模块仿真波形。波形中展示的是 SPI 的时钟、片选、数据信号波形。

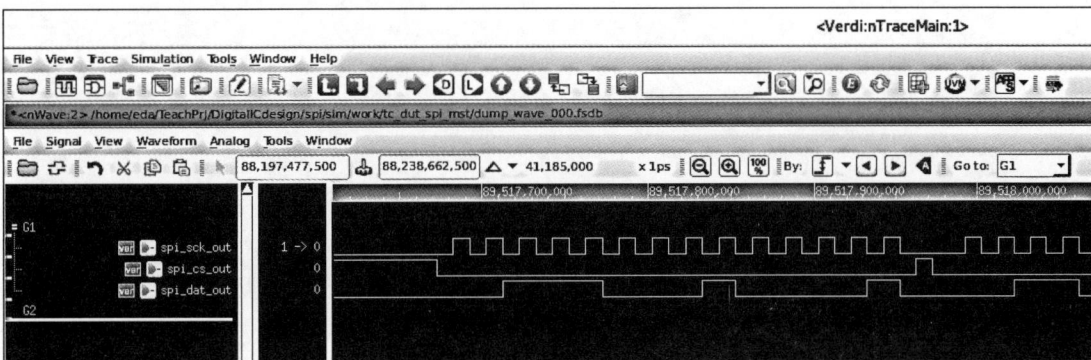

图 9-3-4 SPI 模块仿真波形

9.4　模块小结

在后端设计的各个阶段，除了用形式验证、LVS 检查等方法确保版图设计的一致性外，功能仿真和时序仿真仍然是必要的。本模块依托实际的芯片项目，介绍常用仿真验证工具及仿真验证流程。

9.5　习题

1. 什么是前仿真和后仿真？
2. 前仿真包括哪两种仿真？
3. 画出仿真测试平台的一般结构。
4. 后仿真时反标 SDF 文件的作用是什么？

模块十 芯片流片前签核

在芯片物理设计完成后，流片前的最终检查工作与签发核实（简称为签核）过程包括时序验证、物理验证和形式验证三大任务。本模块主要讨论芯片流片前签核工作所涉及的相关技术。

10.1 签核

签核是成功完成 IC 设计所有检查的标志。在 ASIC 设计中，有两次签核。第一次是在设计的电路进入布局布线前应检查其功能是否符合设计要求；第二次是在设计经过布局布线之后，使用 EDA 工具进行寄生参数提取，得到有精确时延信息的 post-layout 电路网表，对此网表做时序仿真，检查时序行为是否符合要求。之后就可以进入晶圆厂流片生产了。

签核（signoff）

签核分析做得是否完整和完备对 IC 产品的质量至关重要，在这个阶段查找到问题并加以修正要比在生产阶段找到问题再修正的花费要低廉很多。所以各个 IC 公司都非常重视这个过程，EDA 厂商也都有自己完整的用来做签核的工具集。

比较合适的方式是将签核分析集成到 IC 设计的流程中，与主体的设计工作形成迭代，以保证设计的质量。签核阶段需要检查的清单包含时序、信号完整性、功耗、电源电压降、电迁移、寄生参数提取、DRC、LVS、噪声、片上热量分析等。这些项目的检查分析，可以在集成的 EDA 工具环境中完成，如 Virtuoso 或 Customer Designer。

10.1.1 签核的主要工作

签核主要完成以下工作。

（1）STA 签核：静态时序验证。

（2）PA（Power Analysis，功耗分析）签核：电源完整性分析。

（3）PV（Physical Verification，物理验证）签核：物理验证。

（4）RV（Reliabity Verification，可靠性验证）签核：可靠性验证。

（5）Formality/CLP（Conformal Low Power，低功耗）签核：形式验证和低功耗验证。

10.1.2 签核的要点

STA 签核：包括建立时间检查、保持时间检查、最大传输时间检查、最大电容检查和信号一致性检查。

PA 签核：关注芯片功耗、静态和动态电源电压降、电荷迁移等。

PV 签核：关注芯片是否满足工艺设计规则、物理设计与逻辑网表的一致性。

RV 签核：关注 ESD、闩锁效应、ERC 等检查。

Formality 签核：关注最终输出的逻辑网表与最初输入的逻辑网表的一致性。

CLP 签核：关注在低功耗设计中引入的特殊单元、电源域划分及组成单元的正确性。

10.1.3 签核检查清单

我们现在使用的标准单元、模拟 IP、RAM、ROM、I/O 单元等基本都是 IP 供应商提供的，IP 基本都会附带应用文档，其中有相关的使用说明和签核阶段的检查清单（checklist）。由于很多规范都是关于电气特性的，功能仿真无法仿真到，所以一定要在流片前检查这些 IP 的使用规范。在项目进行后端流程之前，一定要先阅读各个单元库的使用说明，在项目流片之前的签核阶段需要对所有的使用规范进行再次检查。

10.2 时序验证*

模块二阐述了时序收敛的基本概念，模块八讨论了时序分析方法以及时序优化方法。时序验证采用时序分析等方法验证设计是否满足时序收敛，这些时序验证工作包括反向标定（back-annotation）、时序与功耗的检验、时序与信号完整性的检验，以及当代低功耗纳米先进设计中的多模式多端角（Multi-Mode Multi-Corner，MMMC）检验。

芯片流片前签核阶段时序验证

逻辑综合用时序库进行时序分析或模拟电路设计进行电路仿真时，较普遍应用的时序库有 3 种，即最佳（best）、典型（typical）和最差（worst）时序库。由于每一种时序库都是根据相应的工艺环境（PVT）或工作条件（operating condition）建立的，通常又将时序库标定的数据简称为"工艺角"（process corner）条件。在物理实施中，经过实际布线，由不同的时序工艺角导出"RC 工艺角"数据。我们拟将多种工艺环境和工作条件导出的时序库工艺角和布线后的 RC 工艺角统称为多端角。

10.2.1 反向标定

在 RTL 编码完成后，通过仿真验证并满足设计指标的 RTL 网表，再由综合工具产生门级网表。在时序检查阶段，可以采用物理布图参数（Physical Layout Estimates，PLE）获得更准确的时序分析。当完成布图布线后，动态仿真验证则由最终布线后产生的标准延时格式（Standard Delay Format，SDF）文件完成。这种用 SDF 文件做动态仿真验证的方法就称作反向标定（back- annotation）。

为了获得准确的仿真结果，需要提供影响时序的参数：驱动能力、互连线参数、总负载、环境因素（即 PVT 条件）。

用 SDF 文件去做时序仿真的详细方法已经非常成熟。典型的仿真器却只能在一种 PVT 条件下进行单次仿真。这样，我们需要分别输入 slow 的 SDF 对 fast 的时钟信号做建立时间检查，然后输入 fast 的 SDF 对 slow 的时钟信号做保持时间检查。目前的静态时序分析工具和 HDL 一样，会同时读入 3 种 PVT 条件的时序库文件并同时进行设计分析。有人认为应用 HDL 单次仿真的结果与同时实现 3 种 PVT 条件仿真相比，准确性可能会稍差一些，但尚无实验数据来证实这一点。

关于通过提取互连线 RC 参数产生 SPF 文件，再计算产生 SDF 文件的方法与过程请参见模块七。

10.2.2　时序分析与功耗分析

电源设计和功耗分析是两项紧密关联的工作。前者在做电源规划时（见模块五5.3节）要为芯片的供电提供可靠的保障，后者在做功耗分析时要对其规划方案的最终结果进行检查并分析。

在做时序分析时，我们需要确定功耗分析的结果不仅符合电源预算规划，更重要的是还要保证不会产生时序违例。如果在设计循环过程中，布局布线方案经过多次修改或流程顺序的改动，在芯片设计的最终验证与签核时，必须再次检查和确定功耗分析和电压降分析的结果不仅符合电源预算，还符合时序的要求。

在低功耗设计中，由于MSMV的应用、电源关断（PSO）技术的引入，以及动态电压与频率调节技术的实施，都会使功耗分析工作量增加，复杂性增大。由于芯片中的温度效应也会对功耗、信号完整性和时序产生影响，需要由热力学引擎单独进行温度分析。这些额外因素在引用功耗分析结果做时序分析时都要加倍关注，并要仔细检验是否达到标准。

10.2.3　时序分析与信号完整性

在进入深亚微米的设计阶段早期，信号完整性分析是独立完成的，后来的经验表明，合理的分析方法是将它和时序分析一起进行。串扰会影响电压降引起延迟的问题，对于信号串扰的预防，主要在布线阶段最终实现。

在低功耗设计中，由于MSMV和多阈值器件MTCMOS的应用，以及电平转换单元的添加，都会对信号完整性分析带来不同的结果。这时，由于在不同电压和阈值条件下进行噪声分析，需要调用不同晶体管级的仿真模型来进行信号串扰的计算，并进一步分析对时序的作用。

在65nm或以下的工艺节点设计中，对于信号完整性，目前采用最坏时序条件进行分析，这时或许会带来过于悲观（over pessimistic）的结果。因此，应用中还会结合信号完整性和电压降数据，对关键路径进行仿真分析，以进一步过滤悲观误差数据，提高分析结果的准确性和可靠性。

综合大量SoC设计过程，通过低功耗和纳米技术的实现，在最终验证与签核时，要根据功耗分析和电压降分析的合格结果，结合信号完整性做最终MMMC时序分析。

10.2.4　用MMMC做时序验证的方法

对于65nm以下的设计，MMMC分析方法的使用已经逐渐变成了时序验证的一项基本要求，并且用于实际的芯片产品设计中。该分析方法在Synopsys公司中定义为MCMM，而Cadence公司将其命名为MMMC，二者的设计思想和方法类似。本节以下内容结合Cadence公司的MMMC介绍设计流程。本书后续项目案例采用Synopsys公司的MCMM分析。

使用MMMC时序验证的关键是建立或提供MMMC数据并将它们进行合理的组合，进而对芯片设计进行相应时序分析。

MMMC中主要的模式是芯片设计的功能要求，即标准时序约束模式，还有扫描、BIST、DVFS等其他模式。多端角则包括半导体器件条件（不同PVT的时序库）与RC条件（参数提取和时序结果降额）。

在做 MMMC 分析时，相应的数据可以和设计网表、约束文件、物理库、时序库数据一起输入。根据设计需求，在时钟树综合做完后，就可以结合不同模式与不同端角进行时序分析。

如图 10-2-1 所示，在 MMMC 的应用中，我们可以预先定义各种模式和各种端角。然后选择相应的模式与端角条件，建立视图做相应的计算和分析。

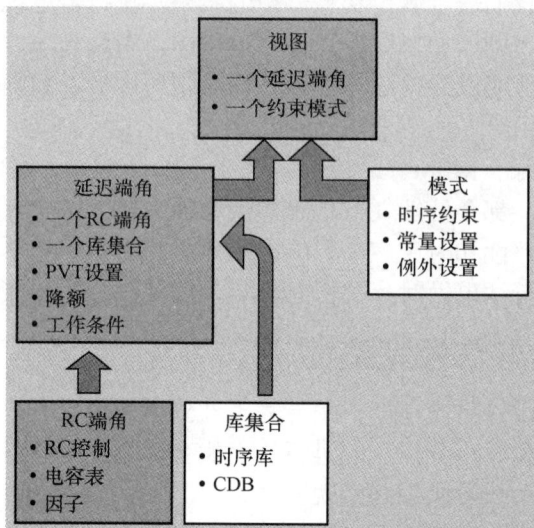

图 10-2-1　在 MMMC 环境中选择模式与端角进行分析

（1）单模式单端角

在模块八中做基本时序分析时，是以单模式单端角（Single-Mode Single-Corner，SMSC）条件为例的。除了基本的建立时间和保持时间外，时序分析还包括时序特例、虚假时序路径、多周期时序路径、时间借用（time borrowing），以及时钟门控中的信号选择定义条件等。单模式单端角时序分析的内容是构成 MMMC 分析的前提和基础。单模式单端角时序分析通常还会用于芯片设计早期或原型（proto-typing）设计过程中，这时可采用 typical 时序库条件，如逻辑综合。

在数字芯片设计早期，EDA 工具能够同时读入一种设计约束文件和两种时序库，同时进行建立时间和保持时间时序分析。而后期在 MMMC 应用环境里，EDA 工具能够同时读入多种模式或多种设计约束文件、多种时序库文件和多种电阻电容文件。当选定了一种模式和一种端角后，工具环境会提供相应的视图来方便地显示分析状况和结果。创建视图使用如下脚本代码。

```
#创建分析视图
create_analysis_view -name view1 -delay_corner dc_wc -constraint_mode\
func_mode
create_analysis_view -name view2 -delay_corner dc_tc -constraint_mode\
func_mode
create_analysis_view -name view3 -delay_corner dc_bc -constraint_mode\
func_mode
```

（2）两个时序库或两个端角

在大多数设计中，可以用两个时序库或两个端角，即用最佳/最差情况（Best Case/ Worst

Case，BC/WC）时序库进行静态时序分析，如图 10-2-2 所示。该方式的实际应用多见于 130nm 以上的工艺，例如，采用 8 英寸裸片，其往往不特意强调低功耗，芯片设计通常是短期使用的消费类电子产品。

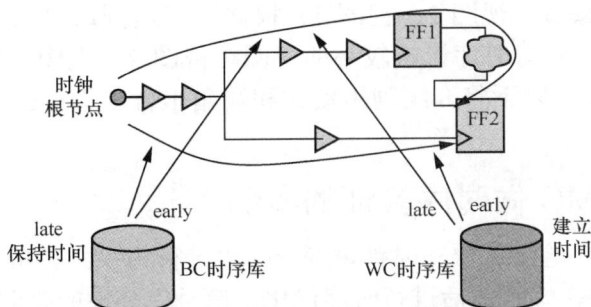

图 10-2-2　BC/WC 时序库中的时序路径

用 BC/WC 时序库做建立时间分析要考虑：起始时钟 + 数据路径 = 最大延时 + 最晚（到达）路径，捕获时钟路径 = 最大延时 + 最早（到达）路径。用 BC/WC 时序库做保持时间分析要考虑：起始时钟 + 数据路径 = 最小延时 + 最早路径，捕获时钟路径 = 最小延时 + 最晚路径。

① BC/WC 时序库与时序"降额"。

在选用 BC/WC 时序库时，要注意它们的标定并要考虑其电平转换时间的范围。如果这些时序库的转换时间不一致，则要对它们进行降额处理。

例如，对最早和最晚时序做降额处理，可以对 BC/WC 时序库进行 10% 和 -20% 的校正或降额，在时序分析环境的变量选项中用"×1.1"或"×0.8"的降额处理如下。

BC 时序库：early ×1.0，　late ×1.1。

WC 时序库：early ×0.8，　late ×1.0。

② OCV 与 CRPR。

由于几何尺寸的增大，在使用 12 英寸裸片时，OCV 对时序的影响必须加以考虑。在考虑时钟树综合策略时，为了克服时钟再聚合悲观消除（CRPR）的影响，可以对 OCV 做相应的调节。例如，在 OCV 检验中用建立时间和保持时间做调节。

在 OCV 模式下，有时还要对 CRPR 的特例进行计算处理。

③ RC 端角的定义。

在进行 RC 参数提取时，提取工具是根据晶圆厂提供的多种 PVT 和工艺条件去产生多种 RC 文件，这些文件也被称为电容表格（cap table）文件。当布线完成后，根据时序数据结果，我们还可以用电阻和电容标定因子（scaling factor）进行相应的标定。对于在以上条件下产生的每一个电容表格文件，可以定义它为一个 RC 端角：

- 定义 cbest 代表最佳电容数据；
- 定义 cworst 代表最差电容数据；
- 定义 rcbest 代表最佳 RC 数据；
- 定义 rcworst 代表最差 RC 数据；
- 定义 typical 代表典型 RC 数据。

④ 模式和端角的选择。

在 MMMC 时序分析中，模式和端角的选择是关键。例如，假设分别给定 3 种模式的时序约束条件、3 种时序库端角文件、4 种 RC 端角文件，完整地将它们结合起来共有 36 种组合，问题的关键是如何最佳地将它们组合去检验，并减少运行次数。

先用模式（对应时序约束条件）和端角（时序库端角和 RC 端角）组合去定义多个 MMMC 视图，如视图 1、视图 2、视图 3，根据时序违例结果保留对时序影响较大的视图（如视图 1），剪除对时序影响较小的视图（视图 2、视图 3），从而缩短 CPU 的计算时间、加快收敛。以下将介绍利用模式和端角组合定义视图，进行 MMMC 分析的实例。

10.2.5　用 MMMC 做时序验证的实例

用 MMMC 做时序验证主要在时钟树综合阶段进行约束并分析。它首先包括 MMMC 的环境建立、在时钟树综合前后进行时序优化、信号完整性的收敛等。在实际 MMMC 应用中，由于要考虑各种模式和各种端角，可以通过 TCL 脚本先定义或指定需要检验的条件。

（1）建立环境

下面这个例子中，通过 TCL 脚本定义了时序检验条件，脚本中分别定义了 3 种检验模式（modes = f1、f2、test），3 种时序库（worst、typical、best）和 4 种 RC 端角（cbest、cworst、rcworst、typical）。

```
######## 创建约束模式########
create_constraint_mode -name f1 [list $data/constrs/func1.sdc]
create_constraint_mode -name f2 [list $data/constrs/func2.sdc]
create_constraint_mode -name test [list $data/constrs/test.sdc]
######## 创建库集合########
create_library_set -name libs-worst -timing [list $libs/t90wc.lib]
create_library_set -name libs-typical -timing [list $libs/t90tc.lib]
create_library_set -name libs-best -timing [list $libs/t90bc.lib]
######## 创建 RC 端角########
create_rc_corner -name rc-cbest   -cap_table $data/rc/c90bc.txt
create_rc_corner -name rc-cworst  -cap_table $data/rc/c90wc.txt
create_rc_corner -name rc-rcworst -cap_table $data/rc/c90wrc.txt
create_rc_corner -name rc-typical -cap_table $data/rc/c90typ.txt
```

下面列举用 TCL 脚本定义延时计算所用的端角方法。

```
create_delay_corner -name dc-typ-rcworst \
-library_set libs-typical\
-rc_corner rc_rcworst \
-opcond_library tcbn90lphptc \
-opcond NCCOM
# 以上延时端角为典型，RC 端角用 rcworst
create_delay_corner -name dc-worst-rctyp …
# 以上延时端角为 worst，RC 端角用 rctyp
create_delay_corner -name dc-worst-cworst …
# 以上延时端角为 worst，RC 端角用 cworst
create_delay_corner -name dc-best-cworst …
# 以上延时端角为 best，RC 端角用 cworst
create_delay_corner -name dc-best-cbest …
# 以上延时端角为 best，RC 端角用 cbest
```

模式和端角组合选择可以通过 MMMC 的组合视图方法定义来实现，它的过程是先建立不同模式和端角组合视图，再选择相应的组合视图进行有关时序（例如建立时间或保持时间）分析。

下面是用视图来定义模式和端角的例子。

```
######## 创建视图 #######
create_analysis_view -name f1-typ-rcworst -constraint_mode f1\
  -delay_corner dc-typ-rcworst
create_analysis_view -name f1-worst-rctyp -constraint_mode f1\
  -delay_corner dc-worst-rctyp
create_analysis_view -name f2-typ-rcworst -constraint_mode f2\
  -delay_corner dc-typ-rcworst
create_analysis_view -name f2-worst-rctyp -constraint_mode f2\
  -delay_corner dc-worst-rctyp
...
######## 选择用于建立时间和保持时间的活动视图 ######
set_analysis_view -setup [list f1-typ-rcworst f1-worst-rctyp\
 f2-typ-rcworst f2-worst-rctyp ] \
 -hold [list f1-worst-cworst f1-best-cworst f1-best-cbest\
 f2-worst-cworst f2-best-cworst f2-best-cbest test-worst-cworst\
 test-best-cworst test-best-cbest ]
```

定义好约束模式条件、时序库端角和 RC 端角后，MMMC 接下来的计算和结果分析则依赖 EDA 工具来求解。有时在应用中还会对时序库进行降额处理。

（2）时钟树综合与时序收敛

MMMC 在时序检验中的应用可以从时钟树综合阶段开始。模块五讨论到，设计者希望理想时钟树的时钟信号到达每个时钟叶子节点的最大偏差最好为零。另一方面，由于在工程中几乎不可能实现零偏差，一种折中的解决方案是利用有用偏差。同样，在 MMMC 应用中，对于相应的模式和端角组合，也要实现最小的时钟信号偏差。

下面列举通过 TCL 脚本定义时钟树所用的模式和端角。

```
#创建分析视图，列举的视图的设置差异主要是由于 delay_corner 的库文件不同
create_analysis_view -name view1 -delay_corner dc_wc\
  -constraint_mode func_mode
create_analysis_view -name view2 -delay_corner dc_tc\
  -constraint_mode func_mode
create_analysis_view -name view3 -delay_corner dc_bc\
  -constraint_mode func_mode
#视图 1 为默认视图，设定分析视图用于建立时间和保持时间分析
# 时钟树综合对所有的视图减小时钟的偏差
set_analysis_view -setup {view1 view2} -hold {view3}
```

（3）信号完整性与时序收敛

图 10-2-3 中显示先用模式和端角组合去定义多个 MMMC 视图（如视图 1、视图 2、视图 3），根据 STA 和信号完整性分析结果对关键路径做标识。然后将时序与噪声违例路径集中，并做 MMMC 时序优化，最后调用布线工具做 ECO 布线达到收敛。

（4）SPEF 方法和 SDF 方法

如果在设计中已经产生了 SPEF 文件或者 SDF 文件，做 MMMC 时序分析时可以直接指向相应的文件。应当注意的是，不管是用 SPEF 文件还是 SDF 文件，RC 端角文件必须完整。

下面以 SPEF 或者 SDF 方法做 MMMC 分析需要的端角文件。

- MMMC 需要的 SPEF-based 文件为 max1.spef，max2.spef，min1.spef，min2.spef。
- MMMC 需要的 SDF-based 文件为 max1.sdf，max2.sdf，min1.sdf，min2.sdf。

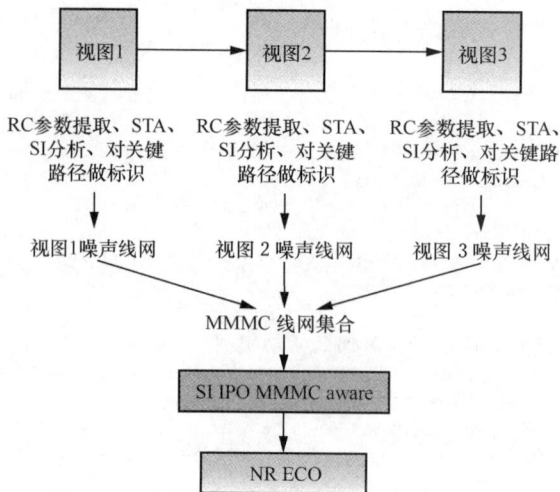

图 10-2-3　用视图方法实现 MMMC 对信号完整性的分析和解决

（5）低功耗 CPF 方法

在低功耗设计中，除了要考虑 MSMV 的基本电源电压连接信号外，还要注意低功耗中使用的特殊逻辑单元，包括电平转换单元、电位隔离单元、电源开关单元、SRPG 单元以及其他特殊缓冲器单元等，它们在 MMMC 分析中会带来更多的复杂性。可以用 CPF 来定义低功耗设计：

① 一组时序库及其相应的端角工作条件；

② 电源电压区域；

③ 电源电压区域的当前工作条件及其功耗工作模式。

用 CPF 文件能够很方便地将与时序库相关的端角通过分析视图（analysis view）定义出来，与非低功耗设计的 MMMC 分析流程产生自动接口。在低功耗设计中的时序库对应端口和电源电压可以方便地通过 CPF 表示出来，而不需要对设计的其他部分进行修改。

10.3　物理验证与芯片组装

物理验证方法除了传统的设计规则检查、电路检查外，对 90nm 以下的设计还要进行光刻检查和可制造性检查，最后实现流片前的芯片集成或组装。本节的物理验证内容与模块六介绍的物理验证有一定关联性，这里主要介绍芯片流片前签核阶段的相关技术原理。

物理验证与芯片
组装

10.3.1　设计规则检查

设计规则检查的基本目标是确保设计符合与几何尺寸相关的规则。设计规则检查通常要求先对芯片布线后的顶层进行基本检查，然后将底层的标准单元的 GDSII 数据结合在一起进行设计规则检查。

（1）金属密度检查：由于在现代硅片打磨中采用了 CMP 工艺方法，为了保持芯片中每一层材料的均匀性，需要用到金属填充（metal fill）以满足一定的金属密度。因此，设计规则检查也包括对完成布线后的每一层金属密度进行检查。

（2）最小面积规则（Min Area Rule，MAR）检查：在深亚微米的设计中，要根据 MAR

对金属浮动面积（Metal Floating Area，MFA）进行检查。在纳米以下的设计中，检查是必须的。MAR 也被称作最大 MFA。

（3）工艺天线效应（Process Antenna Effect, PAE）检查：设计规则检查的另一项重要任务是对天线效应进行检查，在布线阶段完成，是设计规则检查中不可忽视的任务。

10.3.2 光刻检查与可制造性设计

从方法上来看，光刻检查是设计规则检查的特例，或者可以说是设计规则检查的扩展。

新一代的布线工具结合后期版图检查已经具有光刻驱动（litho-driven）、光刻预防（litho prevention）、光刻补救（litho repair）和光刻修正或光刻固定（litho fix）的功能，在半导体工艺中，波长为 193nm 的浸没式光刻（immersion lithography）技术可以延伸用于 45nm 节点的设计。这样一来，由于光刻技术中的光学邻近校正（Optical Proximity Correction, OPC）和相位移动光罩（Phase Shift Mask，PSM）规则的要求，设计规则检查还要对相关的布线最大宽度、布线延展（wire extension）长度、布线拐角（wire corner）等进行校正和检查。

可制造性设计在近年来得到大量的讨论，由于广泛地被人们引用，它的意义已经变得有些模糊。有人认为可制造性设计就是 OPC，有人认为可制造性设计就是光刻工艺中的分辨率增强技术（Resolution Enhancement Technologies, RET），有人认为可制造性设计改成可量产性设计（Design For Yield, DFY）更加合适。甚至有人认为可制造性设计可以包括统计静态时序分析（Statistical Static Timing Analysis, SSTA）、OCV 分析、功耗管理和低功耗分析等。

10.3.3 电路检查[*]

电路检查的主要任务是 LVS 检查，它在芯片设计的最终验证阶段通常要求先对芯片顶层的布线进行基本检查，包括是否有短路、开路等。再将底层的标准单元 GDSII 数据结合在一起进行 LVS 检查。

电路检查包括电源与接地和信号线连接两大部分。电路检查要对布线的电路特征进行检查，它包括与功耗相关的直流限度（DC limit）和交流限度（AC limit）。直流限度检查是为了使电压降和满足功耗要求中不出现"线自热"现象，进而避免连线失效，交流限度检查则检查信号线在不同时钟频率条件下的交流特性，它是功耗分析工作的一部分。

10.3.4 芯片集成

芯片集成或组装是物理设计的最后一道工序。具体来说，如果是层次化的物理设计，则要先将每个大模块的时序验证和物理验证完成，并产生所有相关文件。这些文件包括大模块的布图规划和电源规划结果、最终门级网表和设计约束文件、LEF 文件、DEF 文件、SPEF 文件、SDF 文件、最终布线结果 GDSII 文件、时钟树结果报告、时序结果报告等。对于芯片顶层的物理设计，如果是层次化设计，可以先将其打平，然后与处理大模块方法类似，对顶层进行时序验证和物理验证，并产生上述各种设计与报告文件。另一项重要工作是形式验证（见 10.4 节），它可以在时序验证之前或之后完成。

除了产生所有相关的文件和报告，还要进行流片前的一些附加工作。例如，在芯片空白处添加公司的标识等，在裸片四周的边缘画上密封线，如图 10-3-1 所示。

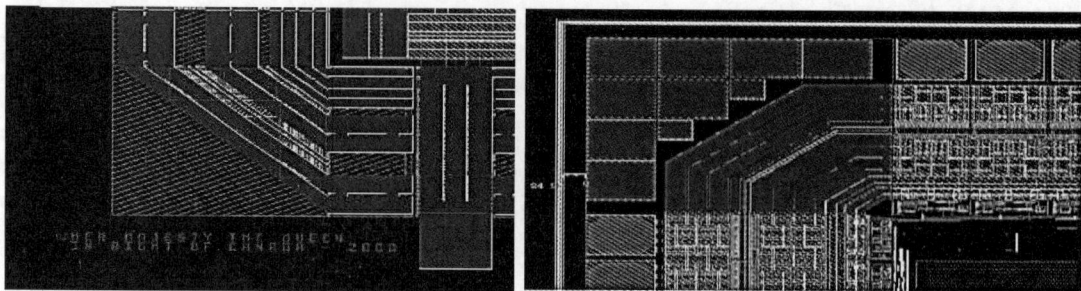

图 10-3-1　添加公司标识和密封线

芯片完成后会在角落空白处注上版权所有，画上公司的标识图案或文字，以方便识别。为了防止杂质扩散，还会用每层连线在芯片四周的边缘画上密封线。

图 10-3-2 中，芯片 I/O 焊盘通过内部小方块相接，再由金属焊线连接到外围的封装引脚上。

为了将芯片 I/O 焊盘连接到封装引脚上，在芯片 I/O 焊盘外围与封装引脚之间要设计引线键合图供芯片生产与封装使用。

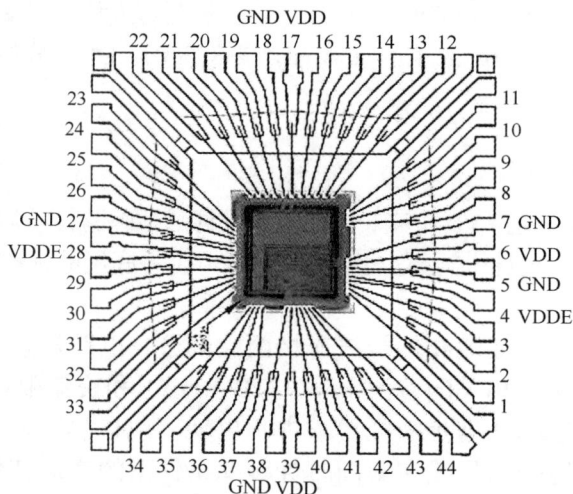

图 10-3-2　芯片 I/O 焊盘与封装引脚的引线键合连接

10.4　形式验证与 ECO

芯片设计由于验证问题经常需要重新修改，其中大约有 3/4 都是由功能问题引起的。一般来说，在芯片的整个设计过程中需要不断地进行验证工作。

当发现设计问题时，在设计早期可以去修改 RTL 代码，而在项目后期，如果已经临近最终签核阶段，可以通过 ECO 方法解决设计问题。

形式验证与 ECO

10.4.1　形式验证

芯片设计在最终签核前必须再次进行设计验证。验证可以包括功能验证（functional

verification）和形式验证（conformal verification），形式验证也称作逻辑等效验证或逻辑等效检查（logic equivalency check）。由于功能验证更加强调和侧重于设计本身，以下仅讨论形式验证在最终签核步骤（如图 10-4-1 中的 ECO/芯片组装阶段）里面的作用。

由于设计类型的差异，形式验证的范围要求和功能也不一样。对于 ASIC 设计，只要做形式等价性检查就可以了。对于客户自有工具设计（Costum Owned Tooling，COT）设计，则要做数据通路（data path）和版图检查。而对于 SoC 等高端设计，还要做定制式的检查，如对存储器进行的形式验证。

由图 10-4-2 所示可以看出，从 RTL 网表到门级网表，不仅在逻辑综合阶段，在设计优化过程也会对网表做出更新。在物理设计阶段门级网表也处于不断的优化过程中，因此基本的形式验证就变得相当重要。

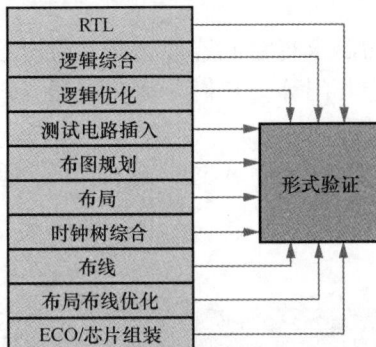

图 10-4-1 形式验证贯穿整个设计过程　　　　图 10-4-2 同一设计的不同形式与等价性检查

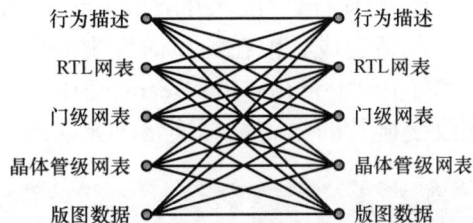

形式验证可以用于展平式或者层次化设计过程中。根据设计类型，形式验证可以用于 ASIC 设计、COT 设计和 SoC 设计。形式验证的简单应用是比较两个网表，例如，比较时钟树综合前、后的两个网表。随着 EDA 工具的开发，形式验证进一步扩展为 RTL 与版图的晶体管级验证（SPICE 或电路），即 LVR（Layout Versus RTL）。

同一设计不同阶段的两个形式网表，都可以做交叉式的等价性检查。当然，如果两个待检查的网表形式一致，检查工作就非常简单。例如，检查时序优化前、后的两个门级网表就比检查 RTL 网表和版图数据要容易很多。

10.4.2 ECO

图 10-4-3 展示了不同设计阶段 ECO 与成本的关系，可以看到，设计阶段越靠后，成本越高。

在实际的工程应用中，从第一次 RTL 网表经过逻辑综合产生第一个门级网表作为物理实施开始，功能验证就在不断地同时进行。对于复杂的设计，验证越仔细就越能发现潜在问题。同时，RTL 网表和门级网表也在不断地更新，直至最终 RTL "冻结"，即不可更改为止。由于物理设计实施周期很长，如果 RTL 网表和门级网表改动较小（如小于 3%），那么可以通过 ECO 方法对布局和布线做局部更新。

同样，如果在形式验证过程中发现逻辑问题（倘若不是工具问题，这种情况少见，除非人为修改网表），或在时序检查中发现时序问题，除了常用的原位优化（In-Place Optimization，IPO）方法外，也可以用 ECO 方法去解决。因此，我们可以在布局阶段或布线阶段应用递增式（incremental）的 ECO，即局部 ECO 去修正相应的物理设计。

根据形式验证发现问题的时期，ECO 可以分为在签核流片之前的 ECO 与在签核流片之后的 ECO。

在签核流片之前做 ECO 具有很大的灵活性，只要空间允许，就可以用递增式布局（incremental placement）的方法添加新的逻辑门，每一层的连线都可以改变。这种方法可以添加或删除缓冲器去调节驱动能力，还可以手动修改错误的逻辑信号之间的连线。

在签核流片之后做 ECO 则有很大的限制性，它往往只能对上层金属连线做有限的修改，不能用递增式布局去添加新的逻辑门，但可以利用现有布局寻找预先布放的备用逻辑门（spare gate），根据 ECO 的需求将它们连接起来。备用逻辑门为基本的常用缓冲器、非门、与门、或门、与非门、或非门等。它们必须在物理实施开始时，即门级网表阶段，读入并随机布放，专供 ECO 选用。

图 10-4-3 不同设计阶段 ECO 与成本的关系

芯片制造完成，但在测试时发现问题，仍然可以做 ECO。不过，这种 ECO 通常采用聚焦离子束（Focused Ion Beam，FIB）设备对硅片截面做微型"手术"的方法（高能粒子束改变硅片的电路物理连接）来实现。

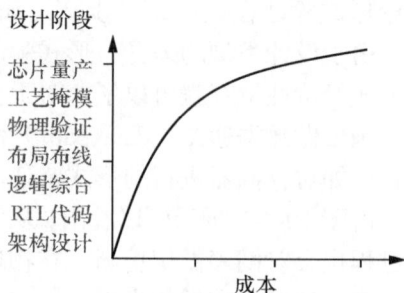

10.5 数据交换及检查

前文从理论和方法上分析了流片之前设计验证的内容，本节将介绍需要提交给晶圆厂的数据和常用的验证工具，并根据不同的设计提供需要检查的列表，以供设计参考。

10.5.1 数据交换

数据交换指的是为保证芯片的成功流片，芯片设计者和芯片制造商之间所需要交换的数据。芯片设计者需要提供给制造商的数据如下：

（1）芯片的版图文件，即 GDSII 文件；
（2）进行 DRC、LVS 检查的规则文件；
（3）进行 DRC、LVS 检查的结果文件。

芯片制造商在确保规则文件正确，DRC 和 LVS 检查均没有问题的情况下，才进行制造。有些设计需要进行 IP 合并工作，此时芯片制造商会将合并后的版图进行 DRC 和 LVS 检查，此时芯片设计者还需要提供芯片的 SPICE 网表文件，以配合完成检查工作。另外，设计者还应该准备封装导线表给封装厂商。封装导线表主要包括以下 3 类信息：

（1）裸片上每个引脚的坐标位；
（2）裸片引脚与封装引脚的对应关系；
（3）封装引脚的名称。

在前文中提到了设计需要大量的库文件，这些文件通常由晶圆厂提供。在设计验证时，晶圆厂还需要提供给设计者工艺包，其中包括各种工艺规则文件以及检查规则文件，以帮

助设计者完成相应的参数提取以及设计验证。

有些晶圆厂还给设计者提供远程登录终端，在加工光罩之前，让设计者检查光刻胶片图，从而进一步验证物理设计。此时主要检查 IP 合并部分的连接是否完好。

10.5.2 检查内容及方法

从严格意义上讲，所有的数字芯片都应该进行上述 3 种（时序、物理和形式）验证工作。有些设计者可能会因设计的简易程度以及自身设计经验进行简单的 DRC 和 LVS 检查便提交版图进行制造生产，从而省略时序反标以及时序验证等工作。在 0.13μm 及以下工艺条件下，不少设计不用 MMMC 做时序检查。在 0.18μm 及以下工艺条件下，噪声问题不明显，当芯片的主频不高时，可以不进行信号完整性时序检查。而当设计者不关心功耗，并对自己的电源网格设计有着十足的信心时，也可能不进行功耗分析，也有设计者不进行形式验证。

时序验证、物理验证和形式验证看似是 3 类不同性质的工作，但它们紧密相关、互为依赖。芯片设计最终要经过物理设计的实施与检验来完成。从系统到逻辑设计与验证，其实都还处于纸上谈兵阶段，当完成了 RTL 到 GDSII 的全部过程，设计才有了雏形。只有签核后，由晶圆厂流片通过测试，芯片的设计才算真正完成。

10.6　模块小结

芯片设计的最终检查工作与签核是流片的最后一道关卡。它的很多实际工作在早期已经初步完成，如静态时序分析，但在最终签核时仍旧需要将它们一一列项检查。本模块介绍了签核阶段常用的检查处理方法、流程。

10.7　习题

1. 什么是设计验证？什么是设计签核？
2. 时序验证包括哪些内容？简述它们之间的相互关系。
3. 举例说明 MMMC 中的端角在产品中的应用。
4. 物理验证和时序验证的顺序可以颠倒吗？请举例说明。
5. 解释形式验证与 ECO 的相互影响。

模块十一　数字芯片后端设计全流程项目实践

本模块是本书的集中设计实践部分，将讲解 3 个从数字前端到后端的中小规模实践项目。项目内容包括基于 DC 工具的电路综合，采用 Formality 工具的综合网表形式验证、基于 ICC 工具的后端设计流程。部分设计项目会讲解基于 Synopsys 公司的 DFT 工具的可测试电路插入步骤及基于 TetraMax 工具的测试向量生成流程。第一个项目实践和第二个项目实践均来自本书编写团队参与的芯片开发项目，其中 SPI 为纯数字逻辑的模块级设计，而 ADC 是芯片级的数模混合设计。SPI 模块项目实践展示更多设计步骤和流程，而 ADC 项目实践展示模拟硬 IP 与芯片的数字接口部分的集成方法步骤。最后一个项目实践采用开源社区的 JPEG 编码器 RTL 实现，并按模块级设计完成数字逻辑电路的全流程设计，帮助读者进一步熟悉本书介绍的设计方法。编写这 3 个项目实践的初衷是将本书前面主要模块的知识点和设计方法通过真实设计案例贯穿强化，提升本书的实践参考作用。

本模块的 3 个全流程设计项目实践涉及多个后端设计相关 EDA 工具，并展示讲解多种 EDA 工具的设计脚本文件。设计脚本中对设计的输入文件或者输出文件的路径设置展示的是编写团队在项目案例开发中实际设置的文件路径，读者在使用时，需要根据项目文件实际存放路径调整脚本中的文件路径设置。模块二至模块八所展示的 picorv32 处理器设计脚本的文件路径设置也仅作为示例演示，读者在参考案例脚本自行开发项目时，需根据项目案例存放路径以及各类库文件路径，确认脚本中的路径设置。

11.1　SPI 模块项目实践

本模块的第一个项目实践为 SPI 模块的数字后端设计流程。现在很多后端设计流程基本都以 Synopsys 的参考流程（Reference Methodology，RM）为模板，修改 RM 设计变量来定制专属流程。本 SPI 模块项目也以实际脚本的方式进行讲解，方便读者后期快速适应这种流程。该流程的具体特点是，和项目相关的信息先赋值给变量，后期需要信息的时候就直接调用相应变量。其优点是针对不同项目，只需要修改变量，不需要修改流程脚本的主体部分，方便项目维护，有效提高工作效率。由于目前的 Synopsys 工具都是基于 TCL/TK 开发的，因此项目实践的相关脚本也是基于 TCL/TK 编写的。

SPI 接口模块项目
整体介绍

11.1.1　逻辑综合

逻辑综合是将设计中的 RTL 描述转换为门级网表的过程。本项目根目录文件夹名为 lab，逻辑综合步骤的文件存放在 lab 下的 syn 中。

逻辑综合

（1）进入综合工作目录。

```
[eda@edatemp syn]$ pwd
```

```
/home/eda/lab/syn
[eda@edatemp syn]$ ls
data  log  output  rpt  run  scr  svf
[eda@edatemp syn]$ cd run
```

（2）准备需要综合的 RTL 代码。

```
[eda@edatemp run]$ ls ../data/
spi_top.flist
```

具体内容如下。

```
../../RTL/spi/spi_top.v
../../RTL/spi/spis.v
../../RTL/spi/data syn.v
../../RTL/spi/spi_reg.v
../../RTL/spi/spim.v
```

其中，顶层设计文件 spi_top.v 的顶层设计模块名为 spi_top。准备好综合所需的时序库文件，SPI 模块项目保存在 lab 文件夹中。

（3）准备好综合脚本../scr/syn.tcl。

其内容如下。

```
set_host_options -max_cores 8
set target_library "/home/eda/lab/LIB/spi_dft_lib/\
scc55nll_hd1_rvt_ss_v1p08_125c_basic.db" #目标库设置
set link_library "* /home/eda/lab/LIB/spi_dft_lib/\
scc55nll_hd1_rvt_ss_v1p08_125c_basic.db" #链接库设置
analyze -f verilog -vcs "-f ../data/spi_top.flist"
elaborate spi_top
current_design spi_top
uniquify
link
#时钟门控类型设置
set_clock_gating_style -min 3 -max_fanout 32 -sequential_cell latch \
  -positive_edge_logic {integrated} -negative_edge_logic {integrated} \
  -control_point before -control_signal scan_enable
source -echo -verbose ../../DATA/spi.sdc  #调用设计约束文件
set_svf ../svf/spi_top.svf  #设置.svf文件的名称和路径
#采用ultra综合工具，产生测试寄存器，用于时钟门控
compile_ultra -scan -no_autoungroup -no_boundary_optimization\
 -gate_clock -no_seq_output_inversion
define_name_rules verilog -case_insensitive
change_names -rule verilog -hier
set_svf -off  #关闭.svf文件导出功能
#约束违例、面积、时钟门控报告
report_constraint -all_vio -max_delay -max_cap -max_trans -max_fanout\
 > ../rpt/spi_top.all_vio.rpt
report_area > ../rpt/spi_top.area.rpt
report_area -hier >> ../rpt/spi_top.area.rpt
report_clock_gating -gated -ungated > ../rpt/spi_top.clock_gating.rpt
#输出设计结果数据库及网表
write -format ddc -hier -output ../output/spi_top.ddc
write -format verilog -hier -output ../output/spi_top-compile.vg
exit
```

（4）准备好上述脚本之后，启动 DC，并执行综合脚本 syn.tcl。

```
dc_shell -f ../scr/syn.tcl | tee ../log/syn.log
```

（5）执行完上述脚本之后，就可以将 RTL 描述转换成门级网表，并输出综合后的网表和报告。

输出网表路径为../output/spi_top-compile.vg，输出的面积报告路径为../rpt/spi_top.area.rpt，

其内容如下。

```
Number of ports:                      4852
Number of nets:                       7985
Number of cells:                      3940
Number of combinational cells:        2974
Number of sequential cells:            929
Number of macros/black boxes:            0
Number of buf/inv:                     249
Number of references:                    8
Combinational area:            5195.120037
Buf/Inv area:                   211.399994
Noncombinational area:         7703.079660
Macro/Black Box area:             0.000000
Total cell area:              12898.199698
```

其中，面积（area）单位是 μm^2，Number of references 指一个模块被例化的次数。输出时钟门控报告为../rpt/spi_top.clock_gating.rpt，其统计数据如下。

```
| Number of Clock gating elements | 33           |
| Number of Gated registers       | 827 (92.30%) |
| Number of Ungated registers     | 69 (7.70%)   |
| Total number of registers       | 896          |
```

max_delay、max_trans、max_cap、max_fanout 等违例情况见../rpt/spi_top.all_vio.rpt，其内容如下，未发现违例情况出现。

```
......
*******************************************
Report :
constraint   -all violators   -max delay  -max capacitance   -max fanout
-max transition
Design : spi_top
Version: L-2016.03-SP1
This design has no violated constraints.
```

（6）输出的.svf 文件在形式验证时使用。输出的.svf 文件由 DC 工具生成，为二进制格式，记录了 DC 工具对电路命名的转换。.svf 文件被导入 Formality，并转化为 TXT 格式，包含的信息用于形式验证比对。SPI 设计综合后生成的.svf 文件 spi_top.svf 保存在综合路径 syn 的 svf 文件夹下。

以下给出 SPI 项目 spi_top.svf 在 Formality 工具的作用下转化为 TXT 文件形式后的 svf.txt 的部分文件信息，包括替换操作、改名操作等指导信息。

```
...
# 以下逻辑替换（replace）操作进行了逻辑功能简化，将两个相同输入减法器合并为一个
guide_replace \
  -origin { ExTra_cse } \
  -design { spis } \
  -input { 2 src2 } \
  -output { 3 O1 } \
  -output { 3 O2 } \
  -pre_resource { { 3 } sub_103 = SUB { { src2 ZERO 3 } { U`b001 } } } \
  -pre_resource { { 3 } sub_291 = SUB { { src2 ZERO 3 } { U`b001 } } } \
  -pre_assign { O1 = { sub_103.out.1 ANY 3 } } \
  -pre_assign { O2 = { sub_291.out.1 ANY 3 } } \
  -post_resource { { 3 } EXTRA_ADD_12 = SUB { { src2 ZERO 3 } { U`b001 } } } \
  -post_assign { O1 = { EXTRA_ADD_12.out.1 ANY 3 } } \
  -post_assign { O2 = { EXTRA_ADD_12.out.1 ANY 3 } }

# 以下显示了常数替换、环境设置、元件和线网的名称修改对应关系，如将[]改为下划线
guide_reg_constant \
  -design { spi_top } \
  { u_spim/sft_buf_reg[5] } \
  { 0 } \
  -replaced { svfTrue }

guide_environment \
  { { clock_gating latch_and } \
    { clock_gating latch_or } \
```

```
{ clock_gating latch_and } \
{ clock_gating latch_or } \
{ link_library { * /home/eda/lab/LIB/spi_dft_lib/scc55nll_hd1_rvt_ss_v1p08_125c_basic.db } } }

guide_change_names \
  -design { spi_top } \
  { { net *Logic1* spi_dat_oe } }

guide_change_names \
  -design { data_syn } \
  { { cell groupc_tmp_syn15_reg[5] groupc_tmp_syn15_reg_5_ } \
    { cell groupc_tmp_syn16_reg[8] groupc_tmp_syn16_reg_8_ } \
    { cell groupc_tmp_syn17_reg[11] groupc_tmp_syn17_reg_11_ } \
    { cell groupa_tmp_syn0_reg[14] groupa_tmp_syn0_reg_14_ } \
...
```

11.1.2 DFT

DFT 是将设计中的时序单元寄存器构建扫描链并自动产生测试向量的过程。数据包路径为/home/eda/lab/dft。

1. 生成 DFT 扫描链

（1）将需要插入扫描链的设计读入 DFTC（包含在 DC 套件里）。

```
[eda@edatemp run]$ ll /home/eda/lab/dft/netlist/spi_top-compile.vg
-rw-r--r--. 1 eda eda 848617 Jul 14 22:19 /home/eda/lab/dft/netlist\
/spi_top-compile.vg
```

准备好解析设计所需的时序库文件。

```
[eda@edatemp run]$ ll /home/eda/lab/LIB/spi_dft_lib\
/scc55nll_hd1_rvt_ss_v1p08_125c_basic.db
-rwxr-xr-x. 1 eda eda 14262272 Jul 14 09:23
/home/eda/lab/LIB/spi_dft_lib/scc55nll_hd1_rvt_ss_v1p08_125c_basic.db
```

（2）准备好插入 DFT 扫描链所需的脚本文件../scr/dft.tcl，其内容如下。

```
#设置时序库
set link_library "* ../../LIB/spi_dft_lib\
/scc55nll_hd1_rvt_ss_v1p08_125c_basic.db"
set target_library "../../LIB/spi_dft_lib\
/scc55nll_hd1_rvt_ss_v1p08_125c_basic.db"
read_verilog ../netlist/spi_top-compile.vg    #读入 DFT 之前的综合网表
current_design spi_top   #设置顶层设计
set_host_options -max_cores 8
#设置扫描链驱动时钟信号 ScanClock 及其他扫描控制信号
set_dft_signal -view exist -type ScanClock    -port SCAN_CLK\
-timing {45 55}
set_dft_signal -view exist -type Reset         -port SCAN_RST\
-active_state 0
set_dft_signal -view spec  -type ScanEnable   -port ATPG_SE\
-active_state 1
set_dft_signal -view exist -type ScanEnable   -port ATPG_SE\
-active_state 1
set_dft_signal -view exist -type TestMode      -port TEST_MODE\
-active_state 1
#扫描配置，包括链数量 2
set_scan_configuration -add_lockup true -lockup_type latch\
-replace true -chain_count 2
#扫描链端口信号配置
set_dft_signal -view spec -type ScanDataIn  -port SCAN_IN1
set_dft_signal -view spec -type ScanDataOut -port SCAN_OUT1
set_dft_signal -view spec -type ScanDataIn  -port SCAN_IN2
set_dft_signal -view spec -type ScanDataOut -port SCAN_OUT2
set_scan_path C1 -scan_data_in [get_ports SCAN_IN1] -scan_data_out\
 [get_ports SCAN_OUT1]   #扫描链进出端口配置
set_scan_path C2 -scan_data_in [get_ports SCAN_IN2]\
 -scan_data_out [get_ports SCAN_OUT2]
```

可测试性
设计

```
remove_test_protocol
create_test_protocol
insert_dft        #插入扫描链
dft_drc -cov      #DRC 及覆盖率统计
report_scan_path -chain all > ../rpt/scan_chain.rpt     #扫描链报告
report_scan_path -cell all > ../rpt/scan_cell.rpt      #使用单元报告
write_test_protocol -output ../output/spi_top.spf        #输出测试协议 SPF 文件
#扫描链添加后的网表
write -format verilog -hier -output ../output/spi_top.dft.v
#输出 scan .def 文件用于后端布局布线
write_scan_def -output ../output/spi_top.scan.def
```

（3）完成上述脚本之后，启动 DFTC，执行以下脚本。

```
dc_shell -f ../scr/dft.tcl | tee ../log/dft.log
```

执行过程中的输出将保存到 dft.log 文件中，其内容如下。

```
    Uncollapsed Stuck Fault Summary Report
------------------------------------------------
fault class               code    #faults
------------------------------------------------
Detected                  DT      45283
Possibly detected         PT      0
Undetectable              UD      14
ATPG untestable           AU      31
Not detected              ND      14
------------------------------------------------
total faults                      45342
test coverage                     99.90%
------------------------------------------------
```

（4）执行完上述脚本之后，dft_drc –cov 会提示测试覆盖率情况、扫描链情况，产生插完扫描链的网表供后续布局布线，以及产生测试协议文件供后续 ATPG 工具产生测试向量。

扫描链情况可以查看 ../rpt/scan_chain.rpt，其内容如下。

```
Design : spi_top
Version: L-2016.03-SP1
Date   : Sun Dec 19 19:53:07 2021
*********************************

=======================================
TEST MODE: Internal_scan
VIEW    : Specification
=======================================
Scan_path         ScanDataIn (h)      ScanDataOut (h)      ScanEnable (h)
-----------       --------------      ---------------      --------------
C1                SCAN_IN1 (-)        SCAN_OUT1 (-)        -
C2                SCAN_IN2 (-)        SCAN_OUT2 (-)        -


***************************************
Report : Scan path
Design : spi_top
Version: L-2016.03-SP1
Date   : Sun Dec 19 19:53:07 2021
*********************************

Scan_path   Len   ScanDataIn  ScanDataOut ScanEnable  MasterClock SlaveClock
---------   ---   ----------  ----------- ----------  ----------- ----------
I C1        865   SCAN_IN1    SCAN_OUT1   ATPG_SE     SCAN_CLK    -
I C2        31    SCAN_IN2    SCAN_OUT2   ATPG_SE     SCAN_CLK    -
```

生成的测试协议文件可以查看 ../output/spi_top.spf，内容大致如下。

```
STIL 1.0 {
    Design 2005;
}
Header {
    Title "Minimal STIL for design 'spi_top'";
    Date "Wed Jul 14 23:10:08 2021";
```

```
        Source "DFT Compiler L-2016.03-SP1";
    }
Signals {
    "ATPG_SE" In;
    "SCAN_CLK" In;
    "SCAN_IN1" In;
    "SCAN_IN2" In;
    "SCAN_RST" In;
...
    "load_unload" {
        W "_default_WFT_";
        C {
            "all_inputs" = N0NN11 \r795 N;
            "all_outputs" = \r16 X;
        }
        "Internal_scan_pre_shift" : V {
            "ATPG_SE" = 1;
        }
        Shift {
            V {
                "_clk" = P1;
                "_si" = ##;
                "_so" = ##;
            }
        }
    }
}
MacroDefs {
    "test_setup" {
        W "_default_WFT_";
        C {
            "all_inputs" = \r801 N;
            "all_outputs" = \r16 X;
        }
        V {
            "SCAN_CLK" = 0;
            "SCAN_RST" = 1;
            "TEST_MODE" = 1;
        }
        V {
        }
    }
}
```

2. 自动生成测试向量

（1）进入目录 tmax。

准备插完扫描链的网表，设置测试协议（SPF 文件）以及设计用到的单元模型（Verilog 描述）。

```
[eda@edatemp ~]$ cd lab/tmax/
[eda@edatemp tmax]$ ls
log  netlist  output  rpt  run  scr  spf
[eda@edatemp tmax]$ ln -sf ../dft/output/spi_top.dft.v netlist/spi_top.dft.v
[eda@edatemp tmax]$ ln -sf ../dft/output/spi_top.spf spf/spi_top.spf
```

（2）准备产生自动测试向量的脚本 tmax.tcl，其内容如下。

```
#标准单元库的.v文件读入
read_netlist "/home/eda/lab/LIB/spi_dft_lib/scc55nll_hd1_rvt_neg.v" -library
read_netlist ../netlist/spi_top.dft.v    #读入完成扫描链的设计网表
set_learning -max_feedback_sources 10000
set top_design spi_top                   #指定顶层设计
```

```
run_build_model ${top_design}
add_po_masks -all
set_drc "../spf/spi_top.spf"          #测试协议 SPF 文件用于 DRC
run_drc                               #执行 DRC
report_rules -fail
remove_faults -all
add_faults -all
run_atpg -auto                        #自动生成 ATPG 测试向量
write_fault ../rpt/tmax_AU.rpt -class AU -replace      #输出各类错误报告
write_fault ../rpt/tmax_ND.rpt -class ND -replace
write_fault ../rpt/tmax_UD.rpt -class UD -replace
write_fault ../rpt/tmax_DT.rpt -class DT -replace
write_fault ../rpt/tmax_PT.rpt -class PT -replace
analyze_faults -class nd > ../rpt/analyze_ND.rpt       #分析不同类型的错误
analyze_faults -class au > ../rpt/analyze_AU.rpt
write_pattern ../output/spi_top.wgl -format wgl -replace      #测试向量输出
```

（3）启动自动测试向量产生工具 TetraMax，并执行如下脚本。

```
tmax -shell ../scr/tmax.tcl | tee ../log/tmax.log
```

（4）查看结果及得到的测试向量，详细的测试向量文件可以查看../output/spi_top.wgl，其部分内容如下。

```
#       Uncollapsed Stuck Fault Summary Report
# fault class                   code      #faults
# Detected                      DT         51024
# Possibly detected             PT             0
# Undetectable                  UD          2330
# ATPG untestable               AU           328
# Not detected                  ND           176
# total faults                             53858
# test coverage                            99.02%
...
waveform spi_top
signal
    "TEST_MODE" : input;
    "SCAN_CLK" : input;
    "SCAN_RST" : input;
    "ATPG_SE" : input;
    "SCAN_IN1" : input;
...
scanstate
    { non_tester_ready_master_data }
    { scan_test }
    C1U0 := C1G ( XXXXXXXXXXXXXXXXXXXXXXXXXXXXXXXXX );
    C2U1 := C2G ( XXXXXXXXXXXXXXXXXXXXXXXXXXXXXXXXXXXXXXXXXXXXX
...
    XXXXXXXXXXXXXXXXXXXXXXXXXXXXXXXXXXXXXXXXXXXXXXXXXXXXXXXXXXX
XXXXXXXXXXXXXXXXXXXX );
    C1L0 := C1G ( 0011001100110011001100110011001 );
    C2L1 := C2G ( 00110011001100110011001100110011001100110011001100110011
0011001100
    11001100110011001100110011001100110011001100110011001100110011001100110011
100110011
...
    00110011001100110011001100110011001100110011001100110011001100110011001100110
011001100
    11001100110011001100110)
...
    scan("_default_WFT_")                         := [ 1 1 1 1 - - 1 0 1 1 0 0
```

```
11100
    0001101001111010001111100000000011111
0111
    ...
    10110101111111010001000000010101010011
0011
    1101--XXXXXXXXXXXXXXX],
    output [C1:C1U902], output [C2:C2U903], input [C1:C1L902], input [C
2:C2L903];
    end
    end
```

11.1.3　形式验证

进入如下形式验证工作目录。

```
[eda@edatemp ~]$ cd lab/formal/
[eda@edatemp formal]$ ls
db  log  rpt  run  scr
```

1. RTL 代码与综合网表之间的一致性检查

（1）读取 RTL 设计文件列表，路径为 ../syn/data/spi_top.flist，内容如下。

```
../../RTL/spi/spi_top.v
../../RTL/spi/spis.v
../../RTL/spi/data_syn.v
../../RTL/spi/spi_reg.v
../../RTL/spi/spim.v
```

（2）建立 Formality 的脚本文件 ../scr/rtl2syn.tcl，该脚本要执行的操作如下。

① 读入设计用到的时序库（.db 文件）。

② 读入 RTL 设计文件列表 ../../syn/data/spi_top.flist。

③ 读入 DC 综合产生的网表文件 ../../syn/output/spi_top-compile.vg。

④ 读入 SVF 文件。

rtl2syn.tcl 脚本内容如下。

```
set hdlin_dwroot "/home/eda/eda/synopsys/syn-vL-2016.03-SP1"
set host_options -max_cores 8
set synopsys_auto_setup true
set_svf ../../syn/svf/spi_top.svf      #设置验证指导文件 SVF
#参考设计配置
#读入 RTL 代码设计作为 r 参考
read_verilog -container r -libname WORK -01 -vcs\
"-f ../../syn/data/spi_top.flist"
#设计唯一用到的.db 文件
read_db /home/eda/lab/LIB/spi_dft_lib\
/scc55nll_hd1_rvt_ss_v1p08_125c_basic.db
set_top r:/WORK/spi_top
#实现设计读入
read_verilog -container i -libname WORK -01\
../../syn/output/spi_top-compile.vg   #DFT 后的门级网表
set_top i:/WORK/spi_top
verify                      #校验
save_session ../db/spi_top.rtl2syn.db -replace      #保存为.db 格式
#报告失败和放弃的信息
report_failing_points > ../rpt/spi_top.failing.rtl2syn.rpt
report_aborted > ../rpt/spi_top.aborted.rtl2syn.rpt
```

（3）准备好上述脚本后，启动 Formality 并执行脚本，输入如下命令。

```
fm_shell -f ../scr/rtl2syn.tcl | tee ../log/rtl2syn.log
```

脚本执行过程中的输出信息保存在 rtl2syn.log 文件中，其部分内容如下。

```
SVF files read:        ../../syn/svf/spi_top.svf
SVF files produced:    /home/eda/lab/formal/run/formality_svf/svf.txt
# 输入的 SVF 二进制文件转化为 TXT 格式，并指导 Formality 电路比对
****************************** Matching Results ********************
 910 Compare points matched by name
  0 Compare points matched by signature analysis
  0 Compare points matched by topology
 793 Matched primary inputs, black-box outputs
  0（33）Unmatched reference（implementation）compare points
  0（0）Unmatched reference（implementation）primary inputs, black-box outputs
 21（0）Unmatched reference（implementation）unread points
-------------------------------------------------------------------
Unmatched Objects                                    REF        IMPL
-------------------------------------------------------------------
 Registers                                            0          33
  Clock-gate LAT                                      0          33
****************************** Verification Results ****************
Verification SUCCEEDED  # 等价性验证结果正确，匹配的比较点全部等价
Reference design: r:/WORK/spi_top
Implementation design: i:/WORK/spi_top
910 Passing compare points
-------------------------------------------------------------------
Matched Compare Points  BBpin  Loop  BBNet  Cut  Port  DFF  LAT  TOTAL
-------------------------------------------------------------------
Passing (equivalent)      0      0     0     0    14   896   0    910
Failing (not equivalent)  0      0     0     0     0     0   0      0
```

（4）在 report 文件夹中可以查看报告。

spi_top.failing.rtl2syn.rpt 文件的内容如下，显示没有失败的比较点。该报告结果与 rtl2syn.log 输出验证结果一致。

```
Report         : failing_points
Reference      : r:/WORK/spi_top
Implementation : i:/WORK/spi_top
***************************************************
No failing compare points.
1
```

打开 spi_top.aborted.rtl2syn.rpt 文件，其内容显示 "No aborted compare points"，表示没有放弃的比较点。该结果与 spi_top.failing.rtl2syn.rpt 报告结果共同说明等价性验证通过。

（5）如果想打开保存的.db 文件查看信息，可以再次启动 fm_shell，接着调用如下命令。

```
restore_session ../db/spi_top.rtl2syn.db
```

2. 综合网表与 DFT 网表之间的一致性检查

（1）准备综合网表../../dft/netlist/spi_top-compile.vg 以及 DFT 网表../../dft/output/spi_top.dft.v。

（2）建立 Formality 的脚本文件../scr/syn2dft.tcl，脚本的主要操作如下。

① 读入.db 文件。

② 读入综合网表../../dft/netlist/spi_top-compile.vg。

③ 读入 DFT 插完链之后的网表../../dft/output/spi_top.dft.v。

④ 读入 TEST_MODE/ATPG_SE 等与扫描链控制相关的常数约束，保证与功能模式下的一致性。

syn2dft.tcl 的主要内容如下。

```
set hdlin_dwroot " /home/eda/eda/synopsys/syn-vL-2016.03-SP1"
set host_options -max_cores 8
set synopsys_auto_setup true
read_db ../../LIB/spi_dft_lib/scc55nll_hd1_rvt_ss_v1p08_125c_basic.db
# 参考设计指定
read_verilog -container r -libname WORK -01\
../../dft/netlist/spi_top-compile.vg
set_top r:/WORK/spi_top
# 设置当前要比对的实现设计
read_verilog -container i -libname WORK -01\
../../dft/output/spi_top.dft.v
set_top i:/WORK/spi_top
#将参考设计和实现设计的测试使能端口模式设置为0，进行正常电路功能验证
set_constant -type port r:/WORK/spi_top/ATPG_SE 0
set_constant -type port i:/WORK/spi_top/ATPG_SE 0
set_constant -type port r:/WORK/spi_top/TEST_MODE 0
set_constant -type port i:/WORK/spi_top/TEST_MODE 0
verify                    #验证
#保存当前Formality session
save_session ../db/spi_top.syn2dft.db -replace
#保存失败与放弃比较点结果
report_failing_points > ../rpt/spi_top.failing.syn2dft.rpt
report_aborted > ../rpt/spi_top.aborted.syn2dft.rpt
```

（3）准备好上述脚本后，启动 Formality 并执行如下脚本。

```
fm_shell -f ../scr/syn2dft.tcl | tee ../log/syn2dft.log
```

脚本执行过程中的输出信息保存在 syn2dft.log 文件中，其部分结果相关内容如下。

```
Verification SUCCEEDED # 等价性验证结果正确，匹配的比较点全部等价
    ATTENTION: synopsys_auto_setup mode was enabled.
Reference design: r:/WORK/spi_top
 Implementation design: i:/WORK/spi_top
 910 Passing compare points
```

Matched Compare Points	BBPin	Loop	BBNet	Cut	Port	DFF	LAT	TOTAL
Passing (equivalent)	0	0	0	0	14	896	0	910
Failing (not equivalent)	0	0	0	0	0	0	0	0
Not Compared								
Don't verify	0	0	0	0	2	0	0	2

（4）在 report 文件夹中可以查看报告，结果显示无失败或放弃的比较点。

spi_top.failing.syn2dft.rpt 文件显示 "No failing compare points"。

spi_top.aborted.syn2dft.rpt 文件显示 "No aborted compare points"。

（5）如果想打开保存的.db 文件查看一些信息，可以再次启动 Formality，执行 restore_session ../db/spi_top.syn2dft.db。

11.1.4　ICC 后端设计脚本和数据目录结构

（1）数据目录和脚本目录

数据及脚本文件列表如下，后续流程会调用这部分脚本，并解释相关脚本的功能。

```
./reports/                    // 时序报告文件夹
./icc_scripts/                // 流程 TCL 脚本文件夹
./power_ground_scripts/       // 电源网络综合 TCL 脚本文件夹
./                            // 项目根目录下的两个变量设置脚本
  common_setup.tcl
```

```
     icc_setup.tcl
   ../ASTRO/spi_pin.tcl              // 模块端口排列顺序文件
   ./DATA/      #设计输入文件夹，包含以下文件
     spi_top-compile.vg             // ICC 使用的网表文件
   spi.sdc                          // 设计约束文件
```

（2）了解 ICC 命令

要了解 ICC 命令有如下两种方式。

① 在命令之后加上-help，ICC 只列出该命令的所有选项和相应的简要说明。如下列举了布局与优化命令 place_opt 的帮助查看方式和显示的信息。

```
icc_shell> place_opt -help
Usage: place_opt     # 执行 place_opt
[-effort string]     (low | medium | high (default is medium))
[-area_recovery]     (enable area recovery)
[-optimize_dft]      (Reorder scan during placement)
…
```

② 在命令之前加上 man，ICC 会给出相对于加上-help 更详细的命令说明和实例。如下显示为在 place_opt 命令前加 man 显示的信息。

```
icc_shell>man place_opt
NAME
place_opt
Performs simultaneous placement, routing, and optimization on the design.
SYNTAX
status place_opt
[-effort low | medium | high]
[-area_recovery]
…
```

同样，通过在命令前加 man 的方式也可以查看 ICC 变量的使用帮助，例如在脚本中出现：

```
set_app_var placer_disable_auto_bound_for_gated_clock true
```

也可以通过加 man 来了解 placer_disable_auto_bound_for_gated_clock 具体用法，如下：

```
icc_shell> man placer_disable_auto_bound_for_gated_clock
```

11.1.5　准备数据和变量设置

（1）编辑 common_setup.tcl

芯片后端设计的通用设置文件 common_setup.tcl 的完整脚本请参见 11.3.2 节，这里只列出针对 SPI 模块设计需要修改的变量设置，主要包括设计名和物理设计参考库的路径设置。

```
set DESIGN_NAME "spi_top" ;#定义顶层设计名称
set DESIGN_REF_DATA_PATH "/home/design/SPI/ASTRO"; #物理设计参考路径设置
```

（2）编辑 icc_setup.tcl

后端设计工具 ICC 的设置文件 icc_setup.tcl 的完整脚本请参见 11.3.2 节，这里只列出针对 SPI 模块设计需要修改的变量设置。后端设计布图规划的输入形式设置为 create，表示设计将创建设计布图，而不是从外部输入布图。

```
set ICC_FLOORPLAN_INPUT  "create" ;# def|fp_file|create|skip
#网表路径
set ICC_IN_VERILOG_NETLIST_FILE "./DATA/${DESIGN_NAME}-compile.vg";
set ICC_IN_PIN_PAD_PHYSICAL_CONSTRAINTS_FILE\
"${DESIGN_REF_DATA_PATH}/spi_pin.tcl";
```

spi_pin.tcl 用于将 spi_top 模块的端口按照需要的顺序进行排列，该设计把端口放置在 top side 和 bottom side 两边。通常模块出引脚的位置由顶层数据流方向和该模块的摆放位

准备数据和变量设置

置来决定，这需要和前端设计人员沟通。而 I/O 焊盘的摆放通常都是由系统应用工程师来决定的。例如，若 SPI 模块摆在芯片下边，那么 SPI 模块出引脚的位置最好在 top side；若 SPI 模块摆在芯片上边，那么 SPI 模块出引脚的位置最好在 bottom side；若 SPI 模块摆在芯片中间，那么 SPI 模块出引脚的位置可以在 top side 和 bottom side。spi_pin.tcl 文件部分内容如下，该文件的具体语法请查看 ICC 用户手册。SPI 模块设计的引脚数量较多，这里仅列出部分引脚设置代码。

```
# spi_pin.tcl 内容
# 底边:  BOTTOM （排序从左到右, left --> right）
set_pin_physical_constraints -pin_name {cfg_clk} -side 4 -layers\
{M4} -width 0.2 -depth 0.2 -order 1
set_pin_physical_constraints -pin_name {cfg_rst_n} -side 4 -layers\
{M4} -width 0.2 -depth 0.2 -order 2
set_pin_physical_constraints -pin_name {csrst_n} -side 4 -layers\
{M4} -width 0.2 -depth 0.2 -order 3
…
# 顶边:  TOP （排序从左到右, left --> right）
set_pin_physical_constraints -pin_name {groupb_16[0]} -side 2 -layers {M4}\
 -width 0.2 -depth 0.2 -order 1
set_pin_physical_constraints -pin_name {groupb_16[1]} -side 2 -layers {M4}\
 -width 0.2 -depth 0.2 -order 2
set_pin_physical_constraints -pin_name {groupb_16[2]} -side 2 -layers {M4}\
 -width 0.2 -depth 0.2 -order 3
…
```

（3）编辑初始化后端设计脚本 init_design_icc.tcl

SPI 模块的综合单元器件面积大约是 $32045\mu m^2$，初步估算利用率是 50%，形状为正方形，这样我们可以计算出正方形的边长大约是 $250\mu m$（ $\sqrt{32045\mu m^2 \div 0.5}$ ）。初始化设计脚本采用命令 create_floorplan 创建布图规划。

```
create_floorplan \
      -control_type width_and_height \
      #上面计算得到的 250μm，核心区宽度及高度
      -core_width 250 -core_height 250\
      -row_core_ratio 1 \
      #核心区到 I/O 的距离，四边分别设置
      -left_io2core 2 -bottom_io2core 2 -right_io2core 2 -top_io2core 2 \
      -start_first_row -flip_first_row
```

11.1.6　布图规划和创建电源网格

编辑完上述文件内的变量后，就可以开始执行这些脚本了。

```
icc_shell -f icc_scripts/init_design_icc.tcl
#初始化布图规划
```

其中 init_design_icc.tcl 脚本模板内容如下，读者使用时需根据实际设计来调整其中部分参数设置。

```
set POST_PRE_SEL PRE
source icc_setup.tcl
if {[file exists $RESULTS_DIR]} {file delete -force $RESULTS_DIR;
file mkdir $RESULTS_DIR}
else {file mkdir $RESULTS_DIR}
if {[file exists $REPORTS_DIR]} {file delete -force $REPORTS_DIR;
file mkdir $REPORTS_DIR}
else {file mkdir $REPORTS_DIR}
```

布图规划（floorplan）和创建电源网格（1）

布图规划（floorplan）和创建电源网格（2）

```
if {[file exists $MW_DESIGN_LIBRARY]}
{file delete -force $MW_DESIGN_LIBRARY}
#创建ICC设计工程，并指定后端参考库mw_reference_library，设定技术文件
create_mw_lib \
    -tech $TECH_FILE \
    -bus_naming_style {[%d]} \
    -mw_reference_library $MW_REFERENCE_LIB_DIRS \
    $MW_DESIGN_LIBRARY
if {$ICC_INIT_DESIGN_INPUT == "verilog" } {
#打开设计库、导入Verilog设计网表文件，逻辑连接电源和地信号
    open_mw_lib $MW_DESIGN_LIBRARY
    import_designs $ICC_IN_VERILOG_NETLIST_FILE -format Verilog\
    -top $DESIGN_NAME -cel $DESIGN_NAME
    derive_pg_connection -power_net $MW_POWER_NET -power_pin\
    $MW_POWER_PORT -ground_net $MW_GROUND_NET\
    -ground_pin $MW_GROUND_PORT
    if {!$ICC_TIE_CELL_FLOW} {
    derive_pg_connection -power_net $MW_POWER_NET\
    -ground_net $MW_GROUND_NET -tie}
    echo "SCRIPT-Info : starting the MCMM flow"
    set_app_var timing_enable_multiple_clocks_per_reg true
    remove_sdc
    remove_scenario -all
    #添加MCMM的场景配置
    source -echo $ICC_MCMM_SCENARIOS_FILE
    check_tlu_plus_files ;#focus on current_scenarios.
    check_scenarios -output check_scenario ;
    set_active_scenarios [lminus [all_scenarios]\
    [get_scenarios -cts_mode true]]
    current_scenario $ICC_MCMM_MAIN_SCENARIOS
    set cur_scenario [current_scenario]
    foreach scenario [all_active_scenarios] {
    current_scenario $scenario
    set ports_clock_root {}
    foreach_in_collection a_clock [get_clocks -quiet] {
      set src_ports [filter_collection [get_attribute -class clock\
      $a_clock sources] @object_class==port]
      set ports_clock_root  [add_to_collection -unique\
      $ports_clock_root $src_ports]
    }
#路径分组设置：输出、输入、直通路径组
  group_path -name REGOUT -to [all_outputs]
  group_path -name REGIN -from [remove_from_collection\
  [all_inputs] $ports_clock_root]
  group_path -name FEEDTHROUGH -from [remove_from_collection\
  [all_inputs] $ports_clock_root] -to [all_outputs]
};
    foreach scenario [all_active_scenarios] {
        current_scenario $scenario
        foreach_in_collection clk_name [all_clocks] {
            remove_propagated_clock -all      #去除传播时钟
        }
    };
    foreach scenario [all_active_scenarios] {
        current_scenario $scenario
        if {$ICC_CRITICAL_RANGE != ""} {
```

```tcl
                    set_critical_range $ICC_CRITICAL_RANGE [current_design]}
            if {$ICC_MAX_TRANSITION != ""} {
                set_max_transition $ICC_MAX_TRANSITION [current_design]}
            if {$ICC_MAX_FANOUT!= ""} {
                set_max_fanout $ICC_MAX_FANOUT [current_design]}
            if {$ICC_MAX_LENGTH!=""} {
            set_max_net_length $ICC_MAX_LENGTH        [current_design]}
            set_clock_gating_check -setup 0.0 -hold 0.0 [current_design]
        };
        current_scenario $cur_scenario
}; #end if {verilog}
if {$ICC_FLOORPLAN_INPUT eq "fp_file" && [file exists\
[which $ICC_IN_FLOORPLAN_FILE]]} {
#导入已有布图
read_floorplan $ICC_IN_FLOORPLAN_FILE
if {[file exists [which $ICC_IN_DEF_FILE]]}
   {read_def -allow_physical $ICC_IN_DEF_FILE}    #读取.def 文件
if {[sizeof_collection [get_placement_blockage -quiet "*test*"]]}
   {remove_placement_blockage "*test*"}
} elseif {$ICC_FLOORPLAN_INPUT eq "create"} {
#需要创建布图规划
   #读入引脚约束文件
     if {[file exists [which $ICC_IN_PIN_PAD_PHYSICAL_CONSTRAINTS_FILE]]}
        {read_pin_pad_physical_constraints\
         $ICC_IN_PIN_PAD_PHYSICAL_CONSTRAINTS_FILE}
     create_floorplan \                          #创建布图规划命令
         -control_type width_and_height \
         -core_width 250       -core_height 250 \
         -row_core_ratio 1 \
         -left_io2core 2 -bottom_io2core 2 -right_io2core 2 -top_io2core 2 \
         -start_first_row -flip_first_row
     #读.def 文件
     if {[file exists [which $ICC_IN_DEF_FILE]]}
         {read_def -allow_physical $ICC_IN_DEF_FILE}
}
   source -echo ./icc_scripts/common_optimization_settings_icc.tcl      #导入
优化配置文件脚本
   # 对于有测试电路的设计，导入扫描链定义文件
   if {$ICC_IN_SCAN_DEF_FILE != ""} {
     if {[get_scan_chain] != 0} {remove_scan_def}
     read_def $ICC_IN_SCAN_DEF_FILE
     check_scan_chain > $REPORTS_DIR/scan_chain_pre_ordering.rpt
     report_scan_chain >> $REPORTS_DIR/scan_chain_pre_ordering.rpt
}
derive_pg_connection -power_net $MW_POWER_NET -power_pin $MW_POWER_PORT\
    -ground_net $MW_GROUND_NET -ground_pin $MW_GROUND_PORT #电源地网络连接
if {!$ICC_TIE_CELL_FLOW}    #固定电平信号连接
    {derive_pg_connection -power_net $MW_POWER_NET\
    -ground_net $MW_GROUND_NET -tie}
# 保存 ICC 设计初始化版图，作为设计备份节点
save_mw_cel -as init_design_icc
# 报告没有约束的路径端点
check_timing > $REPORTS_DIR/check_timing.sum
report_timing_requirements  > $REPORTS_DIR/report_timing_requirements.sum
# 输出布图规划的.def 文件
```

```
write_def -output floorplan.def -components -nets -pins
report_design_physical -all -verbose > $REPORTS_DIR/report_design.sum
set_check_library_options -physical -logic_vs_physical
check_library > $REPORTS_DIR/check_library.sum
#exit
```

执行完成后的结果如图 11-1-1 所示。

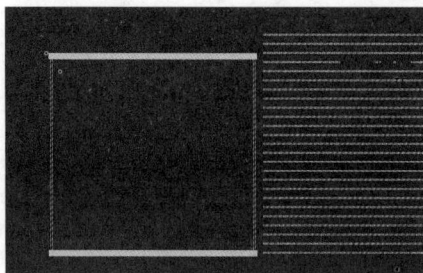

图 11-1-1　SPI 模块布图规划结果

可以看到所有端口放置在 top side 和 bottom side 两边上，所有标准单元放置在右边。电源网络创建的命令如下。

```
icc_shell> source ./power_ground_scripts/total.tcl
```

其中 total.tcl 的内容如下，完成电源环、水平条带、垂直条带、标准单元的电源轨道共 4 步电源网络生成步骤。

```
source ./power_ground_scripts/addcorering.tcl
source ./power_ground_scripts/Hcrtstrap.tcl
source ./power_ground_scripts/Vcrtstrap.tcl
source ./power_ground_scripts/Stdcellrail.tcl
```

addcorering.tcl 用于配置设计的电源环，其内容如下。

```
# 对设计核心创建矩形的 VDD 电源环，设置为 M6 层和 M5 层
create_rectangular_rings -nets  {VDD}  -around rectangle\
-within {{12 12}{242 241.2}} \
-left_segment_layer M6 -left_segment_width 12 -right_segment_layer M6\
 -right_segment_ width 12 \
-bottom_segment_layer M5 -bottom_segment_width 12\
 -top_segment_layer M5 -top_segment_width 12 \
 -offsets absolute -create_innermost_core_ring_conservatively
# 对设计核心创建矩形的 VSS 电源环，全部设置为 TM2 层
create_rectangular_rings -nets  {VSS}  -around rectangle\
-within {{8.5 12}{245.5 241.2}} \
-left_segment_layer TM2 -left_segment_width 5\
 -right_segment_layer TM2 -right_segment_ width 5 \
-bottom_segment_layer TM2 -bottom_segment_width 12\
 -top_segment_layer TM2 -top_segment_width 12 \
-offsets absolute -create_innermost_core_ring_conservatively
# 设置电源环（PG ring）区域禁止布局，共四边设置
create_placement_blockage  -type hard  -coordinate\
{{0.000 0.000} {254.000 12.000}}
…

# 电源环所在位置的布线向导设置，包括信号线和电源线的设置
create_route_guide  \
    -coordinate {{0.000 0.000} {254.000 7.500}}  \
    -no_signal_layers {M6}  \
    -no_preroute_layers {M1 M6} \
    -name RINGRG_0.609023704011
…
```

Hcrtstrap.tcl 用于配置水平方向的供电电源条，设置包括条的间距、宽度、起止范围等，在最高层 TM2 放置电源条，脚本如下。

```
set_preroute_drc_strategy -max_layer TM2 -min_layer M6
create_route_guide -coordinate {{2.000 2.000} {252.000 251.200}}\
 -no_preroute_layers M5 -name rgm
create_power_straps -start_at 31.4 -nets {VDD VSS}  -width 4.0 -layer TM2\
-configure step_and_stop -step 21.0 -stop 231.2  -pitch_within_group 10.5\
 -start_low_ends boundary -start_high_ends boundary\
-keep_floating_wire_pieces\
 -direction horizontal -ignore_parallel_targets
set_preroute_drc_strategy -max_layer TM2 -min_layer M2
remove_route_guide -name rgm
```

Vcrtstrap.tcl 用于配置垂直方向的供电电源条，设置包括条的间距、宽度、起止范围等，在 M6 层放置电源条，脚本如下。

```
set_preroute_drc_strategy -max_layer TM2 -min_layer M5
create_power_straps -start_at 28.0 -nets {VDD VSS}  -width 4.0 -layer M6\
 -configure step_and_stop -step 24.0 -stop 232.0  -pitch_within_group 12.0\
 -start_low_ends boundary -start_high_ends boundary \
 -optimize_wire_locations  -keep_floating_wire_pieces\
 -direction vertical -ignore_parallel_targets
set_preroute_drc_strategy -max_layer TM2 -min_layer M2
```

Stdcellrail.tcl 用于设置标准单元行的供电轨道，轨道布设在 M1 层，脚本如下。

```
set_preroute_drc_strategy -max_layer M6 -min_layer M1     #调整到允许 M1 层走线
set_preroute_advanced_via_rule -move_via_to_center\
-size_by_array_dimensions {5 1}
preroute_standard_cells -nets {VDD VSS} -fill_empty_rows\
 -do_not_route_over_macros  -advanced_via_rules \
-within {{2.000 2.000} {252.000 251.200}} -route_pins_on_layer M1\
-remove_floating_pieces  -skip_pad_pins
set_preroute_drc_strategy -max_layer TM2 -min_layer M2   #恢复 M2 层及以上层走线
```

执行完 total.tcl 脚本，创建完成的电源网格如图 11-1-2 所示。

图 11-1-2 所示是全部电源网格创建完成后的形状，实际操作时，可以将以上 total.tcl 的命令分步执行，观察每一步实验结果。可按照下面命令分步执行。

```
icc_shell> source ./power_ground_scripts/addcorering.tcl    ;#电源环
icc_shell> source ./power_ground_scripts/Hcrtstrap.tcl      ;#横向电源条
icc_shell> source ./power_ground_scripts/Vcrtstrap.tcl      ;#竖向电源条
icc_shell> source ./power_ground_scripts/Stdcellrail.tcl    ;#标准单元轨道
```

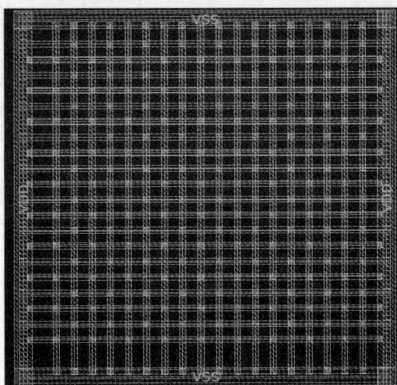

图 11-1-2　SPI 模块创建完成的电源网格

　　分步执行可以更好地理解电源网格是如何逐步创建的。创建完电源网格后要根据项目需求添加禁止布局区。本项目在电源环的下边不允许有单元摆放进去，所以需要加上硬性禁止布局（hard placement blockage），以保证后续流程不会有任何单元进入该区域。图 11-1-3 中的水平、垂直方向的白色线框就是硬性禁止布局区。

图 11-1-3　SPI 模块的硬性禁止布局区

　　创建完电源网格后有时还需要根据项目需求添加布线向导（route guide），如图 11-1-4 中边界的横向和竖向区域（图中水平垂直方向的斜线纹的矩形条区域）。布线向导的作用是阻挡或引导电源线或信号线的布线区域。假如 SPI 模块需要在顶层被调用，就需要保证有足够的区域预留给后期顶层电源连接用，因此需要在 SPI 电源环上靠外 5μm 的地方画上布线向导，以保证 SPI 的后端流程完全保留该区域，没有任何 SPI 内部的电源线和信号线出现在该区域。

图 11-1-4　对 SPI 模块设置的布线向导

11.1.7　保存设计并输出布图规划

```
icc_shell>save_mw_cel
icc_shell>start_gui
icc_shell>write_floorplan
```

通常使用图形用户界面来保存布图规划信息到指定文件内，也可以根据需求输出有用信息到指定文件，具体操作如图 11-1-5 所示。

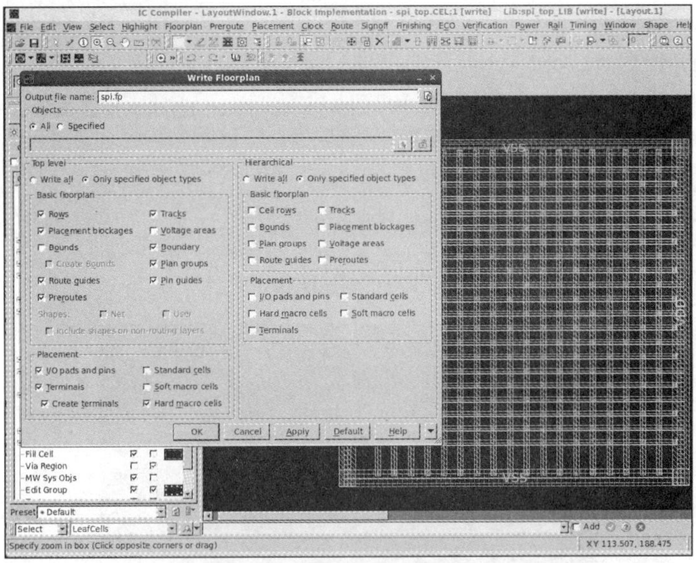

图 11-1-5　保存 SPI 模块的布图规划信息到指定文件

输出完包含布图规划信息的 spi.fp 文件后，编辑 icc_setup.tcl 中的如下变量，用于自动调用已有的布图规划设计结果。

```
# 布图规则的输入选项设置: |fp_file|create| skip
set ICC_FLOORPLAN_INPUT   "fp_file"  ;
set ICC_IN_FLOORPLAN_FILE "spi.fp"  ;
```

重新执行如下脚本。

```
icc_shell -f icc_scripts/init_design_icc.tcl ;
icc_shell> start_gui
```

这时会发现前期所做的操作，如端口摆放、创建电源网格、创建布线向导、创建禁止布局等都重新出现了，避免了手动重复操作，同时也可检查输出布图规划文件的时候是否遗漏了有用的布图规划信息。可以发现布图规划结果与前期完全一致，如图 11-1-6 所示。

图 11-1-6　SPI 模块完整的布图规划结果

11.1.8　标准单元的布局和优化

布局和优化（place_opt）阶段需要进行插入 tap cell、空闲单元，摆放标准单元的位置，优化时序等操作。

（1）./icc_scripts/place_opt_icc.tcl 内的如下命令用于插入 tap cell，以及设置插入间隔距离和其他参数。

```
add_tap_cell_array -master_cell_name FILLTIE_HD1RVT -distance 136 \
 -pattern stagger_every_other_row -boundary_row_double_density true\
 -ignore_soft_blockage true \
 -left_boundary_extra_tap must_insert\
 -right_boundary_extra_tap must_insert
```

插入的 tap cell 如图 11-1-7 白色虚线小线段所示。

图 11-1-7　SPI 模块插入的 tap cell

（2）执行下面命令，进行标准单元的摆放和时序优化。

```
icc_shell -f icc_scripts/place_opt_icc.tcl
```

其中，place_opt_icc.tcl 脚本详细内容请查看模块五的 5.4.6 节对应脚本。

该脚本主要执行 place_opt 命令，执行结果如图 11-1-8 所示。

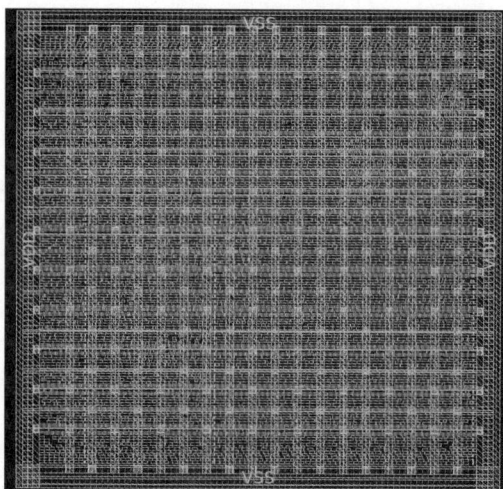

图 11-1-8　SPI 模块布局优化 place_opt 命令执行后版图

（3）./icc_scripts/place_opt_icc.tcl 内的以下代码用于插入空闲单元。

```
insert_spare_cells -num_cells {INV12_HD1RVT 20 BUFV12_HD1RVT 20\
  NOR2V8_HD1RVT 20 NAND2V8_HD1RVT 20 MUX2V8_HD1RVT 20\
  DRNQV6_HD1RVT 20 AND2V6_HD1RVT 20 OR2V8_HD1RVT 20}\
  -cell_name spares -tie
set_attribute [get_cells spares*] is_soft_fixed true
set_dont_touch [get_cells spares*] true
```

执行完的结果如图 11-1-9 所示，版图中的白色高亮部分是空闲单元。请注意，由于空闲单元是备用的，所以需要在标准单元摆放和时序优化之后插入，以免把好的位置占用，导致优化性能下降。

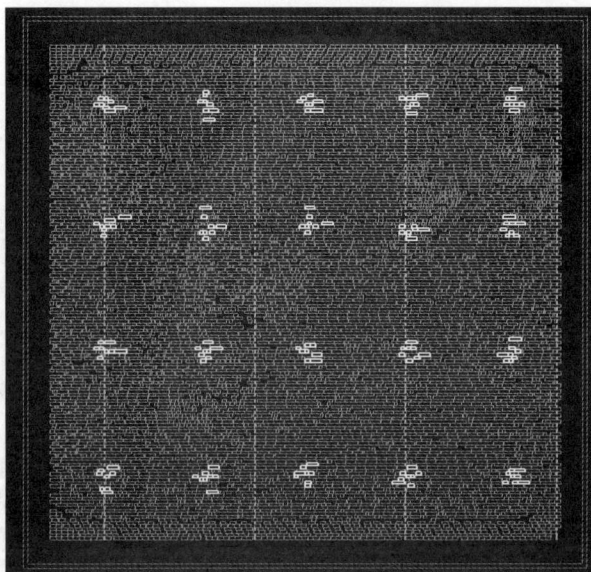

图 11-1-9　SPI 模块插入 spare cell

（4）在执行 place_opt 命令之后，检查 ./reports/place_opt_icc.qor_snapshot.rpt 的时序结果。

```
Setup WNS:                           0.028
Setup TNS:                           0.0
Number of setup violations:          0
Hold WNS:                            -0.015
Hold TNS:                            -0.044
Number of hold violations:           5
Area:                                32004
Cell count:                          7367
Buf/inv cell count:                  1215
Std cell utilization                 61.35%
```

可以看到建立时间裕量为 0.028ns；保持时间裕量为 -0.015ns；标准单元利用率为 61.35%；建立时间时序满足，在布局优化阶段，由于时钟是延时为 0ns 的理想时钟，所以不需要关心保持时间违例。下一阶段时钟树生成后，才可以开始修复保持时间违例。

11.1.9　时钟树综合

该项目的时钟树综合（clock_opt）分为 3 个阶段实现，具体如下。

（1）只生成时钟树，但是并不进行时序优化。

```
clock_opt -only_cts -no_clock_route -update_clock_latency
```

时钟树综合

（2）进行时序优化。

```
clock_opt -only_psyn -no_clock_route -congestion\
  -area_recovery
```

（3）时钟线的 global route。

```
route_zrt_group -all_clock_nets -reuse_existing_global_route true\
  -stop_after_global_route true
```

上述 3 个过程通常放在脚本里面一起执行完成，命令如下。

```
icc_shell -f icc_scripts/clock_opt_icc.tcl
```

其中 clock_opt_icc.tcl 的内容请参考模块五的 5.5.6 节项目实践代码。

执行完时钟树综合脚本 clock_opt_icc.tcl 后，时钟树综合结果如图 11-1-10 所示。

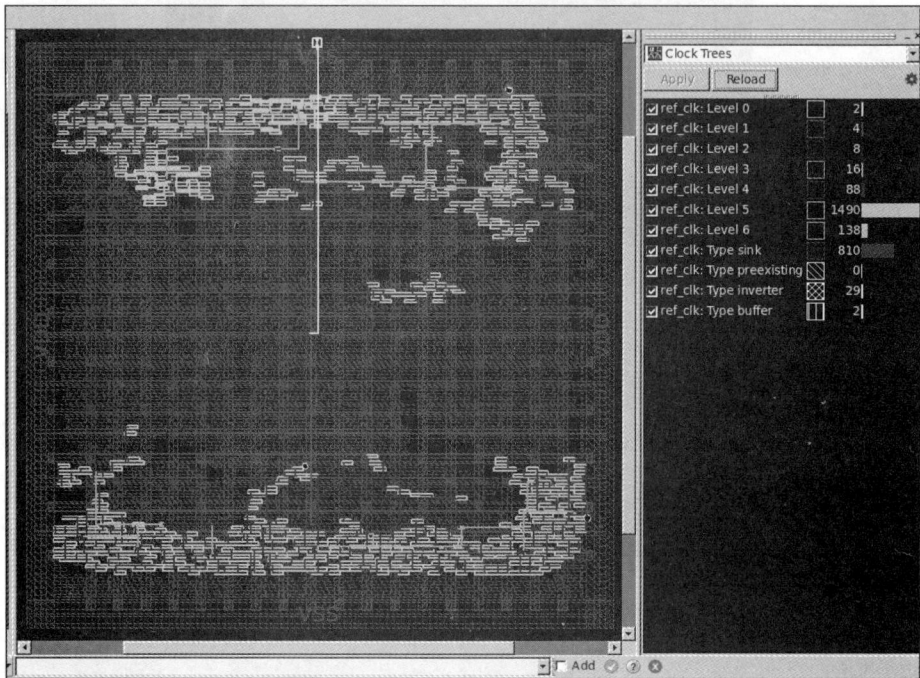

图 11-1-10　SPI 模块时钟树综合结果

在时钟树综合之后，检查 ./reports/clock_opt_icc.qor_snapshot.rpt 的时序结果。

```
Setup WNS:                              0.166
Setup TNS:                              0.0
Number of setup violations:             0
Hold WNS:                               0.000
Hold TNS:                               0.000
Area:                                   32110
Cell count:                             7507
Buf/inv cell count:                     1248
Std cell utilization:                   61.56%
```

从结果可见时序满足设计要求，标准单元利用率指标由于插入了时钟树及时序优化有所提高。

11.1.10　布线及优化

布线及优化（route_opt）包括时钟线和信号的布线，以及天线效应违例修复和时序优化。我们将其合并到如下脚本中执行，执行命令如下。

```
icc_shell -f icc_scripts/route_opt_icc.tcl
```

布线

其中 TCL 脚本 route_opt_icc.tcl 的内容如下。

```
sh date > route_opt_icc.time
source icc_setup.tcl
open_mw_lib $MW_DESIGN_LIBRARY
redirect /dev/null "remove_mw_cel -version_kept 0 route_opt_icc"
copy_mw_cel -from clock_opt_icc -to route_opt_icc
open_mw_cel route_opt_icc     #复制时钟树设计完成版图用于布线阶段，并打开
set pre_active_scenarios [all_active_scenarios]
set pre_cur_scenario [current_scenario]
source -echo ./icc_scripts/common_placement_settings_icc.tcl
source -echo ./icc_scripts/common_optimization_settings_icc.tcl
source -echo ./icc_scripts/common_cts_settings_icc.tcl
source -echo ./icc_scripts/common_post_cts_timing_settings.tcl
source -echo ./icc_scripts/common_route_si_settings_icc.tcl
set_active_scenarios $pre_active_scenarios
current_scenario $pre_cur_scenario
#进行理想网络（未进行实际布线或连接的网络）检查，如果存在理想网络将不能进行布线
set num_ideal [sizeof_collection [all_ideal_nets]]
if {$num_ideal >= 1} {
echo "SCRIPT-Error: $num_ideal Nets are ideal prior to route_opt.\
Please investigate. "}
#布线过程如下
#时钟树布线，该步骤在 11.1.9 节中有介绍及操作
#采用 zrt 布线器时钟信号
route_zrt_group -all_clock_nets -reuse_existing_global_route true
#天线效应检查
if {$ICC_FIX_ANTENNA && [file exists [which $ANTENNA_RULES_FILE]]} {
    source -echo $ANTENNA_RULES_FILE
    report_antenna_rules
} else {echo "Error: antenna is not active"}
#其他布线优化操作
set_app_var compile_instance_name_prefix icc_route
set_app_var routeopt_enable_aggressive_optimization true   #设置优化选项
#布线优化，并减小串扰，面积恢复
route_opt -xtalk_reduction -area_recovery -effort $ROUTE_OPT_EFFORT
#连接电源和地信号
#电源地逻辑连接
derive_pg_connection -power_net $MW_POWER_NET -ground_net $MW_GROUND_NET
if {!$ICC_TIE_CELL_FLOW} {derive_pg_connection -verbose -tie}
#固定电平信号连接
redirect -file $REPORTS_DIR/route_opt_psyn.check_mv\
{check_mv_design -verbose}   #设计检查
report_timing -crosstalk_delta -scenario [all_active_scenarios] -capacitance \
    -transition_time -input_pins -nets  -nosplit -slack_lesser_than 0 \
    -max_paths 999 -delay max > $REPORTS_DIR/route_opt_icc.max.tim
report_timing -crosstalk_delta -scenario [all_active_scenarios] -capacitance \
    -transition_time -input_pins -nets -nosplit -slack_lesser_than 0 \
    -max_paths 999 -delay min > $REPORTS_DIR/route_opt_icc.min.tim
save_mw_cel -as route_opt_icc     #保存布线设计
#创建并保存 QoR 快照（Quality of Results Snapshot）
create_qor_snapshot -name route_opt_icc
redirect -file $REPORTS_DIR/route_opt_icc.qor_snapshot.rpt \
{report_qor_snapshot -no_display}
redirect -file $REPORTS_DIR/route_opt_icc.con {report_constraint -all \
-nosplit -scenario [all_active_scenarios]}
redirect -file $REPORTS_DIR/route_opt_icc.qor {report_qor}
redirect -file $REPORTS_DIR/route_opt_icc.qor -append {report_qor -summary}
redirect -file $REPORTS_DIR/route_opt_icc.pwr\
```

```
{report_power -scenario [all_active_scenarios]}
# 输出格式设置
remove_unconnected_ports -blast [get_cells -hierarchical *]
change_names -rules verilog -hierarchy
set_app_var verilogout_no_tri true
set_app_var verilogout_higher_designs_first true
write_verilog -wire_declaration -output_net -no_pad_filler_cells\
-no_core_filler_cells \
-force_no_output_references "FILLTIE_HD1RVT PCORNERRT PCORNERART"\
$RESULTS_DIR/${DESIGN_NAME}_sim.vg        #输出网表，只输出功能器件网表
save_mw_cel -overwrite
sh date >> route_opt_icc.time
# 检查违例情况
verify_pg_nets -macro_pin_connection all      # 验证宏块的电源和地的引脚连接
verify_zrt_route -antenna true                      # 布线后的天线效应
verify_lvs -check_short_locator -check_open_locator # LVS 检查，短路、开路定位
save_mw_cel
```

该脚本包括如下几个步骤。

（1）时钟布线。

```
route_zrt_group -all_clock_nets -reuse_existing_global_route true
```

时钟布线结果如图 11-1-11 所示。

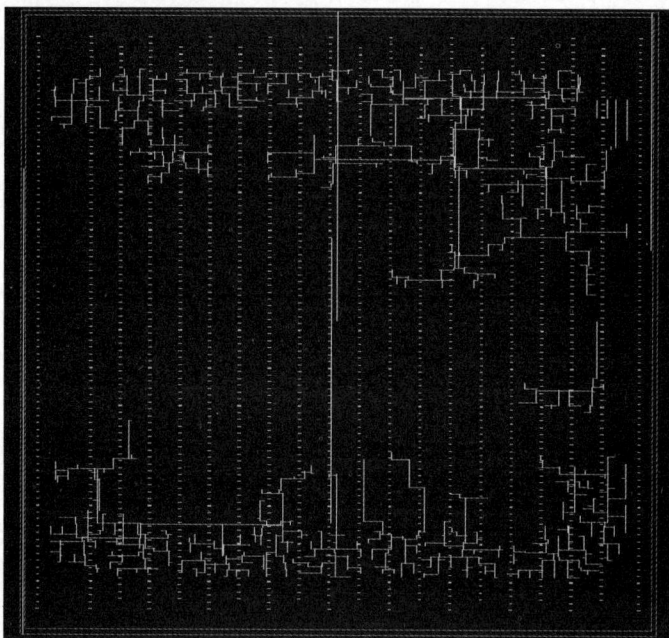

图 11-1-11　SPI 模块时钟布线结果

同时检查 ICC 运行的 .log 文件，若出现"Total number of DRCs = 0"提示信息，则表示时钟布线成功。

（2）调用 antenna rule 文件，方便 ICC 自动修复天线效应违例。

结果显示"Total number of DRCs = 0"，说明没有天线效应违例问题。

（3）执行布线和时序优化。

脚本中信号线的布线和时序优化通过如下命令执行：

```
route_opt -xtalk_reduction -area_recovery -effort $ROUTE_OPT_EFFORT
```

信号线布线结果如图 11-1-12 所示。

图 11-1-12 SPI 模块信号线布线结果

同时检查 ICC 运行的.log 文件。

```
Total number of nets = 8170
0 open nets, of which 0 are frozen
…
Total number of DRCs = 0
Total number of antenna violations = 0
Total Wire Length =                      217290 micron
Total Number of Contacts =               81153
Total Number of Wires =                  73516
Total Number of PtConns =                14596
Total Number of Routed Wires =           73516
Total Routed Wire Length =               214723 micron
```

.log 文件提示 "Total number of DRCs = 0" "Total number of antenna violations = 0" 表示布线和天线效应都没问题。

（4）在执行布线优化命令 route_opt 之后，检查./reports/route_opt_icc.qor_snapshot.rpt 的内容。

```
Setup WNS:                               0.048
Setup TNS:                               0.0
Number of setup violations:              0
Hold WNS:                                0.000
Hold TNS:                                0.000
Area:                                    32152
Cell count:                              7529
Buf/inv cell count:                      1270
Std cell utilization:                    61.64%
```

可见，时序满足设计要求，标准单元利用率由于布线后的时序优化过程有所提高。

11.1.11 DRC 及 LVS 检查

本节使用 Calibre 工具来做布局布线后版图的 DRC 以及 LVS 检查，大部分流程与 6.4 节介绍的相同。本节仅列举 SPI 项目中的主要操作，同时

DRC 及 LVS
物理验证

最后提供 Synopsys 后端设计工具 ICC 的内部 DRC 及 LVS 检查流程，以供读者参考。

（1）Calibre 物理验证流程

用于 ICC 输出版图与标准单元创建的 merge.tcl 脚本，使用 calibredrv 的 filemerge 指令将布局布线后的 GDS 文件与底层标准单元以及 IP 的 GDS 文件合并，脚本内容如下。

```
layout filemerge -in /home/eda/TeachPrj/DigitalBackend/ADC_Chip/IP/StdCell\
 /SCC55NLL_HD1_RVT_V0.2\
 /SCC55NLL_HD1_RVT_V0p2/gds/scc55nll_hd1_rvt.gds\
 -in ../../../ICC/results/spi_top.gds \
 -out ./spi_top_FULL.gds
```

编辑完 merge.tcl 脚本后，在 Linux 命令行执行以下命令，输出合并后的 GDS 文件。

```
calibredrv merge.tcl
```

接着在 Linux 命令行执行以下命令将布局布线后带 PG 的网表与标准单元以及 IP 的 CDL 网表合并，输出合并后的 CDL 网表：

```
v2lvs -w 1 -v ../../ICC/results/spi_top_lvs.vg -o spi_top_lvs.cdl\
 -log spi_top_v2lvs.log\
 -s /home/eda/TeachPrj/DigitalBackend/ADC_Chip/IP/StdCell\
 /SCC55NLL_HD1_RVT_V0.2\
 /SCC55NLL_HD1_RVT_V0p2/cdl/scc55nll_hd1_rvt.cdl -s0 VSS -s1 VDD
```

修改 DRC 与 LVS 检查的 cmd file（drc/scr/SMIC_CalDRC_55LLULPGE_0912182533_V1.13_0.drc 以及 lvs/scr/SMIC_CalLVS_55ULP_09121825_V1.16_0.lvs）中的 option 选项，选择适合当前工艺与检查要求的选项，并修改 SOURCE PATH/PRIMARY 以及 LAYOUT PATH/ PRIMARY 为当前文件地址。典型的 LVS 检查的 cmd file 内容如下。

```
SOURCE PATH "../../v2lvs/spi_top_lvs.cdl"
SOURCE PRIMARY "spi_top"
SOURCE SYSTEM SPICE
LAYOUT PATH "../../merge/spi_top_FULL.gds"
LAYOUT PRIMARY "spi_top"
LAYOUT SYSTEM GDSII
LVS REPORT "lvs.rep"
```

编辑完 cmd file 之后，在 Linux 命令行执行 calibre -drc/lvs 命令加上 cmd file，文件即可运行 DRC/LVS 检查，例如执行 LVS 检查的命令如下。

```
calibre -lvs ../scr/SMIC_CalLVS_55ULP_09121825_V1.16_0.lvs\
|tee ../log/SMIC_CalLVS_55ULP_09121825_V1.16_0.lvs.log
```

检查结束后在 Linux 命令行执行 calibredrv 命令，打开 Calibre 工具图形用户界面。如果要查看 DRC 结果，Database 选择 pv/drc/run/drc_CAL.OUT，Database Type 选择 DRC/ERC；如果要查看 LVS 检查结果，Database 选择 pv/lvs/run/svdb，Database Type 选择 LVS。具体界面操作请参见 6.4 节。

（2）ICC 物理验证与错误修复流程

除了签核阶段业界主要采用的工具 Calibre 外，后端设计工具 ICC 内部也集成了验证工具。ICC 集成的 LVS 检查/DRC 命令如下。

```
verify_pg_nets -macro_pin_connection all
verify_zrt_route -antenna true
verify_lvs -check_short_locator -check_open_locator
```

每个命令的运行结果都会出现在 ICC 的.log 文件中，也可以通过图形用户界面来查看结果，如图 11-1-13 所示。

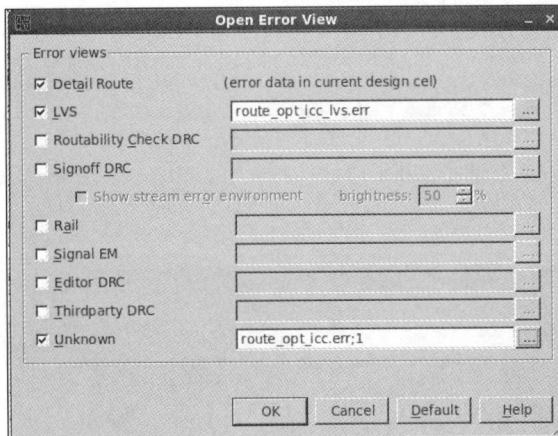

图 11-1-13 用 ICC 查看 SPI 模块 LVS 检查/DRC 错误结果的界面

其中，在 ICC 中完成布线之后，我们用 verify_zrt_route 命令进行 DRC 时，有时会出现 DRC 问题，输出的.log 信息显示如下。

```
Total number of DRCs = 1
Total number of antenna violations = 0
Total number of voltage-area violations = no voltage-areas defined
Total number of tie to rail violations = not checked
Total number of tie to rail directly violations = not checked
```

可以通过图形用户界面来定位 DRC 问题的具体位置，如图 11-1-14 所示。

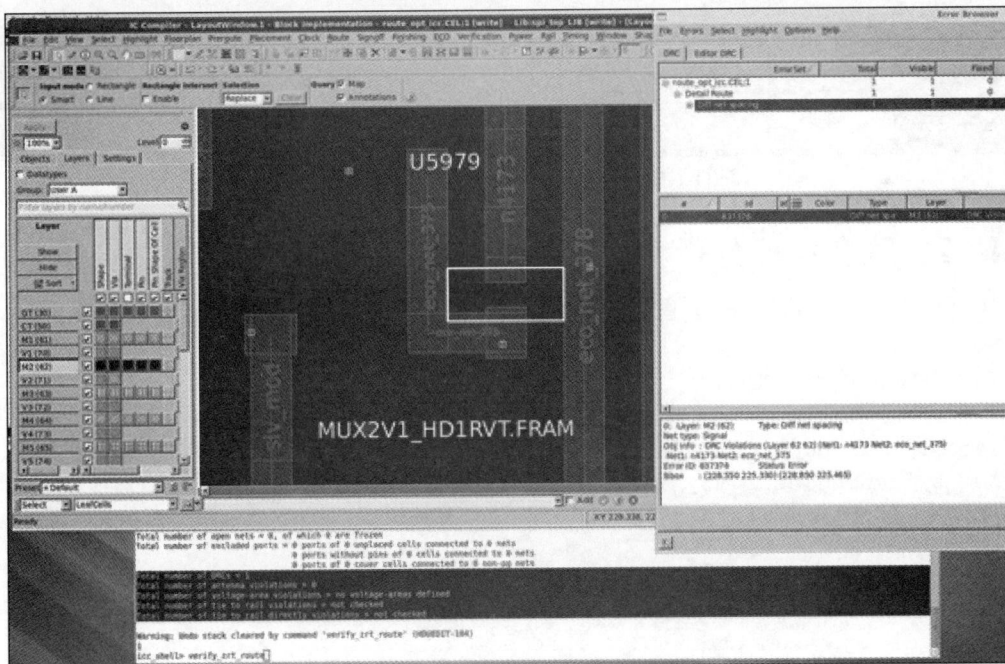

图 11-1-14 用 ICC 定位 SPI 模块 DRC 问题的位置

图 11-1-14 中的白色框标记了 DRC 问题位置，问题由两条 M2 层导线的间距过近引起。可以用如下命令进行修复。

```
route_zrt_eco
```

修复后的.log 信息如下。

```
Total number of DRCs = 0
Total number of antenna violations = 0
Total number of voltage-area violations = no voltage-areas defined
Total number of tie to rail violations = not checked
Total number of tie to rail directly violations = not checked
```

DRC 问题修复后，版图细节如图 11-1-15 所示，可以看到 M2 层两条导线的间距变大，DRC 问题消除。

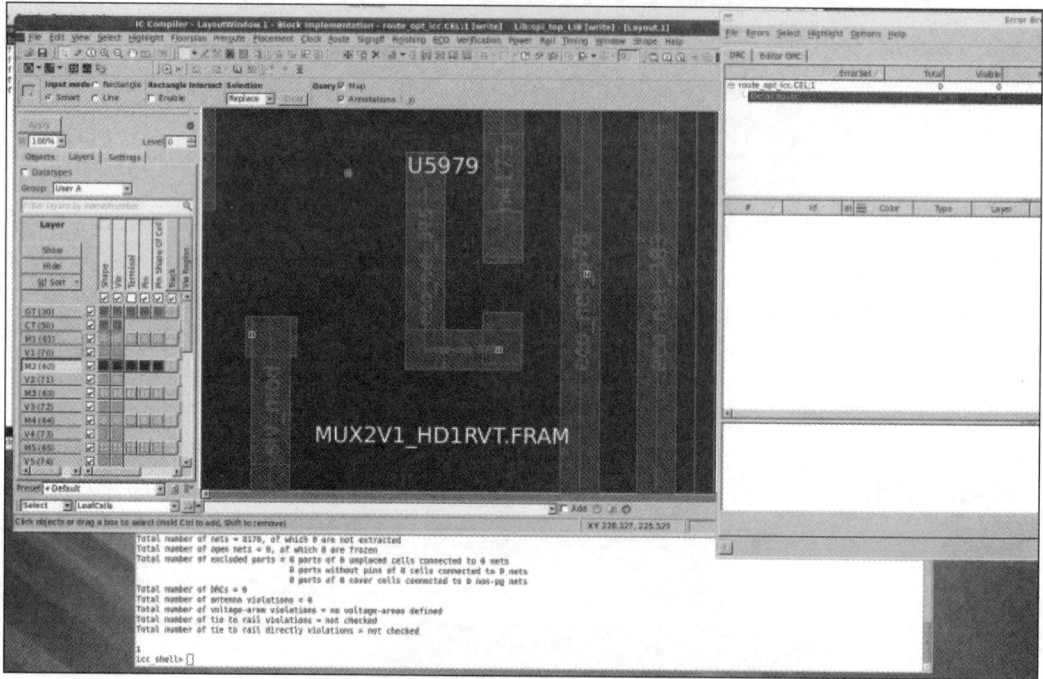

图 11-1-15　SPI 模块 DRC 问题修复后的版图细节

11.1.12　静态功耗分析

执行如下命令进行静态功耗分析。

```
source icc_scripts/power.tcl
```

其中 power.tcl 的内容如下。

```
#假设每 6 个周期信号翻转一次
set_app_var power_default_toggle_rate 0.17      #功耗分析的默认触发率设置
set_switching_activity -toggle_rate 0.17 -base_clock *\
-type {registers inputs black_boxes} -hier
#功耗分析
report_power -cell -flat -nosplit > report_power.list
# PNA 电源网络分析，添加虚拟引脚示例，给两个虚拟引脚供电
remove_fp_virtual_pad -all
create_fp_virtual_pad -net VDD -layer M5 -point {128 240}
create_fp_virtual_pad -net VDD -layer M5 -point {124 10}
#观察增加虚拟引脚后的电源网络分析结果，电压按 1.2V 计算
analyze_fp_rail -nets {VDD} -voltage_supply 1.2 -analyze_power
remove_fp_virtual_pad -all
```

静态功耗分析结果如图 11-1-16 所示。其中，两个白色小方块为虚拟供电 pad，热图显示上半部供电区域电压降较大，下半部较小。

图 11-1-16 SPI 模块静态功耗分析结果

在 ICC 的运行记录文件.log 可以看到如下记录结果。

```
Average power dissipation in route_opt_icc:  1.39 mW
Maximum IR drop:    0.196 mV at (111.100 161.500)(115.100 161.700) layer M1
Maximum Wire EM: 6.584514e-01 A/cm at (124.090 238.000) (128.000 242.0
00) layer M5
Maximum Via EM: 6.072922e+05 A/cm_2 at (123.585 239.935) (124.595 240.
065) layer V5
```

SPI 平均功耗为 1.39mW，最大电源电压降为 0.196mV。在 PNA 热图中也可以看到最大电源电压降统计。通过电压降的数值及热图显示，可以确定该模块的合理的外部供电方案，包括供电 pad 的数量及位置，以保证合理的电压降预期数值。

11.1.13　输出版图数据

该阶段添加填充单元，输出仿真网表和 GDSII 版图。

```
source icc_scripts/output_icc.tcl
```

其中 output_icc.tcl 的内容参见模块五 5.6.4 节代码。

插入填充单元的设计版图如图 11-1-17 所示，其中较亮的块面积占比较大，为填充单元；相对较暗的块为原有电路单元。

插入填充单元后，版图的局部放大效果如图 11-1-18 所示。

这里插入了两种填充单元，一种是名字里面有 CAP 标识的，是内部集成电容的填充单元；另一种是不带电容的填充单元。具体流程是先插入带电容的填充单元，然后再插入不带电容的填充单元。

输出的仿真网表和 GDSII 文件都放置在./results 目录下面，具体如下，其中 spi_top_lvs.vg 是用于 LVS 检查的比对网表文件，而 spi_top_sim.vg 用于 Formality 形式验证和电路仿真。

```
spi_top_lvs.vg  ;#Calibre LVS 检查使用的网表
```

```
route_final.gds  ;#Cadence Virtuoso 进行 merge 后进行 LVS 检查/DRC
spi_top_sim.vg   ;#功能仿真使用的网表
```

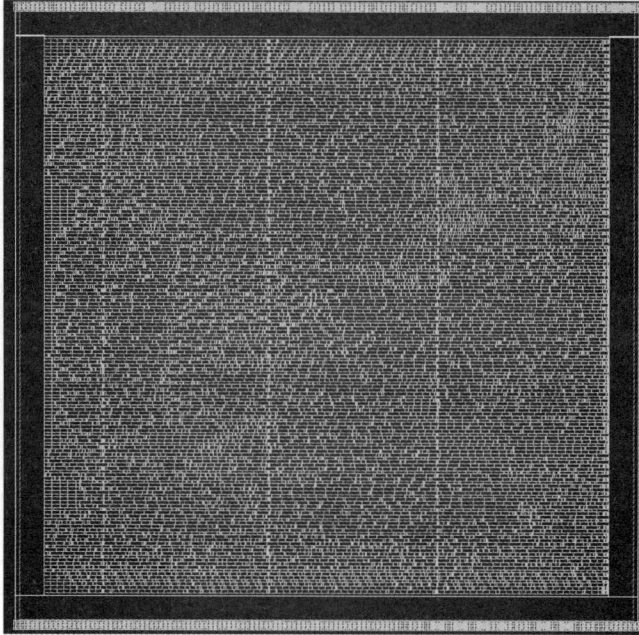

图 11-1-17　SPI 模块插入填充单元的设计版图

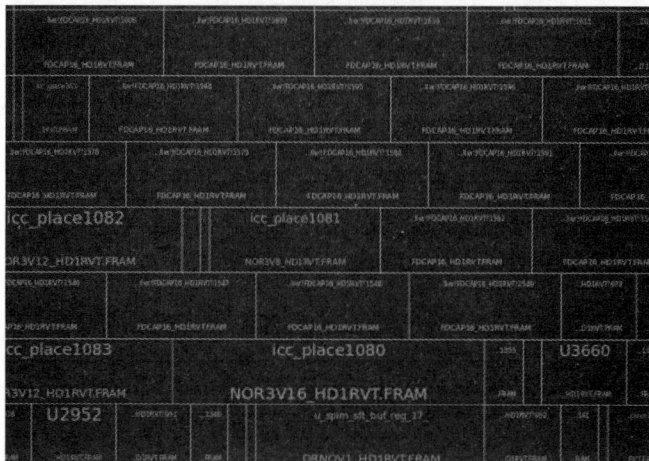

图 11-1-18　SPI 模块填充单元版图的局部放大效果

11.1.14　用 Star-RCXT 提取 RC 参数

从版图中提取 RC 参数，是为了更好地计算布线的时延。采用 Synopsys Star-RCXT 工具进行提取，命令如下。

```
StarXtract -clean star_milkyway_smc.cmd
```

这里的 star_milkyway_smc.cmd 是同时进行多个 corner 的 RC 参数提取脚本，本例中一共进行 8 个 corner 的 RC 参数提取。脚本内容如下，其中省略了部分与 7.3 节相同的设置。

```
BLOCK: route_opt_icc          # 用于提取 RC 参数的后端设计版图单元
```

```
MILKYWAY_DATABASE: ../ICC/spi_top_LIB          # 用于提取 RC 参数的后端设计库
OPERATING_TEMPERATURE: 125
TCAD_GRD_FILE: ../ASTRO/techfile/smic_55_1p7m_1tm_CMAX.nxtgrd
MAPPING_FILE: ../ASTRO/techfile/StarRC_55LLULP_1P7M_6Ic_1TMc_ALPA1_cell.map
…
NETLIST_FILE: spi_top_                         # 输出文件名前缀
…
NETLIST_FORMAT: SPEF                           # 输出格式
POWER_NETS: VDD VSS
CORNERS_FILE: corners.smc
SELECTED_CORNERS: cmax_125.spef cmax_m40.spef cmin_125.spef
 cmin_m40.spef rcmax_125.spef rcmax_m40.spef rcmin_125.spef rcmin_m40.spef
SUMMARY_FILE: spi_top.star_sum
…
```

用来配置 8 个 corner（RC 模型包括 cmax、cmin、rcmax、rcmin，共 4 种；温度包括 125℃和−40℃，共两种；corner 是 RC 模型与温度的组合）所需的 RC 参数文件为 corners.smc，其部分内容如下，详细信息请查看 7.3 节。

```
CORNER_NAME: cmax_125.spef
TCAD_GRD_FILE: ../ASTRO/techfile/smic_55_1p7m_1tm_CMAX.nxtgrd
OPERATING_TEMPERATURE: 125
CORNER_NAME: cmax_m40.spef
TCAD_GRD_FILE: ../ASTRO/techfile/smic_55_1p7m_1tm_CMAX.nxtgrd
OPERATING_TEMPERATURE: -40
…
```

可以得到如下 8 个不同 corner 下的 RC 参数文件，用于 PT STA。

- spi_top_.cmax_125.spef。
- spi_top_.cmax_m40.spef。
- spi_top_.cmin_125.spef。
- spi_top_.cmin_m40.spef。
- spi_top_.rcmax_125.spef。
- spi_top_.rcmax_m40.spef。
- spi_top_.rcmin_125.spef。
- spi_top_.rcmin_m40.spef。

11.1.15　PT STA

在 PT 中，将工作模式（如正常工作模式 func、芯片电路测试模式 DFT 或 test 等）和一种工作条件（如最坏情况 WC、零温度最坏情况 WCZ、自适应电压调节 AVS 等）的组合称为场景，其数量等于模式数量与条件数量的乘积。PT 为了节省时间，支持并行地对这些场景进行分析。这些场景通过 SSH、LSF 等工具被提交到不同的主机（支持多种通信工具同时工作）上进行计算，因此这种技术被称为 DMSA（Distributed Multi-Scenario Analysis，分布式多场景分析）。PT 通过这种并行分析节省了分析总时间。DMSA 模式通过-multi_scenario 选项启动，或者将 multi_scenario_enable_analysis 变量值设置为 true。本书实践项目采用 DMSA 方式运行 PT，命令如下。

静态时序分析

```
pt_shell -multi_scenario -file PT_DMSA.tcl | tee pt.log
```

PT DMSA 产生时序结果同时进行自动时序修复（fix timing）。需要注意，PT_DMSA.tcl 采用如下命令对有 8 个 corner 的 DMSA 进行时序分析以及修复，需要保证至少有 8 个 CPU

内核进程才能同时进行 8 个时序 corner 的分析。脚本与 8.6 节案例相同。

```
set_host_options -max_cores 2 -num_processes 16
```

得到时序分析报告文件 pt_merged.qor，该报告里面有如下信息，说明 STA 没任何时序问题。若有时序问题，PT 会调用脚本里面的 fix_eco_timing 命令产生可用于 ICC 的 ECO 文件，进行 ECO 时序问题修复。同样，fix_eco_drc 命令会进行 max_transition、max_capacitance 等 DRC 问题修复。修复完成后，再重新提取 RC 参数，进行 STA。

```
Summary of timing violations
No setup violations found
No hold violations found
```

11.2 ADC 芯片项目实践*

ADC 芯片项目是本书编写团队参与的用于语音采集及信号处理的 ASIC 芯片设计。本节将其中的数字后端设计作为实践内容，包含数字后端的完整流程，从芯片布图、布局、布线到签核，涉及的工具有布局布线工具 ICC、寄生参数提取工具 Star-RCXT、时序签核工具 PT，以及物理验证签核工具 Calibre，具体工具的详细用法及功能请查阅相关工具的用户指南（user guide）及培训 workshop 教程。本项目实践重点展示后端布局布线及签核阶段的验证环节，电路的前端流程由于篇幅限制不做介绍。

ADC 芯片后端设计由于涉及复杂的数模混合 IP，相对于本书展示的其他项目案例，设计复杂度明显提升，其中 ICC 的后端设计阶段有较多手动设计操作。为了向读者展示一个可以通过脚本调用完成的设计流程，编写团队对 ICC 后端设计阶段输出设计记录进行了自动化设计脚本整理，在设计项目所在路径下，可以调用如下 run_all 脚本实现 ADC 芯片项目的 ICC 设计流程。

```
#ADC 芯片项目的 ICC 自动脚本 run_all
icc_shell -f ./icc_scripts/fp.tcl | tee ./log/init_design_icc.log
icc_shell -f ./icc_scripts/place_opt_icc.tcl | tee ./log/place_opt_icc.log
icc_shell -f ./icc_scripts/clock_opt_icc.tcl | tee ./log/clock_opt_icc.log
icc_shell -f ./icc_scripts/route_opt_icc.tcl | tee ./log/route_opt_icc.log
icc_shell -f icc_scripts/output_icc.tcl | tee  ./log/output_icc.log
```

上述脚本采用 ICC 的 icc_shell 命令调用多个.tcl 脚本文件，实现后端设计的主要步骤，fp.tcl 替代了原有官方流程模板中的脚本 init_design_icc.tcl，实现设计初始化阶段准备设置，并实现芯片设计布图规划。place_opt_icc.tcl、clock_opt_icc.tcl、route_opt_icc.tcl 分别实现标准单元布局、时钟树综合、布线工作，而 output_icc.tcl 负责芯片后端版图完成后的输出和收尾工作。

11.2.1 数据设置

本节内容包括：完成数据设置、创建设计库（Milkyway）、初始化设计单元，以用于后端设计的后续步骤。具体指令的工程、选项及用法请在工具内自行使用 man 指令查阅。本阶段的主要数据设置工作为修改 common_setup.tcl 脚本和 icc_setup.tcl 脚本，并在 fp.tcl 脚本中调用这两个配置脚本。以下对数据设置过程进行简要解释。

（1）准备好目录结构，设计所需要的时序库（ICC 使用 DB 格式）、标准单元、I/O 单元与硬宏块的 Milkyway 物理库、RC 模型文件（.tluplus 文件）、技术文件（.tf 文件）以及综合后的门级网表及完整的时序约束文件（.sdc 文件）。关于 Milkyway 的物理库文件，本项目需要用到除 SMIC 55nm 工艺后端标准单元库、I/O 单元库之外的特殊 IP，包括 ADC 及 PLL。

（2）在 ICC 的启动目录下，打开 ICC 初始化文件 .synopsys_icc.setup，建立 ICC 启动环境。

（3）修改 common_setup.tcl 脚本来配置布局布线所需的变量以及输入文件，common_setup.tcl 放置在项目根目录下。

common_setup.tcl 在 fp.tcl 中被调用执行。

```
[eda@edatemp ICC]$ pwd
/home/eda/TeachPrj/DigitalBackend/ADC_Chip/ICC
[eda@edatemp ICC]$ ls common_setup.tcl
```

common_setup.tcl 部分修改的配置内容如下，包括设计名、物理库和逻辑库路径、目标库设置等。

```
set DESIGN_NAME                  "MA100_TOP"
set DESIGN_REF_DATA_PATH         "../LIB/physical/" ;#物理库路径
set ADDITIONAL_SEARCH_PATH       "${DESIGN_REF_DATA_PATH}/Milkyway/LIB"
#目标库文件设置: 标准单元库
set TARGET_LIBRARY_FILES_125  "scc55nll_hd1_rvt_ss_v1p08_125c_basic.db \
../IP/IO/Digital/SPT55NLLD2RP_OV3_V0p5/syn/3p3v/\
SPT55NLLD2RP_OV3_V0p3_ss_V1p08_125C.db \
../IP/IO/Analog/SPT55NLLD2RP_OV3_ANALOG_V0p4/syn/3p3v/\
SPT55NLLD2RP_OV3_ANALOG_V0p3_ss_V1p08_125C.db \
#模拟 ADC IP 的时序库
../LIB/timing/ADC/yanziahexadcvd01_SS_1V08_125C_c_worst.db \
../LIB/timing/PLL/S55NLLPLLDS_400_V0.1.1_ss_V1p08_125C.db"   #PLL 的时序库
...
```

其中目标库设置中对 scc55nll 标准单元、I/O 的数字和模拟引脚、ADC 的时序库、PLL 的时序库分别进行了设置。

（4）修改 icc_setup.tcl 脚本来配置布局布线过程中的一些控制选项。

icc_setup.tcl 在 fp.tcl 中被调用执行。

```
[eda@edatemp ICC]$ pwd
/home/eda/TeachPrj/DigitalBackend/ADC_Chip/ICC
[eda@edatemp ICC]$ ls icc_setup.tcl
```

icc_setup.tcl 部分修改的内容如下。

```
source common_setup.tcl      #引用前一个通用设置脚本
#综合后网表
set ICC_IN_VERILOG_NETLIST_FILE "./DATA/${DESIGN_NAME}-compile.vg"
set ICC_MCMM_SCENARIOS_FILE "./icc_scripts/mcmm.tcl"   #MCMM 设置
...
```

（5）读入设计，建立设计工程数据库，由于 ADC 芯片项目包含一个大 IP，且 IP 面积占据整个芯片面积的 80%，所以根据 IP 的长、宽尺寸，规划 ADC 芯片内核区域的尺寸为 1799.6μm×2083.8μm。这里采用 ICC 的 create_floorplan 命令进行设置，采用核心区长、宽边长设置，完成芯片整体尺寸规划。这部分配置在设计布图规划脚本 fp.tcl 中完成。

```
create_floorplan \
    -control_type width_and_height \
    -core_width 1799.6 \
    -core_height 2083.8 \
    -keep_macro_place \
    -keep_io_place
```

11.2.2　设计规划

完成数据准备（主要包括 11.2.1 节中的两个 setup 脚本修改）之后，便可以启动 ICC 进行设计规划。

ADC 芯片项目涉及 IP 调用、模拟域信号连接等，相对于纯数字电路，其复杂性较高，在布图规划阶段需要较多手动布局布线。为了让读者了解设计过程，本节首先结合自动化设计脚本 fp.tcl 讲解设计规划过程，再讨论设计过程中采取的策略方法。

（1）ADC 芯片布图规划的脚本实现

fp.tcl 执行的 TCL 命令主要是在工程师手动设计完成后，通过 EDA 工具生成的脚本语句。执行下面脚本（设计初始化脚本 fp.tcl）可以自动重现构建项目工程数据库以及进行布图规划操作。

```
icc_shell -f ./icc_scripts/fp.tcl | tee ./log/init_design_icc.log
```

fp.tcl 脚本在原有官方 init_design_icc.tcl 设计初始化脚本的基础上进行了修改，在设计布图规划阶段添加了以下 TCL 命令的执行步骤。

```
create_floorplan -control_type width_and_height -core_width 1799.6\
 -core_height 2083.8 -top_io2core 50\
 -bottom_io2core 50 -left_io2core 50 -right_io2core 50
source ./gen_corner_and_filler.tcl
source ./io.tcl
read_def ./port_terminal.def
source ./macro.tcl
source ./custom.route.tcl
source ./well_tap.tcl
source ./prblk.tcl
save_mw_cel -as init_design_icc
```

fp.tcl 的设置步骤如下。

① 采用 create_floorplan 命令按照数据准备工作阶段指定的芯片核心区尺寸来创建布图规划，并设定核心区到芯片 I/O 焊盘的距离。

② 调用脚本 gen_corner_and_filler.tcl 创建外围焊盘，创建芯片 4 个拐角焊盘，创建焊盘之间的填充单元。填充单元的选择可以采取以下脚本实现，根据放置焊盘的间隙确定填充单元的宽度、类型和数量。ICC 也提供自动放置填充单元的命令。

```
#创建的填充单元:   该单元是数字域填充单元，即填充数字焊盘间隙
create_cell pfiller359 PFILL1RT
create_cell TR_CORNER PCORNERRT   #创建拐角焊盘，共 4 个，分别命名为 TR、TL、BR、BL
create_cell pfiller315 PFILL10RT
create_cell BR_CORNER PCORNERRT
create_cell pfiller479 PFILL1RT
create_cell pfiller224 PFILL1RT
#创建的填充单元:   该单元是模拟域填充单元，即填充模拟焊盘间隙
create_cell pfiller169 PFILL20ART
...
```

③ 调用脚本 io.tcl。这一步摆放所有创建的焊盘和已有的信号焊盘、电源焊盘，以及填充单元。脚本根据布图规划设计结果导出焊盘单元位置坐标以及单元方向，以方便后续快速放置外围焊盘及填充单元。这一步执行后，所有外围的焊盘以及焊盘之间的填充单元将完成摆放并锁定位置。

```
#设置左下拐角焊盘的摆放位置
set obj [get_cells {"BL_CORNER"} -all]
set_attribute -quiet $obj orientation N
```

```
set_attribute -quiet $obj origin {0.000 0.000}
set_attribute -quiet $obj is_placed true
set_attribute -quiet $obj is_fixed false
set_attribute -quiet $obj is_soft_fixed false
set_attribute -quiet $obj eco_status eco_reset
#设置左边信号焊盘AIN6N的摆放位置
set obj [get_cells {"ANA_PAD_AIN6N"} -all]
set_attribute -quiet $obj orientation N
set_attribute -quiet $obj origin {80.000 0.000}
set_attribute -quiet $obj is_placed true
set_attribute -quiet $obj is_fixed false
set_attribute -quiet $obj is_soft_fixed false
set_attribute -quiet $obj eco_status eco_reset
#设置左边填充单元pfiller109的摆放位置
set obj [get_cells {"pfiller109"} -all]
set_attribute -quiet $obj orientation N
set_attribute -quiet $obj origin {135.000 0.000}
set_attribute -quiet $obj is_placed true
set_attribute -quiet $obj is_fixed false
set_attribute -quiet $obj is_soft_fixed false
set_attribute -quiet $obj eco_status eco_reset
...
```

④ 在焊盘上添加与顶层设计端口同名的引脚。

该步骤的目的是确保顶层端口的物理实现，以保证后续物理验证顺利通过。read_def ./port_terminal.def命令读入端口对应的引脚定义(.def)文件。设计模块MA100_TOP顶层的50个端口信号，包括输入、输出、双向端口，按照如下.def文件创建端口对应的引脚，设置引脚的所在金属层、坐标、方向、宽和高尺寸等。引脚的位置通常放置在焊盘对外引脚所在区域，部分电源端口除外。

```
DESIGN MA100_TOP ;
TECHNOLOGY SCC55NLL_HD ;
UNITS DISTANCE MICRONS 1000 ;
DIEAREA ( 0 0 ) ( 2160000 2239600 ) ;
PINS 50 ;
  - SYNC + NET SYNC + DIRECTION INOUT + USE SIGNAL + LAYER M6 ( 0 0 ) ( 6
00 48170 ) + PLACED ( 2159400 2038179 ) N ;
  - DMIC_CLK32 + NET DMIC_CLK32 + DIRECTION INOUT + USE SIGNAL + LAYER M6
( 0 0 ) ( 600 48170 ) + PLACED ( 2159400 1968366 ) N ;
  - DMIC_CLK31 + NET DMIC_CLK31 + DIRECTION INOUT + USE SIGNAL + LAYER M6
( 0 0 ) ( 600 48170 ) + PLACED ( 2159400 1828740 ) N ;
  ...
  - PLLAVSS + NET PLLAVSS + SPECIAL + DIRECTION INOUT + USE GROUND ;
  - PLLAVDD + NET PLLAVDD + SPECIAL + DIRECTION INOUT + USE POWER ;
...
```

⑤ 调用脚本macro.tcl完成两个模拟和数模混合IP的摆放。

macro.tcl脚本命令如下，可以看出PLL的放置位置靠近芯片左上角区域，而ADC IP所占面积较大，摆放在芯片左下方。

```
#放置ADC IP
set obj [get_cells {"U_yanziahexadcvd01_wrapper_i_yanziahexadcvd01"} -all]
set_attribute -quiet $obj orientation N
set_attribute -quiet $obj origin {145.000 139.800}
set_attribute -quiet $obj is_placed true
set_attribute -quiet $obj is_fixed true
set_attribute -quiet $obj is_soft_fixed false
set_attribute -quiet $obj eco_status eco_reset
#放置PLL IP
```

```
set obj [get_cells {"clkrstn_U_PLL_SMIC_400"} -all]
set_attribute -quiet $obj orientation FE
set_attribute -quiet $obj origin {332.963 2099.550}
set_attribute -quiet $obj is_placed true
set_attribute -quiet $obj is_fixed true
set_attribute -quiet $obj is_soft_fixed false
set_attribute -quiet $obj eco_status eco_reset
```

⑥ 部分 IP 的引脚到焊盘布线。

这部分布线主要是芯片内 ADC IP 的模拟信号布线，需要根据 IP 的要求手动布线。为了方便实现工程设计，将布线的脚本命令整理为 .tcl 脚本文件。通过调用 custom.route.tcl，可以完成 IP 的电源引脚连线以及部分模拟信号布线，主要通过命令 create_net_shape 和 create_via 实现。以下代码给出部分电源和信号布线以及过孔添加命令，其中模拟信号的 IP 到焊盘布线技术细节将在后续内容中讨论。

```
create_net_shape -no_snap -type wire -net DVDD -layer M3\
-datatype 0 -path_type 0\
 -width 0.1 -route_type pg_std_cell_pin_conn -length 11.93\
-origin {587.335 1707.8}
create_net_shape -no_snap -type wire -vertical -net DVDD\-layer M6\
-datatype 0 -path_type 0 -width 12 -route_type pg_ring -length 1326.1\
-origin {355.6 806}
create_net_shape -no_snap -type wire -vertical -net VREFP_CODEC -layer M4\
 -datatype 0 -path_type 0 -width 12 -route_type\
 user_enter -length 46.461 -origin {1197.108 94.508}
…
create_via -no_snap -type via_array -net DVSS -master VIA3F\
 -route_type pg_macro_io_pin_conn -at {883.5 2101.2}\
 -orient N -col 20 -row 1 -x_pitch 0.22
create_via -no_snap -type via_array -net DVDD -master VIA3F\
 -route_type pg_macro_io_pin_conn -at {871 2108.2}\
 -orient N -col 20 -row 1 -x_pitch 0.22
…
```

⑦ 在芯片中放置 tap cell 单元。

可以采用前文中展示的 tap cell 插入命令，或者针对 ADC 芯片项目，调用 well_tap.tcl 逐个创建单元和放置单元。该脚本记录了全部 well tap cell 的插入过程，脚本的部分命令如下。

```
create_cell tapfiller!FILLTIE_HD1RVT!2222 FILLTIE_HD1RVT
create_cell tapfiller!FILLTIE_HD1RVT!293 FILLTIE_HD1RVT
…
set obj [get_cells {"tapfiller!FILLTIE_HD1RVT!0"} -all]
set_attribute -quiet $obj orientation N
set_attribute -quiet $obj origin {160.000 821.600}
set_attribute -quiet $obj is_placed true
set_attribute -quiet $obj is_fixed false
set_attribute -quiet $obj is_soft_fixed false
set_attribute -quiet $obj eco_status eco_reset
…
```

⑧ 设置禁止布局区和布线规则。

调用 ICC 项目文件夹下的脚本 prblk.tcl 实现多个禁止布局区和布线规则设置，脚本部分命令如下。其中禁止布局命令设置了硬性（后续设计阶段都要遵守）的禁止布局矩形区域，而布线规则设置了设定区域内禁止布线的金属层。

```
create_placement_blockage  \
        -type hard \
        -name placement_blockage_2 \
```

```
        -coordinate {{108.225 118.370} {815.071 1270.581}}
…
create_route_guide  \
        -coordinate {{79.943 79.430} {128.917 2118.900}}  \
        -no_signal_layers {GT M1 M2 M3 M4 M5 M6 TM2 RDL} \
        -name route_guide_0
…
```

调用 fp.tcl 脚本实现以上步骤，可快速完成本项目的布图规划阶段工作。

（2）ADC 芯片布图规划的实现策略、技巧

以下对本项目的 IP 放置策略、I/O 焊盘的位置优化、数字域的电源网络规划及布线、模拟信号的手动布线等设计步骤进行介绍和讨论。

将 ADC IP 和 PLL IP 进行摆放，同时由于存在 I/O 端口，根据 I/O 端口与芯片内部逻辑连接关系将这些 I/O 焊盘进行合理的布局。

① 创建设计规划布图。

在使用 create_floorplan 创建初始布图之前，版图会在读入设计网表后打开，如图 11-2-1（a）所示，所有的 IP、标准单元、I/O 单元都按原点对齐位置重叠在版图左下角。

使用 create_floorplan 之后的规划如图 11-2-1（b）所示，引脚没有限定位置，自动排列在芯片核心区四边，芯片的 IP 如 PLL 和 ADC 还未进行布局。自动排列的布局，如果不指定引脚位置，通常会等间距均匀排列。与前文展示的 picorv32 处理器及 SPI 电路不同，ADC 芯片设计中包含 PLL 及 ADC 两个 IP，且 ADC IP 所占的面积较大。芯片在创建初始布图时，主要根据 ADC 的外边框确定芯片核心区的宽和高，PLL IP 与剩余的标准单元逻辑器件主要摆放在 ADC 的左上角空缺区域。PLL 一般靠外边、拐角放置，如放置在图 11-2-1（b）的左上角。芯片的外围裸片尺寸为 2059.6μm×2343.8μm，芯片的核心区尺寸为 1799.6μm×2083.8μm，核心区到四边焊盘的距离设置为 50μm。

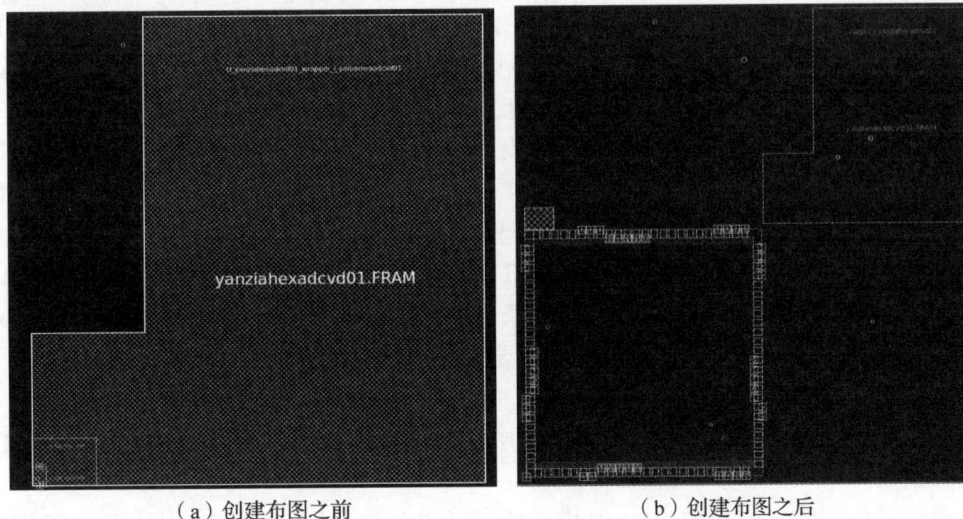

（a）创建布图之前　　　　　　　　　　（b）创建布图之后

图 11-2-1　定义芯片尺寸创建布图之前和之后

② 调整 ADC IP 及 PLL IP 的位置，调整 I/O 焊盘位置。

调整 ADC IP 以及 PLL IP 的位置，并且根据各个不同模块的逻辑连接关系调整 I/O 焊盘位置。调整后的布图规划如图 11-2-2（a）所示。在 ICC 版图设计界面开启到 I/O 焊盘的飞线连接显示，显示与 ADC IP 和 PLL IP 具有连接关系的 I/O 焊盘。为了减少这些逻辑连

接关系走线来回穿插（减小线的交错），可以将这些 I/O 焊盘靠近模拟 IP 对应的引脚位置。在第一次摆放 I/O 焊盘时，通常需要手动将这些 I/O 焊盘摆放到指定的位置。开启飞线（白色）显示模式，方便判断 IP 与焊盘的连接关系，并以此为参照调整焊盘位置。待第一次摆放完成之后，可以使用 write_pin_pad_physical_constraints 命令将第一次摆放的结果输出为脚本文件，以便后续调整设计时，快速复现完成 I/O 焊盘调整的过程。

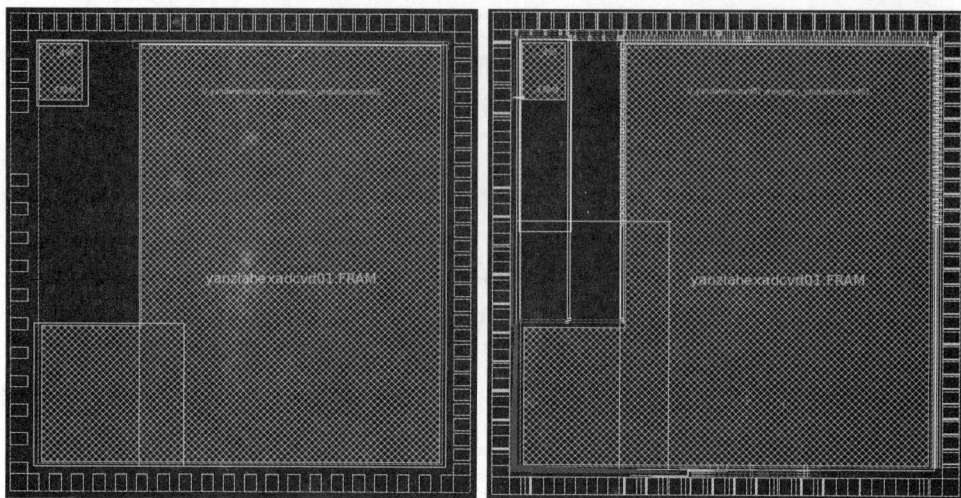

（a）调整好 I/O 管脚之后　　　　　　　　（b）进行好电源规划之后

图 11-2-2　调整好 I/O 焊盘以及进行好电源规划之后的布图规划

③ 数字域电源网络规划设计。

通过 source 电源网络规划的 TCL 脚本，进行电源规划设计。图 11-2-2（b）展示了电源网络综合后的电源网络整体设计结果。设计所调用的 ADC IP 的引脚排布可以划分模拟域和数字域，模拟信号及模拟供电引脚主要集中在 IP 的底边，而数字信号引脚主要集中在 ADC IP 的顶边，数字供电引脚分布在 IP 的上半部两侧和顶边。

根据 IP 的供电引脚位置特点，主要电源条的数字电路在图 11-2-2（b）的上部和右侧，在焊盘和核心区的间隔区内放置横折线两段式电源条，主电源条的 DVDD 和 DVSS 网络线宽为 10μm，为了保证供电，水平方向和垂直方向放置 DVDD 和 DVSS 电源条各两条，水平方向的 DVDD 和 DVSS 放置在 M5 层和 TM2 层，而垂直方向的放置在 M4 层和 M6 层。VDD 和 VSS 焊盘向 DVDD 和 DVSS 电源条供电，PLL 数字电路的供电管脚也连接 DVDD 和 DVSS 电源条。ADC 左上方缺口区域主要放置 PLL 和芯片的数字逻辑电路部分。对该区域的数字域供电则手动铺设左侧、右侧、底边的 12μm 宽 DVDD 和 DVSS 电源条，垂直方向的均在 M4 层布线，水平底边采用 TM2 层。PLL 与数字电路之间再铺设 DVDD 和 DVSS 垂直电源条。

手动完成电源条布线后，ADC IP 模块的顶边、左侧、右侧的电源引脚可以通过命令自动连接 DVDD 和 DVSS 电源条。

标准单元的电源轨道铺设在 M1 层，主要放置在 ADC 左上方缺口区域（除了 PLL 之外的部分）和 ADC 上部电源条的下方，并通过过孔连接电源条。如图 11-2-2（b）所示，标准单元的放置位置通过禁止布局区的设定，可以限制在 PLL 和 ADC 之间竖条区域的上半部，以及 ADC 之上与焊盘的间隔区域中。

该布图规划中插入 tap cell 的局部截图如图 11-2-3 所示。数字电路区域按一定间隔在垂直方向放置了 tap cell。较完整的数字域电源网络如图 11-2-4 所示。

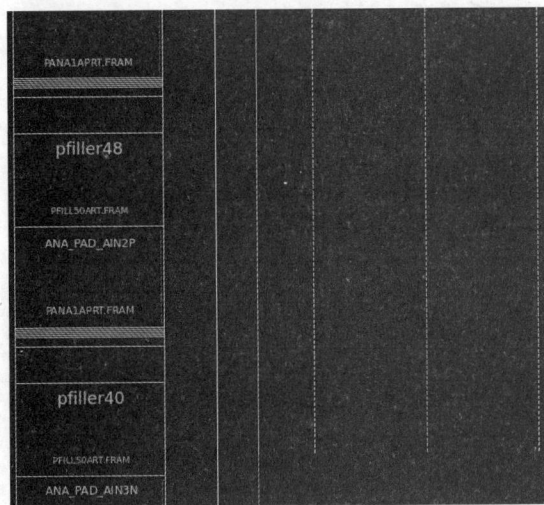

图 11-2-3 ADC 芯片插入 tap cell 的局部截图

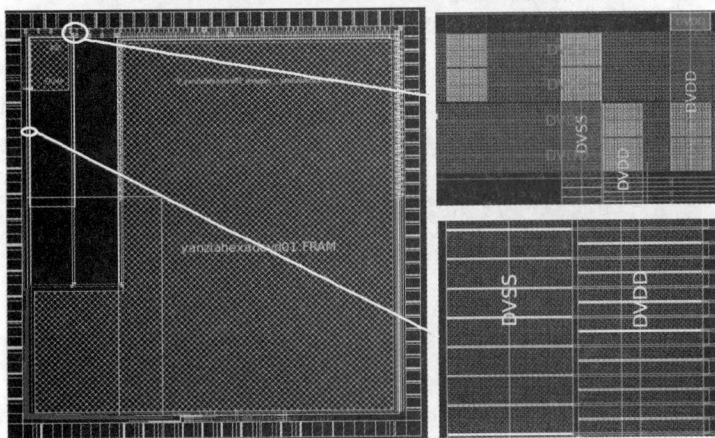

图 11-2-4 ADC 芯片数字域电源网络

④ 模拟域 IP 到焊盘的手动布线。

模拟域的信号主要是 ADC 的模拟信号和模拟电源引脚以及 PLL 的模拟供电引脚。这部分信号不多，且数字布局布线工具无法自动完成布线，需要手动连接。如图 11-2-4 左边图形所示，这部分供电及信号的布线是版图下方和左侧的核心区与焊盘间隔区域内的 M3 层及其他几层布线。所有模拟焊盘的放置位置均需要考虑布线复杂度。具体脚本可以参考 ADC 项目后端设计文件夹 ADC_chip/ICC 的 custom_shape_between_d2a.tcl，其内容如下。

```
#ADC 模拟差分输入麦克风信号对 AIN1P~6P，AIN1N~6N 的模拟焊盘到 IP 对应引脚的手动布线脚本
create_net_shape -no_snap -type wire -vertical -net AIN3P -layer\
M3 -datatype 0\
 -path_type 0 -width 0.68 -route_type user_enter -length\
21.532 -origin {528.12 118.8}
create_net_shape -no_snap -type wire -net AIN3N -layer M3\
-datatype 0 -path_type 0\
 -width 2 -route_type user_enter -length 427.38 -origin {100 122.8}
…
```

```
#MICBIAS 1~3 麦克风偏置信号、VREFP_CODEC、VREFNA、VCAP、AVS 电源等
#其他 ADC 信号的焊盘到引脚连线
create_net_shape -no_snap -type wire -vertical -net\
MICBIAS1 -layer M3 -datatype 0\
 -path_type 0 -width 3 -route_type user_enter -length 13.53\
-origin {642.83 78.9}
create_net_shape -no_snap -type wire -vertical -net VREFP_CODEC -layer M4\
 -datatype 0 -path_type 0 -width 12\
 -route_type user_enter -length 46.461 -origin {1197.108 94.508}
…
#上述布线涉及的过孔放置
create_via -no_snap -type via_array -net AVS -master VIA3F\
-route_type user_enter -at {1276.023 113.973} \
-orient N -col 54 -row 54 -x_pitch 0.22 -y_pitch 0.22
create_via -no_snap -type via_array -net VREFP_CODEC -master\
VIA3F -route_type user_enter -at {949.934 100.508} \
-orient N -col 54 -row 54 -x_pitch 0.22 -y_pitch 0.22
create_via -no_snap -type via_array -net MICBIAS1 -master\
VIA3F -route_type user_enter -at {642.83 90.93} \
-orient N -col 13 -row 13 -x_pitch 0.22 -y_pitch 0.22
…
```

⑤ 保存设计单元，导出设计布图。

```
save_mw_cel -as init_design_icc
```

执行完上述步骤之后，采用 save_mw_cel 命令将已经布图规划好的设计保存，以供后续的布局、时钟树综合以及布线使用。

采用 write_def 以及 write_floorplan 命令将当前完成的芯片布图规划阶段设计导出，以便后续重复本阶段的设计步骤。保存的.def 文件名为 MA100_top.def，文件的部分信息如下。

```
# SNPS write_def
# Release    : L-2016.03-SP1
…
DESIGN MA100_TOP ;
TECHNOLOGY SCC55NLL_HD ;
UNITS DISTANCE MICRONS 1000 ;
DIEAREA ( 0 0 ) ( 2059600 2243800 ) ;    #芯片外边框尺寸：宽、高
COMPONENTS 14244 ;  #设计中的器件总数
  - PAD_DVSS_2 PVSS2RT + SOURCE DIST + FIXED ( 0 688142 ) W ;
  - PAD_DVSS_1 PVSS2RT + SOURCE DIST + FIXED ( 0 410000 ) E ;
  …
  - BL_CORNER PCORNERRT + SOURCE DIST + FIXED ( 0 0 ) N ;
  - BT_CORNER PCORNERRT + SOURCE DIST + FIXED ( 0 2163800 ) FS ;
  - clkrstn_U_PLL_SMIC_400 S55NLLPLLDS_400 + FIXED ( 366739 809000 ) FN;
#PLL IP
  - clkrstn_SYS_CLK_CKMUX2V2 CKMUX2V2_HD1RVT + UNPLACED ;    #没有放置的元件
  - U_yanziahexadcvd01_wrapper_i_yanziahexadcvd01 yanziahexadcvd01 + FIXED
( 174800 144000 ) N ;#ADC IP
  …
```

11.2.3　标准单元的布局和优化

（1）布局前的设置与检查。

在布局前通常会通过 set_dont_touch_placement [all_macro_cells]指令固定宏块的位置。

通过 check_physical_design -stage pre_place_opt 与 check_physical_constraints 指令来检查布局条件是否完整。本项目已经将 ADC IP 以及 PLL IP 进行锁定，防止这些宏块在布局和优化过程发生位置改变。

（2）做好第一步之后，便可以使用下面脚本进行布局以及标准单元优化。

```
icc_shell -f ./icc_scripts/place_opt_icc.tcl | tee ./log/place_opt_icc.log
```

这里具体的 place_opt_icc.tcl 脚本内容与 11.1.8 节中 SPI 项目的布局和优化脚本相同。执行完上述脚本之后，该项目的整体版图如图 11-2-5 所示。

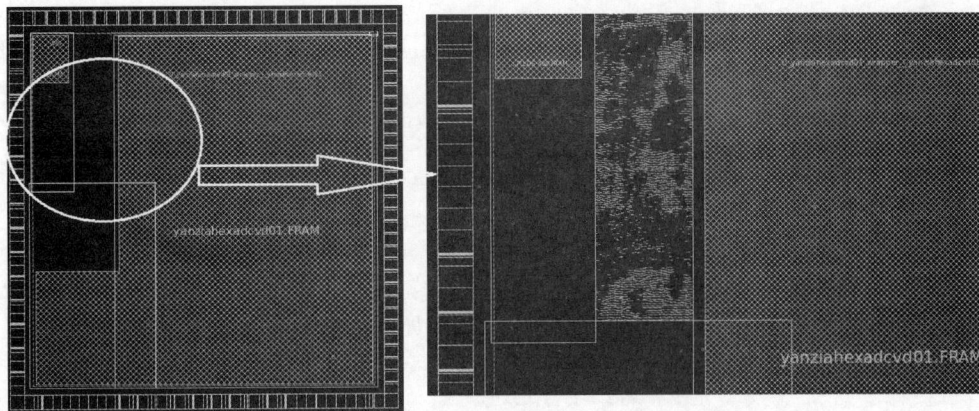

图 11-2-5　ADC 芯片 place_opt 之后的整体版图

插完空闲单元，其在版图中的布局如图 11-2-6 所示，其中白色高亮部分的单元就是空闲单元，方便后续 ECO 时使用。由于使用的是相同的布局脚本，标准单元区插入的空闲单元与前文中的设计数量一样，都是 20 组。

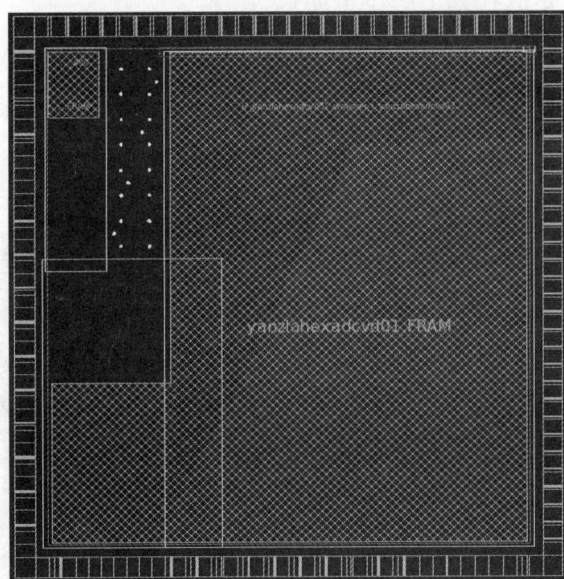

图 11-2-6　ADC 芯片空闲单元在版图中的布局

（3）在 place_opt 之后，检查 ./reports/place_opt_icc.qor_snapshot.rpt 中的时序结果。

```
No. of scenario = 1
s1 = func125_m40
REGIN                                    -2.836
REGOUT                                   -5.190
Setup WNS:                               -5.190
Setup TNS:                              -24.369
Number of setup violations:                  13
```

```
Hold WNS:                                      -3.137
Hold TNS:                                     -47.627
Number of hold violations:                         23
Area:                                         3429067
Cell count:                                     17650
Buf/inv cell count:                              2517
Std cell utilization:                          24.00%
```

报告显示，建立时间违例有 13 条，较大的值出现在端口（比如 REGIN 和 REGOUT）上。内部时钟域的违例较小。保持时间违例有 23 条，此违例主要出现在 ADC IP 上，同时该设计的标准单元利用率为 24.00%。该芯片的绝大部分面积被 ADC IP 占据，而数字电路部分规模较小，主要分布在 ADC 的左上角空缺处，且只用其中一部分区域进行数字电路布局。

11.2.4 时钟树综合

该项目的时钟树综合分为 3 个阶段实现，具体如下。

（1）只生成时钟树，但是并不进行时序优化。

```
clock_opt -only_cts -no_clock_route -update_clock_latency
```

（2）进行时序优化、DRV 优化。

```
clock_opt -only_psyn -no_clock_route -congestion -area_recovery
```

（3）时钟线的全局布线。

```
route_zrt_group -all_clock_nets -reuse_existing_global_route true\
-stop_after_global_route true
```

上述 3 个阶段通常是放在如下脚本里面执行。

```
icc_shell -ficc_scripts/clock_opt_icc.tcl | tee ./log/clock_opt_icc.log
```

详细的时钟树脚本参见 11.1.9 节。

执行完时钟树综合之后，时钟树结构如图 11-2-7 所示。

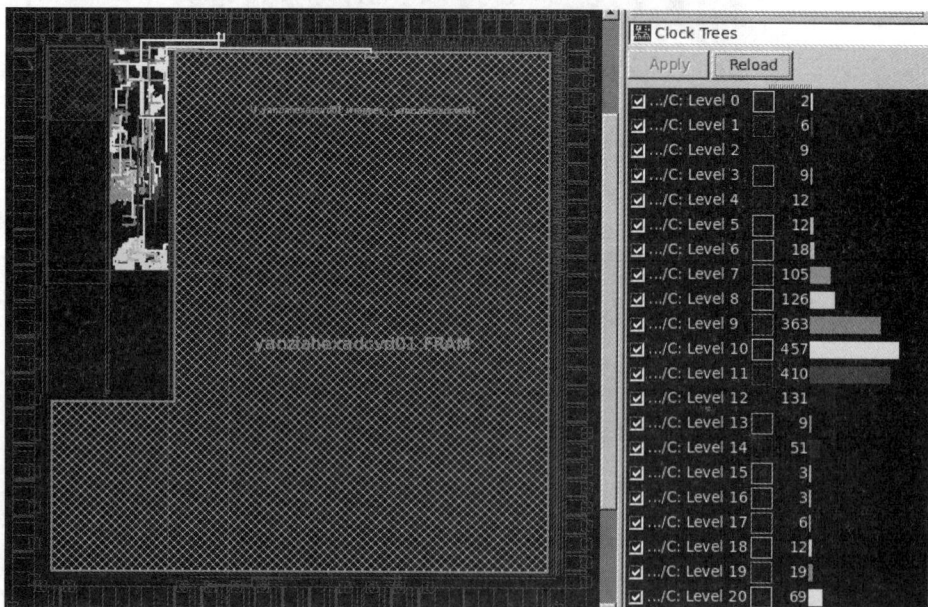

图 11-2-7 ADC 芯片数字域的时钟树结构

（4）时钟树综合完成之后，检查 ./reports/clock_opt_icc.qor_snapshot.rpt，得到如下的时序结果。

```
No. of scenario = 1
s1 = func125_m40
REGIN                                         -7.017
REGOUT                                        -7.736
sclk                                          -0.105
i2s_tclk                                      -0.105
Setup WNS:                                    -7.736
Setup TNS:                                   -42.609
Number of setup violations:                       15
Hold WNS:                                     -0.063
Hold TNS:                                     -3.483
Number of hold violations:                       231
Number of max trans violations:                    1
Route drc violations:                              0
Area:                                        3441718
Cell count:                                    22206
Buf/inv cell count:                             6967
Std cell utilization:                         30.23%
```

报告显示，建立时间违例有 15 条，但是大部分且较大的均出现在 I/O 端口上。保持时间违例一共有 231 条，但是保持时间违例还是以较小的违例为主，因为总的 TNS 为 −3.483ns，该值不是很大。同时该设计的标准单元利用率不高，只有 30.23%，这是因为该设计的主要面积被 ADC IP 占用。

11.2.5　布线及优化

该阶段主要进行时钟布线，同时进行天线效应违例修复和时序优化。

将其合并到一个脚本中执行，执行命令如下。

```
icc_shell -f icc_scripts/route_opt_icc.tcl | tee  ./log/route_opt_icc.log
```

该脚本包括如下几个步骤。

（1）时钟布线。

```
route_zrt_group -all_clock_nets -reuse_existing_global_route true
```

时钟布线结果如图 11-2-8 所示。

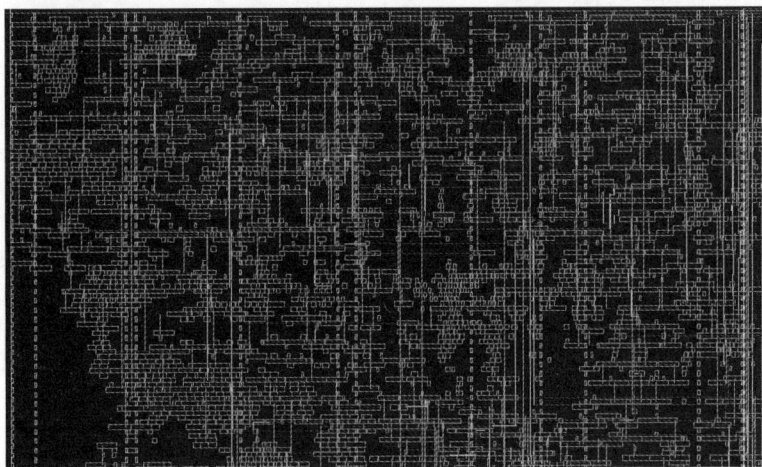

图 11-2-8　ADC 芯片时钟布线结果

同时检查 ICC 运行输出的.log 文件，若出现如下行，则表示时钟布线成功，有一个 DRC 问题。

```
Total number of DRCs = 1
```

（2）调用天线规则文件，方便 ICC 自动修复天线效应违例。

```
Total number of DRCs = 2
```

（3）执行布线和时序优化。

```
route_opt -xtalk_reduction -area_recovery -effort $ROUTE_OPT_EFFORT
```

执行完 route_opt 之后的布线效果如图 11-2-9 所示。

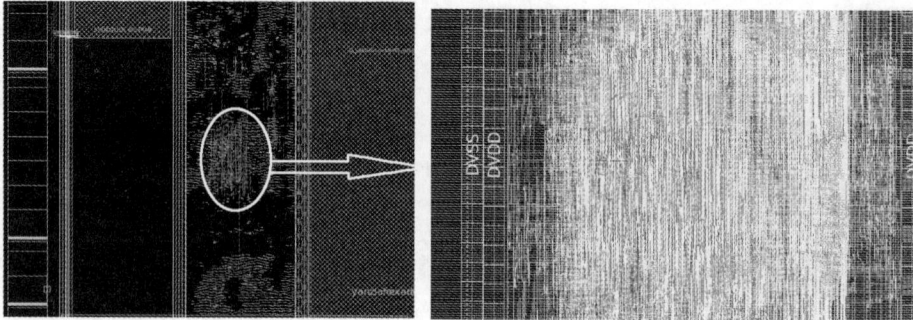

（a）芯片左上区域   （b）白圈放大区域

图 11-2-9　执行完 route_opt 之后的布线效果

执行 verify_zrt_route 得到的结果如图 11-2-10，结果显示布线没有 DRC 错误。

```
Total Wire Length =                    1073294 micron
Total Number of Contacts =             232050
Total Number of Wires =                211897
Total Number of PtConns =              47299
Total Number of Routed Wires =         211759
Total Routed Wire Length =             1050047 micron
Total Number of Routed Contacts =       232032
Verify Summary:

Total number of nets = 24955, of which 0 are not extracted
Total number of open nets = 0, of which 0 are frozen
Total number of excluded ports = 0 ports of 0 unplaced cells connected to 0 nets
                                 0 ports without pins of 0 cells connected to 0 nets
                                 0 ports of 0 cover cells connected to 0 non-pg nets
Total number of DRCs = 0
Total number of antenna violations = 4
Total number of voltage-area violations = no voltage-areas defined
Total number of tie to rail violations = not checked
Total number of tie to rail directly violations = not checked

Memory usage for zrouter task 823 Mbytes -- main task 2098 Mbytes.
Router separate process finished successfully.
1
```

图 11-2-10　执行 verify_zrt_route 得到的结果

（4）在 route_opt 执行完之后，检查 ./reports/route_opt_icc.qor_snapshot.rpt，其内容如下。

```
No. of scenario = 1
REGIN                                   -7.811
REGOUT                                  -7.154
Setup WNS:                              -7.811
Setup TNS:                              -41.120
Number of setup violations:              11
Hold WNS:                               -0.210
Hold TNS:                               -0.340
Number of hold violations:               2
Route drc violations:                    4
Area:                                 3447634
Cell count:                             24056
Buf/inv cell count:                      8817
```

```
Std cell utilization:                                    33.14%
```

报告显示，布线及优化之后，还有 11 条建立时间违例，且较大的违例出现在端口相关的路径上。有 2 条保持时间违例。少量端口相关路径的时序问题需要根据芯片规格书进行设计调整或时序约束调整。

11.2.6　RC 参数提取

本节采用 Star-RCXT 提取物理设计后的 RC 参数，运行如下命令。

```
StarXtract -clean star_milkyway_smc.cmd
```

其中 star_milkyway_smc.cmd 脚本内容如下，这里仅列出本项目相对于 11.1.14 节的 SPI 模块项目中 RC 参数提取.cmd 脚本文件的差异部分。

```
BLOCK: MA100_TOP
MILKYWAY_DATABASE: /home/eda/TeachPrj/DigitalBackend/ADC_Chip\
/ICC/MA100_TOP_LIB
OPERATING_TEMPERATURE: 125
TCAD_GRD_FILE: ../techfile/smic_55_1p7m_1tm_CMAX.nxtgrd
MAPPING_FILE: ../techfile/StarRC_55LLULP_1P7M_6Ic_1TMc_ALPA1_cell.map
…
SUMMARY_FILE: MA100_TOP.star_sum
…
```

star_milkyway_smc.cmd 同时对多个 corner 的 RC 参数进行提取，本项目一共进行 8 个 corner 的 RC 参数提取，其内容与 SPI 模块项目调用的脚本基本相同。唯一的差异是这里的 MILKYWAY_DATABASE 定义为../ICC/MA100_TOP，以指定 ADC 芯片项目的工程库文件路径，而内部布线后版图 cel 采用的是和 SPI 模块项目同名的 route_opt_icc，对其进行寄生参数提取，且其中用来配置 8 个 corner 所需的 RC 参数文件 corners.smc 的内容与 SPI 模块项目 corners.smc 的相同，仅 nxtgrd 文件路径配置不同。

RC 参数提取后可以得到如下 8 个不同 corner 下的 RC 参数文件，用于 PT STA。

- MA100_TOP.cmax_125.spef。
- MA100_TOP.cmax_m40.spef。
- MA100_TOP.cmin_125.spef。
- MA100_TOP.cmin_m40.spef。
- MA100_TOP.rcmax_125.spef。
- MA100_TOP.rcmax_m40.spef。
- MA100_TOP.rcmin_125.spef。
- MA100_TOP.rcmin_m40.spef。

生成的这些.spef 文件可以给时序分析工具进行时序分析。

11.2.7　PT STA

本节使用 PT 进行时序的签核检查。PT 工具要使用布局布线后输出的.v 文件、.sdc 文件、Star-RCXT 提取出的寄生参数.spef 文件以及时序逻辑库.db 文件。设置好这些输入文件之后，进行 check_design、check_timing、update_timing 等操作就可以产生对应的报告文件了。同时可以将运行的结果进行保存，以便下一次重新观看时序结果。

在本项目中，STA 采用 best/worst 分析模式，即在 PVT 中最佳和最差的工作环境下分别检查建立时间和保持时间。但分析采用了 OCV 分析模式，这样的好处在于，对于建立时间分析，在 launch 路径和 capture 路径都设置为 worst db 对应的时序信息基础上，可以采用降额（derate）系数模拟 launch 路径和 capture 路径之间的差异，得到更严苛的分析结果；同样道理，对于保持时间分析，在 launch 路径和 capture 路径都设置为 best db 对应的时序信息基础上，可用降额系数模拟 launch 路径和 capture 路径之间的器件时延差异，结果也更严苛。

在 best 分析模式下，运行以下命令。

```
pt_shell -f ./pt_fast.tcl | tee log/pt_fast.log
```

其中 pt_fast.tcl 脚本内容如下。

```
#参数设置
#set sh_launch_dir "."
set rm_temper m40        ;#125℃或-40℃两个温度中选择低温 -40℃
set rm_rcpara cmin           ;#RC 模型选择 cmin
set rm_func_scan func        ;#模式选择正常电路功能模式
set rm_outputsdf 0           ;#不输出.sdf 文件
set rm_enable_si_rpt 1         ;#使能信号完整性检查
set rm_cons_file MA100_TOP4pt.sdc ;#时序分析采用的导入的约束文件
…
#设置设计环境
set POST_PRE_SEL POST
source -echo ${sh_launch_dir}/common_setup.tcl    #继承通用设置
set_app_var search_path ". $ADDITIONAL_SEARCH_PATH"
#fast corner 采用的是 min  db,    而不是 target lib db
set MIN_LIBRARY_FILES "MIN_LIBRARY_FILES_$rm_temper"
set link_library_cmd  "set_app_var link_path  \"* $$MIN_LIBRARY_FILES\""
eval $link_library_cmd
#读入后端 ICC 设计完成后的仿真用网表
read_verilog ${rm_data_dir}/ICC/results/${DESIGN_NAME}_sim.v
current_design ${DESIGN_NAME}     #设置顶层设计:  MA100_TOP
link_design -verbose
#设计信号完整性分析、噪声参数
set_app_var si_xtalk_delay_analysis_mode all_path_edges
set_app_var si_enable_analysis true
set_noise_parameters -enable_propagation -analysis_mode report_at_endpoint
#根据 RC 模型、温度设置读入.spef 文件，该文件从 Star-RCXT 的结果文件中获取 RC 参数
read_parasitics -keep_capacitive_coupling -complete_with ZERO -format SPEF\
${rm_data_dir}/STAR-RCXT/${DESIGN_NAME}.${rm_rcpara}_${rm_temper}.spef\
> parasitic.log
report_annotated_parasitics -check -list_not_annotated
if {$rm_outputsdf} {source ./sdf.sdc} else {
    source ${sh_launch_dir}/$rm_cons_file  #读入前面设置的.sdc 约束文件
}
#设置工作条件，对 fast corner 进行 OCV 分析
set MIN_OPERATING_CONDITION "MIN_OPERATING_CONDITION${rm_temper}"
set MIN_LIBRARY_NAME "MIN_LIBRARY_NAME${rm_temper}"
set condition_cmd "set_operating_conditions -analysis_type on_chip_variation \
                        -min $$MIN_OPERATING_CONDITION \
                        -min_library $$MIN_LIBRARY_NAME \
                        -max $$MIN_OPERATING_CONDITION \
                        -max_library $$MIN_LIBRARY_NAME"
eval "echo $condition_cmd"
eval $condition_cmd
#OCV 分析，对时钟路径进行降额，形成与 launch 路径的时延差异
if {!$rm_outputsdf} {
    set_timing_derate -early 0.95 -clock
    set_timing_derate -late  1.05 -clock
    set_timing_derate -late  1.00 -data  -cell_delay
```

```
    set_timing_derate -early 1.00 -data  -cell_delay
    ...
    #对 FF（Fast NMOS and Fast PMOS）的时序分析报告
update_timing
check_timing -verbose > pt_rpt_${rm_func_scan}_FF.check_timing
    report_exceptions -ignored -nosplit > ./rpt/fast/pt_rpt_${rm_func_sc
an}_FF.ignored_exception
report_design > ./rpt/fast/pt_rpt_${rm_func_scan}_FF.check_design
report_constraint -all_violators -nosplit\
 > ./rpt/fast/pt_${rm_func_scan}_FF_${rm_rcpara}${rm_temper}.tran_violation
report_timing -path_type full -delay_type max -max_paths 999\
-capacitance-transition_time\
-input_pins -nets -significant_digits 3 -slack_lesser_than .001\
> ./rpt/fast/pt_${rm_func_scan}_FF_${rm_rcpara}${rm_temper}.setup
    report_timing -path_type full -delay_type min -max_paths 999\
-capacitance -transition_time\
-input_pins -nets -significant_digits 3 -slack_lesser_than -0.001\
-exclude [all_inputs]\
> ./rpt/fast/pt_${rm_func_scan}_FF_${rm_rcpara}${rm_temper}.hold
}
```

在 worst 分析模式下，运行以下命令。

```
pt_shell -f ./pt_slow.tcl | tee log/pt_slow.log
```

其中 pt_slow.tcl 脚本内容如下。

```
# Setup parameters 参数设置
set rm_temper 125       ;#选择高温 125℃
set rm_rcpara cmax          ;#RC 模型采用 cmax
set rm_func_scan func         ;#模式选择正常电路功能模式
set rm_outputsdf 0          ;#不输出 .sdf 文件
set rm_enable_si_rpt 1       ;
set rm_cons_file MA100_TOP4pt.sdc ;
...
set POST_PRE_SEL POST
source -echo ${sh_launch_dir}/common_setup.tcl      #继承通用设置
set_app_var search_path ". $ADDITIONAL_SEARCH_PATH"
set TARGET_LIBRARY_FILES "TARGET_LIBRARY_FILES_$rm_temper" #采用 worst 情况的 DB
set ADDITIONAL_LINK_LIB_FILES "ADDITIONAL_LINK_LIB_FILES_$rm_temper"
set link_library_cmd "set_app_var link_path   \"* $$TARGET_LIBRARY_FILES\
 $$ADDITIONAL_LINK_LIB_FILES\""
eval $link_library_cmd
read_verilog ${rm_data_dir}/ICC/results/${DESIGN_NAME}_sim.v      #读入网表
current_design ${DESIGN_NAME}                  #设置顶层设计：MA100_TOP
link_design -verbose
#设计信号完整性分析、噪声参数
set_app_var si_xtalk_delay_analysis_mode all_path_edges
set_app_var si_enable_analysis true
set_noise_parameters -enable_propagation -analysis_mode report_at_endpoint
#根据 RC 模型、温度设置读入 .spef 文件，该文件从 Star-RCXT 的结果文件中获取 RC 参数
read_parasitics -keep_capacitive_coupling -complete_with ZERO -format SPEF\
 ${rm_data_dir}/STAR-RCXT/${DESIGN_NAME}.${rm_rcpara}_${rm_temper}.spef
...
set MAX_OPERATING_CONDITION " MAX_OPERATING_CONDITION${rm_temper}"
set MAX_LIBRARY_NAME " MAX_LIBRARY_NAME${rm_temper}"
#设置工作条件，对 slow corner 进行 OCV 分析
set condition_cmd "set_operating_conditions -analysis_type on_chip_variation \
                   -max $$MAX_OPERATING_CONDITION \
                   -max_library $$MAX_LIBRARY_NAME \
                   -min $$MAX_OPERATING_CONDITION \
```

```
                           -min_library $$MAX_LIBRARY_NAME"
eval "echo $condition_cmd"
eval $condition_cmd
#OCV 分析，对时钟路径进行降额，形成与 launch 路径的时延差异
if {!$rm_outputsdf} {
    set_timing_derate -early 0.95 -clock
    set_timing_derate -late  1.05 -clock
    set_timing_derate -late  1.00 -data -cell_delay
    set_timing_derate -early 1.00 -data -cell_delay
…
    #Timing report  对 SS（Slow NMOS and Slow PMOS）的时序分析报告
    update_timing
    check_timing -verbose > pt_rpt_${rm_func_scan}_SS.check_timing
    report_exceptions -ignored -nosplit\
 > ./rpt/slow/pt_rpt_${rm_func_scan}_SS.ignored_exception
    report_design >  ./rpt/slow/pt_rpt_${rm_func_scan}_SS.check_design
    report_constraint -all_violators -nosplit\
        > ./rpt/slow/pt_${rm_func_scan}_SS_${rm_rcpara}_${rm_temper}\
    .tran_violation
    report_timing -input_pins -path_type full -delay_type max\
    -max_paths 999 -nworst 1\
     -significant_digits 3 -net -trans -cap -nos -slack_lesser_than .001\
        > ./rpt/slow/pt_${rm_func_scan}_SS_${rm_rcpara}_${rm_temper}.setup
    report_timing -input_pins -path_type full -delay_type min\
    -max_paths 999 -nworst 1\
        -significant_digits 3  -net -trans -cap -nos\
    -slack_lesser_than -0.001 -exclude [all_inputs]\
        > ./rpt/slow/pt_${rm_func_scan}_SS_${rm_rcpara}_${rm_temper}.hold
}
```

运行结束后，查看 worst 模式下的建立时间违例以及 best 模式下的保持时间违例。

worst 模式（延时类型 delay_type 设置为 max）下，建立时间违例报告见 rpt/slow/pt_func_SS_cmax_ 125.setup 文件，内容如下。

```
No paths with slack less than -0.001.
1
```

在 best 模式（延时类型 delay_type 设置为 min）下，保持时间违例报告见 rpt/fast/pt_func_FF_cminm40. hold 文件，内容如下。

```
No paths with slack less than -0.001.
1
```

报告显示无建立时间违例或保持时间违例，这说明 STA 没任何时序问题。若有时序问题，PT 会调用脚本里面的 fix_eco_timing 命令，产生可用于 ICC 的 ECO 文件进行 ECO 修复。同样，fix_eco_drc 命令会进行 max_transition 和 max_capacitance 的 DRC 修复。修复完成后，再重新提取 RC 参数，进行 STA。

11.2.8 DRC 及 LVS 检查

本节使用 Calibre 工具来做布局布线后版图的 DRC 以及 LVS 检查。

Calibre 做 LVS 检查首先需要从 ICC 导出带 PG 的网表（.v 格式的文件），这通过在 icc_shell 命令行环境中执行以下命令实现，输出的网表为 MA100_TOP_pv.v。

```
write_verilog -no_pad_filler_cells -pg -force_output_references\
 {FDCAP16_HD1RVT FDCAP8_ HD1RVT FDCAP4_HD1RVT}\
 -force_no_output_references {F_FILLV64_HD1RVT F_FILLV32_HD1RVT\
 F_FILLV16_HD1RVT F_FILLV4_HD1RVT\
 F_FILLV2_HD1RVT F_FILLV1_HD1RVT FILLTIE_HD1RVT PCORNERRT}\
 results/MA100_TOP_pv.v
```

对于从布局布线工具输出用来做物理验证的网表文件，需要满足下面几个要求。

- 电源端口（power ports）需要从顶层通过电源引脚向底层单元传递：在布局布线的电源规划阶段，标准单元宏块的 PG 引脚通过 PG driving 等命令和 power I/O 的输入引脚连接，在布局布线工具输出 Verilog 文件时，需要加输出电源引脚的选项设置。

- Power Ports 应作为特殊的信号端口（signal port）进行定义，如果原始 Verilog 文件没有这样定义，需要在 Verilog 文件输出后进行修改添加。

- 对于多电源域（multi-power domain）的设计，例如多个 analog 区域单独供电，多个不同的数字 I/O 电压、模拟和模拟 I/O 之间、模拟和数字 I/O 之间，通常都会在后端布局布线设计过程中在 I/O 单元间添加电源分割单元（power cut cell）来隔离不同的电源域，同时又有 ESD 保护作用。这些 I/O 单元的电源和地引脚在 Verilog 文件输出时通常是没有连接的，需要在文件输出后通过手动或脚本处理。

手动修改网表的方式举例如下。

```
//PI u_pi (PAD(clk), .O(clk_in) ); // 修改前的单元，只带功能引脚，无电源引脚
// 修改后的单元，添加电源引脚的信号连接
PI u_pi(.PAD(clk), .O(clk_in), .VDD50(VDD50P1), .VSSD(VSSDP1),
        .VDD(VDDP1), .VSS(VSSP1), .FP(FPP1), .FPB(FPBP1) );
//P1DIODE u_cut1 ( ); // 修改前的单元
// 修改后的单元，添加了分割的两组电源和地信号连接
P1DIODE u_cut1 ( .VDD1(VDD50P1), .VSS1(VSSDP1),.VDD2(AVDD),.VSS2(AVSS) );
```

可以通过以下命令，将手动修改网表的结果生成补丁（patch）文件。

```
cd results
diff -ru MA100_TOP_pv_ori.v MA100_TOP_pv.v > netlist_for_lvs.patch
```

然后在前面通过 write_verilog 命令生成 MA100_TOP_pv.v 网表文件的步骤之后，就可以通过打上补丁的方式修改网表，命令如下。

```
patch MA100_TOP_pv.v netlist_for_lvs.patch
```

再将.v 格式的网表转换成.cdl 格式的网表，通过在 Linux 命令行执行以下命令实现。

```
v2lvs -w 1 -v /home/eda/TeachPrj/DigitalBackend/ADC_Chip/ICC/results\
/MA100_TOP_pv.v -o MA100_TOP.cdl -log v2lvs_run.log -s file.lst
```

修改 DRC 与 LVS 检查的.cmd 文件（drc/scr/SMIC_CalDRC_55LLULPGE_0912182533_ V1.13_0.drc 以及 lvs/scr/SMIC_CalLVS_55ULP_09121825_V1.16_0.lvs），在.cmd 文件中选择适合当前工艺与检查要求的选项，并修改 SOURCE PATH/PRIMARY 以及 LAYOUT PATH/ PRIMARY 为自己当前文件地址。修改.cmd 文件 SMIC_CalLVS_55ULP_09121825_ V1.16_0.lvs 示例如下。

```
# .cdl 文件是用于 lvs 检查对比的参考网表
SOURCE PATH "/home/eda/TeachPrj/DigitalBackend/ADC_Chip/pv\
/v2lvs/MA100_TOP.cdl"
SOURCE PRIMARY "MA100_TOP"
SOURCE SYSTEM SPICE
# .gds 文件是输出版图
LAYOUT PATH " /home/eda/TeachPrj/DigitalBackend/ADC_Chip/ICC\
/results/MA100_TOP.gds"
LAYOUT PRIMARY "MA100_TOP"
LAYOUT SYSTEM GDSII
LVS REPORT "lvs.rep"    # 输出的 LVS 检查报告
...
```

编辑完.cmd 文件之后，在 Linux 命令行执行 calibre -drc/lvs 命令加上.cmd 文件，文件

即可运行 DRC/LVS 检查，执行 LVS 检查的命令如下。

```
calibre -lvs ../scr/SMIC_CalLVS_55ULP_09121825_V1.16_0.lvs\
 | tee ../log/SMIC_CalLVS_55ULP_09121825_V1.16_0.lvs.log
```

检查结束后在 Linux 命令行执行 calibredrv 命令，打开 Calibre 工具图形用户界面查看检查结果，具体界面操作请参考 6.4 节。

11.3　JPEG 编码器模块项目实践

本节介绍的 JPEG 图像编码器模块级项目 RTL 代码来自开源社区 OpenCores 的 jpegencode 项目，本节实践内容包含数字后端的整个流程，从布局布线到签核，涉及工具有布局布线工具 ICC、寄生参数提取工具 Star-RCXT、时序签核工具 PT，以及物理验证签核工具 Calibre，具体工具的详细用法及功能请查阅相关工具的 user guide 及 workshop。

11.3.1　逻辑综合

逻辑综合是将设计中的 RTL 描述转换为门级网表的过程。本案例数据包路径为在数字芯片后端设计工程中的相对路径/DigitalBackend/jpegencode/jpegencode/syn。

（1）进入综合工作目录。

```
[eda@edatemp syn]$ pwd
/home/eda/TeachPrj/DigitalBackend/jpegencode/jpegencode/syn
[eda@edatemp syn]$ ls
data  log  output  rpt  run  scr  svf
[eda@edatemp syn]$ cd run
[eda@edatemp run]$
```

（2）准备需要综合的 RTL 代码及约束文件 jpeg_top.sdc，保存路径为 jpegencode 项目的 data 文件夹。RTL 代码的文件列表 jpeg_top.flist 具体内容如下。

```
../../rtl/jpeg_top.v
../../rtl/y_quantizer.v
../../rtl/y_huff.v
…
```

约束文件 jpeg_top.sdc 的内容如下。

```
set CLK_PERIOD 11   #时钟周期
create_clock [get_ports clk] -name clk -period $CLK_PERIOD
#设置输入输出延迟
set_input_delay    -clock clk -max [expr ${CLK_PERIOD} * 0.5]\
[remove_from_collection \
[all_inputs] [get_ports " clk" ]]
set_output_delay    -clock clk -max [expr ${CLK_PERIOD} * 0.5] [all_outputs]
#设置非同步时域之间的路径为虚假路径，不进行时序分析
set_clock_groups -name exclude -asynchronous -group {clk}
#设置时钟不确定值与时钟抖动值
set_max_transition 1.0 [current_design]
set_load -pin_load 0.05 [all_outputs]
set_clock_uncertainty -setup  0.1 [all_clocks]
set_clock_uncertainty -hold   0.1 [all_clocks]
#set_max_delay
#set_propagated_clock [all_clocks]       #时钟树综合阶段开启
```

（3）准备好综合脚本../scr/syn.tcl。其内容如下。

```
set_host_options -max_cores 8  #设置逻辑综合最多占用的计算机核心数
set target_library "../../LIB/timing/StdCell\
```

```
/scc55nll_hd1_rvt_ss_v1p08_125c_basic.db" #目标库
set link_library "* ../../LIB/timing/StdCell\
/scc55nll_hd1_rvt_ss_v1p08_125c_basic.db" #链接库
analyze -f verilog -vcs "-f ../data/jpeg_top.flist"
elaborate jpeg_top
current_design jpeg_top      #设置顶层设计 jpeg_top
uniquify
link
#采用了时钟门控设置以降低功耗
set_clock_gating_style -min 3 -max_fanout 32 -sequential_cell latch \
  -positive_edge_logic {integrated} -negative_edge_logic {integrated} \
  -control_point before -control_signal scan_enable
source -echo -verbose ../data/jpeg_top.sdc     #约束调用
set_svf ../svf/jpeg_top.svf  #形式验证.svf 文件输出
#电路逻辑综合包括采用扫描寄存器、生成门控时钟电路等选项
compile_ultra -scan -no_autoungroup -no_boundary_optimization -gate_clock\
  -no_seq_output_inversion
define_name_rules verilog -case_insensitive
change_names -rule verilog -hier
set_svf -off  #关闭形式验证.svf 文件输出
#报告违例、面积、时钟门控等设置
report_constraint -all_vio -max_delay -max_cap -max_trans -max_fanout\
 > ../rpt/jpeg_top.all_vio.rpt
report_area > ../rpt/jpeg_top.area.rpt
report_area -hier >> ../rpt/jpeg_top.area.rpt
report_clock_gating -gated -ungated > ../rpt/jpeg_top.clock_gating.rpt
#输出设计.ddc 文件及网表
write -format ddc -hier -output ../output/jpeg_top.ddc
write -format verilog -hier -output ../output/jpeg_top-compile.vg
exit
```

（4）准备好上述脚本之后，启动 DC，并执行脚本。

```
dc_shell -f ../scr/syn.tcl | tee ../log/syn.log
```

（5）执行完上述脚本之后，可以将 RTL 描述转换成门级网表，并输出综合后的网表和输出报告。

输出网表路径为../output/jpeg_top-compile.vg，输出的面积报告路径为../rpt/ jpeg_top.area.rpt。

其内容如下。

```
Number of ports:                      14446
Number of nets:                      231247
Number of cells:                     168762
Number of combinational cells:       128702
Number of sequential cells:           38857
Combinational area:          410280.084052
Buf/Inv area:                  6355.439824
Noncombinational area:       280915.887772
Macro/Black Box area:             0.000000
Total cell area:             691195.971823
```

输出时钟门控报告为../rpt/ jpeg_top.clock_gating.rpt，其内容如下。

```
Number of Clock gating elements       1181
Number of Gated registers            35540  (94.33%)
Number of Ungated registers           2136  (5.67%)
Total number of registers            37676
```

违例情况可以通过执行命令 constraint -all_violators 显示，见../rpt/jpeg_top.all_vio.rpt，其内容如下，报告中显示了建立时间的违例数值（-0.06ns），在后端设计阶段可以优化解决。

```
max_delay/setup ('clk' group)
                          Required          Actual
Endpoint                  Path Delay        Path Delay          Slack
-----------------------------------------------------------------------
u19/u14/u12/u5/Z_temp_17_reg_24_/D
                          10.12             10.18 r            -0.06    (VIOLATED)
u19/u14/u12/u5/Z_temp_15_reg_24_/D
                          10.12             10.18 r            -0.06    (VIOLATED)
…
1
```

（6）输出.svf 文件，用于形式验证，保存路径为 svf/jpeg_top.svf。

11.3.2　数据设置

本节内容包括完成数据设置、创建设计库（Milkyway）、初始化设计单元，以用于后端设计的后续步骤。具体指令的工程、选项及用法请在工具内自行使用 man 指令查阅。

（1）准备好目录结构，设计所需要的时序库（ICC 使用.db 格式）、标准单元、I/O 单元与硬宏块的 Milkyway 物理库、RC 模型文件 TLUPLUS、技术文件（.tf 文件）以及综合后的门级网表及完整的时序约束（.sdc 文件）。

（2）在 ICC 的启动目录下，打开 ICC 初始化文件 .synopsys_icc.setup，建立 ICC 启动环境。

（3）修改 common_setup.tcl 脚本来配置布局布线所需的变量以及输入文件。以下给出了 common_setup.tcl 脚本的详细内容，本书前述项目采用的文件模板与此处相同。

```
##########################
# Variables common to all RM scripts:  Synopsys通用流程模板中通用的设置
# Script: common_setup.tcl
# Version: ICC2016.06-SPX
# For ICC, PT, DC, FM
##########################
set DESIGN_NAME                      "jpeg_top"     #设计顶层模块
set DESIGN_REF_DATA_PATH             "../LIB/physical/" ;#物理库路径
#时序库相关文件和路径设置
set ADDITIONAL_SEARCH_PATH           "${DESIGN_REF_DATA_PATH}/Milkyway/LIB"
#125℃目标库文件
set TARGET_LIBRARY_FILES_125 "scc55nll_hd1_rvt_ss_v1p08_125c_basic.db"
#-40℃目标库文件
set TARGET_LIBRARY_FILES_m40 "scc55nll_hd1_rvt_ss_v1p08_-40c_basic.db"
set ADDITIONAL_LINK_LIB_FILES_125      "" ;
set ADDITIONAL_LINK_LIB_FILES_m40      "" ;
#min db -40℃, 1.32V
set MIN_LIBRARY_FILES_m40 "scc55nll_hd1_rvt_ff_v1p32_-40c_basic.db"
#min db 125℃, 1.32V
set MIN_LIBRARY_FILES_125 "scc55nll_hd1_rvt_ff_v1p32_125c_basic.db"
set MAX_MIN_LIBRARY_FILES  "scc55nll_hd1_rvt_ss_v1p08_125c_basic.db \
  scc55nll_hd1_rvt_ff_v1p32_-40c_basic.db \
  scc55nll_hd1_rvt_ss_v1p08_-40c_basic.db\
  scc55nll_hd1_rvt_ff_v1p32_125c_basic.db"
#后端库相关设置，包括路径、技术文件、.map 文件、.tluplus 文件
set MW_REFERENCE_LIB_DIRS "${DESIGN_REF_DATA_PATH}/Milkyway/scc55nll_hd1_rvt"
set TECH_FILE   "${DESIGN_REF_DATA_PATH}/techfile/scc55nll_hd_7lm_1tm.tf"
set LAYER_MAP        "${DESIGN_REF_DATA_PATH}/techfile/gds2OutLayer.map"
set MAP_FILE "${DESIGN_REF_DATA_PATH}/techfile\
/StarRC_55LLULP_1P7M_6Ic_1TMc_ALPA1_cell.map"
set TLUPLUS_CMAX_FILE\
```

```
  "${DESIGN_REF_DATA_PATH}/techfile\
/StarRC_55LLULP_1P7M_6Ic_1TMc_ALPA1_CMAX.tluplus"
set TLUPLUS_CMIN_FILE \
"${DESIGN_REF_DATA_PATH}/techfile\
/StarRC_55LLULP_1P7M_6Ic_1TMc_ALPA1_CMIN.tluplus"
set TLUPLUS_RCMAX_FILE \
"${DESIGN_REF_DATA_PATH}/techfile\
/StarRC_55LLULP_1P7M_6Ic_1TMc_ALPA1_RCMAX.tluplus"
set TLUPLUS_RCMIN_FILE \
"${DESIGN_REF_DATA_PATH}/techfile\
/StarRC_55LLULP_1P7M_6Ic_1TMc_ALPA1_RCMIN.tluplus"
#   MCMM max lib
set MAX_LIBRARY_NAME125 "scc55nll_hd1_rvt_ss_v1p08_125c_basic"  ;
#   MCMM max lib
set MAX_LIBRARY_NAMEm40 "scc55nll_hd1_rvt_ss_v1p08_-40c_basic"  ;
#   MCMM min lib
set MIN_LIBRARY_NAME125 "scc55nll_hd1_rvt_ff_v1p32_125c_basic"  ;
#   MCMM min lib
set MIN_LIBRARY_NAMEm40 "scc55nll_hd1_rvt_ff_v1p32_-40c_basic"  ;
set MAX_OPERATING_CONDITION125  "ss_v1p08_125c"     ;#   MCMM
set MAX_OPERATING_CONDITIONm40   "ss_v1p08_-40c"    ;#   MCMM
set MIN_OPERATING_CONDITION125   "ff_v1p32_125c"    ;#   MCMM
set MIN_OPERATING_CONDITIONm40   "ff_v1p32_-40c"    ;#   MCMM
##############################
#电源信号及走线层定义
##############################
set POWER_OPT                    "true" ;
set MW_POWER_NET                 "VDD" ;
set MW_POWER_PORT                "VDD" ;
set MW_GROUND_NET                "VSS" ;
set MW_GROUND_PORT               "VSS" ;
set MIN_ROUTING_LAYER            "M2"    ;# 最底层编号
set MAX_ROUTING_LAYER            "TM2"   ;# 最高层编号
## Set global variables, can be used in procs
set ICC_IS_BLOCK         true   ; #当前设计设置为宏块设计
set DONT_ROUTE_NET        ""    ;# 指定不需要布线的理想网络名
```

（4）修改 icc_setup.tcl 脚本来配置布局布线过程中的一些控制选项。以下给出了 icc_setup.tcl 脚本的详细内容，本书前述项目采用的文件模板与此处相同。

icc_setup.tcl 文件路径如下。

```
/home/eda/TeachPrj/DigitalBackend/jpeg_top/icc
```

icc_setup.tcl 文件内容如下。

```
source common_setup.tcl
set PNET_METAL_LIST "M1 M2 M3" ;# 电源网络下部分允许放置器件的电源布线层设置
set PNET_METAL_LIST_COMPLETE      "" ;
set ICC_IN_DONT_USE_FILE          "dont_use.lis" ;# 设计不采用器件的文件配置
set ICC_FIX_HOLD_PREFER_CELLS     "DEL4V6_HD1RVT DEL3V6_HD1RVT\
DEL2V6_HD1RVT\
DEL1V6_HD1RVT BUFV12_HD1RVT" ;#修复保持时间违例的器件列表
set TIE_CELL_LIST                 "PULL1_HD1RVT PULL0_HD1RVT" ;#固定电平器件列表
set AREA_CRITICAL_RANGE           "0.2" ;# 面积优化时的时序裕量保护范围设置,单位为 ns
set POWER_CRITICAL_RANGE          "0.2" ;# 功耗优化时的时序裕量保护范围设置
set ICC_NUM_CORES                 "16"   ;
#采用 TIE 单元连接固定电平的器件引脚,而不采用直接 TIE 连线
set ICC_TIE_CELL_FLOW TRUE        ;
set ICC_INSERT_SPARE_LIB_CELL     TRUE                 ;# 设计中允许插入空闲单元
set ICC_NETLIST_SPARE_CELL        ""                   ;#空闲单元的器件列表
```

```
set ICC_CREATE_MODEL FALSE      ;
set PLACE_OPT_EFFORT   "medium"  ;#布局优化力度设置
set ROUTE_OPT_EFFORT   "high";#布线优化力度设置
set PLACE_OPT_CONGESTION            TRUE                  ;
#启用布局拥塞优化
set MULTI_VTH_OPT                  "false"              ;#多阈值电压优化设置
set DYNAMIC_PWR_OPT                "false"             ;# 功耗优化设置
###############################
#时序约束变量设置
###############################
set ICC_APPLY_RM_UNCERTAINTY_PRECTS      TRUE     ;
set ICC_APPLY_RM_UNCERTAINTY_POSTCTS     TRUE     ;
#不确定量的设置，包括时钟树综合之前和时钟树综合后的设置
set ICC_UNCERTAINTY_PRECTS "0.20"    ;
set ICC_UNCERTAINTY_POSTCTS             "0.10"  ;
set ICC_UNCERTAINTY_HOLD                "0.10"  ;
set ICC_MAX_TRANSITION                  ""      ;
set ICC_CRITICAL_RANGE                  ""      ;
set ICC_MAX_FANOUT                      "48"    ;
set ICC_MAX_LENGTH                      "2000"  ;
set ICC_FULL_ARNOLDI                    FALSE   ;
#########################################################
set ICC_FLOORPLAN_INPUT            "create"    ;
set ICC_IN_DEF_FILE                ""               ;
set ICC_IN_FLOORPLAN_FILE     ""        ;
set ICC_IN_PHYSICAL_ONLY_CELLS_CREATION_FILE "" ; #仅用于物理设计器件创建
文件
set ICC_IN_PHYSICAL_ONLY_CELLS_CONNECTION_FILE ""   ;
# 多端角多模式设置，执行以下TCL脚本创建场景
set ICC_MCMM_SCENARIOS_FILE "./icc_scripts/mcmm.tcl"  ;# 场景定义文件
set ICC_MCMM_CTS_SCENARIO "cts" ;  #时钟树综合单独的场景名
set ICC_MCMM_MAIN_SCENARIOS "func125_m40" #本模块中实验主要采用的场景
...
set ICC_POST_CLOCK_ROUTE_CTO      FALSE    ;
set ICC_CTS_LAYER_LIST "M3 M4 M5 M6 TM2"  #时钟树综合时钟布线层设置
# 所有时钟树综合电路器件列表
set ICC_CTS_REF_LIST  "CLKNV16_HD1RVT CLKNV12_HD1RVT\
 CLKNV8_HD1RVT CLKNV6_HD1RVT CLKBUFV16_HD1RVT\
 CLKBUFV12_HD1RVT CLKBUFV8_HD1RVT CLKBUFV6_HD1RVT"
# 时钟树综合用于插入时延的单元列表
set ICC_CTS_REF_DEL_INS_ONLY "CLKBUFV16_HD1RVT\
 CLKBUFV12_HD1RVT CLKBUFV8_HD1RVT CLKBUFV6_HD1RVT"
# 时钟树综合用于调整大小的单元列表
set ICC_CTS_REF_SIZING_ONLY        "CLKNV16_HD1RVT CLKNV12_HD1RVT \
 CLKNV8_HD1RVT CLKNV6_HD1RVT CLKBUFV16_HD1RVT\
 CLKBUFV12_HD1RVT CLKBUFV8_HD1RVT CLKBUFV6_HD1RVT"
set ICC_CTS_EXCEPTION_FILE "clock_sync.tcl"
# 芯片收尾变量阶段变量
# 天线效应违例修复，规则定义
set ICC_FIX_ANTENNA  TRUE        ;# 天线效应问题修复开关打开
set ANTENNA_RULES_FILE  "${DESIGN_REF_DATA_PATH}/techfile\
/antenna_7lm_1tm.tcl"
set ICC_REDUCE_CRITICAL_AREA       FALSE  ;
# 标准单元的填充单元列表
set ADD_FILLER_CELL   TRUE  ;# 添加filler cell的开关打开
set FILLER_CELL_METAL "FDCAP16_HD1RVT FDCAP8_HD1RVT FDCAP4_HD1RVT"
set FILLER_CELL  "F_FILLV64_HD1RVT F_FILLV32_HD1RVT \
```

```
       F_FILLV16_HD1RVT F_FILLV4_HD1RVT F_FILLV2_HD1RVT F_FILLV1_HD1RVT"
set PADFILLER_CELL  "PFILL50RT PFILL20RT PFILL10RT PFILL5RT PFILL2RT\
   PFILL1RT PFILL01RT PFILL001RT"
set PADFILLER_ANA_CELL "PFILL50ART PFILL20ART PFILL10ART PFILL5ART\
   PFILL2ART PFILL1ART PFILL01ART PFILL001ART"
set ADD_METAL_FILL  FALSE          ;# 开始时序驱动的金属填充选项
set ICC_DBL_VIA  FALSE         ;# 用双过孔替换单过孔的选项
#输入文件和工程库名设置
set ICC_INIT_DESIGN_INPUT "verilog"; # 后端设计输入设计文件格式
set ICC_IN_VERILOG_NETLIST_FILE "./DATA/${DESIGN_NAME}-compile.vg" ;
set ICC_IN_SDC_FILE          ""
set ICC_IN_DDC_FILE          ""
set ICC_FUN_TEST_SHARE       FALSE ;#功能时钟和测试时钟共用选项
set ICC_IN_UPF_FILE          ""
set ICC_IN_SCAN_DEF_FILE     ""
set MW_DESIGN_LIBRARY        "${DESIGN_NAME}_LIB"  ;# Milkyway 设计库命名
set REPORTS_DIR                "reports"          ;
set RESULTS_DIR                "results"          ;
#逻辑库的设置
set search_path     ". $search_path $ADDITIONAL_SEARCH_PATH"
set target_library  "$TARGET_LIBRARY_FILES_125 $TARGET_LIBRARY_FILES_m40"
set link_library    $TARGET_LIBRARY_FILES_125\
$ADDITIONAL_LINK_LIB_FILES_125\
 $TARGET_LIBRARY_FILES_m40 $ADDITIONAL_LINK_LIB_FILES_m40"
# Min Max Library 关系设置
if {$MAX_MIN_LIBRARY_FILES != "" } {
    foreach {max_library min_library} $MAX_MIN_LIBRARY_FILES \
    {set_min_library $max_library -min_version $min_library}
}
#电源和地网络命名
set_app_var       mw_logic1_net              $MW_POWER_NET
set_app_var       mw_logic0_net              $MW_GROUND_NET
## 避免过多同类型信息
set_message_info -id PSYN-040 -limit 10 ;# Dont_touch for fixed cells
…
set_app_var check_error_list "$check_error_list LINK-5 PSYN-375"
```

读入前端设计文件后，生成后端设计数据库。由于 jpeg_top 模块不调用 IP，电路内部均为标准单元，且标准单元的逻辑综合面积为 $691195.97\mu m^2$。设置了 80%的利用率，因此规划的电路核心区为 $930\mu m\times930\mu m$，I/O 引脚的边界范围在水平和垂直方向均设置为 $930\mu m+5\mu m+5\mu m=940\mu m$。设置 icc_scripts/init_design_icc.tcl 文件，该脚本完整内容参见 11.1.6 节，这里仅列出创建布图规划的命令设置。以下脚本在创建布图规划时设定了电路核心区的宽度和高度以及核心区到外围 I/O 引脚的距离。请注意本项目案例与 11.1 节案例都是模块级设计，但在本项目中引脚的排列位置没有设定，由 ICC 工具自动排列。

```
create_floorplan \
-control_type width_and_height \
-core_width 930.0 -core_height 930.000\   #宽和高
-left_io2core 5 \     #核心区到 I/O 引脚的距离，设置到左侧以及其他 3 个方向的距离
-right_io2core 5 -bottom_io2core 5 -top_io2core 5 \
-keep_macro_place \
-keep_io_place
```

11.3.3　设计规划

做完数据准备之后，直接执行下面脚本完成数据库构建以及进行布图规划操作。

```
icc_shell -f ./icc_scripts/init_design_icc.tcl | tee\
./log/init_design_icc.log
```

这里面包含按照数据准备工作阶段指定的芯片尺寸来进行布图规划的操作，根据当前的方形尺寸，将 IO 端口按照工具默认方式摆放在芯片四周。

（1）使用 create_floorplan 进行规划，执行完后的版图如图 11-3-1 所示。

图 11-3-1　JPEG 模块定义芯片尺寸之后的版图（右侧排列长短不一的线条是还未布局的门级单元）

（2）通过 source pg.tcl 脚本进行电源规划。主要脚本内容如下。

```
#更新电源和地的逻辑连接
derive_pg_connection -power_net VDD -power_pin VDD -reconnect
derive_pg_connection -ground_net VSS -ground_pin VSS -reconnect
#去除现有的所有版图图形
remove_net_shape [get_net_shapes *]
remove_via [get_vias *]
remove_routing_blockage [get_routing_blockage *]
#设置禁止布线区，版图四边区域的M5层、M6层、TM2层禁止布线
create_routing_blockage -bbox {{0.000 0.000} {5 935.00}}\
 -layer {metal5Blockage metal6Blockage metal7Blockage}
create_routing_blockage -bbox {{935.0 0} {940 940}}\
 -layer {metal5Blockage metal6Blockage metal7Blockage}
create_routing_blockage -bbox {{0.000 0.000} {935 5}}\
 -layer {metal5Blockage metal6Blockage metal7Blockage}
create_routing_blockage -bbox {{0 935} {935 940}}\
 -layer {metal5Blockage metal6Blockage metal7Blockage}
#电源条水平方向
create_power_straps -start_at 15.4 -nets {VDD VSS} -width 4.0 -layer TM2 \
 -configure step_and_stop -step 21.0 -stop 935 -pitch_within_group 10.5\
 -start_low_ends boundary -start_high_ends boundary\
-keep_floating_wire_pieces\
 -direction horizontal -ignore_parallel_targets
#电源条垂直方向
create_power_straps -start_at 28.0 -nets {VDD VSS} -width 4.0 -layer M6\
 -configure step_and_stop -step 24.0 -stop 935 -pitch_within_group 12.0\
 -start_low_ends boundary -start_high_ends boundary -optimize_wire_locations\
 -keep_floating_wire_pieces -direction vertical -ignore_parallel_targets
#插入tap cell和filler cell
add_tap_cell_array -master_cell_name FILLTIE_HD1RVT -distance 136\
 -boundary_row_double_density true -ignore_soft_blockage true
```

```
insert_stdcell_filler -cell_without_metal\
 {F_FILLV1_HD64RVT F_FILLV1_HD32RVT F_FILLV1_HD16RVT \
 F_FILLV1_HD8RVT F_FILLV1_HD4RVT F_FILLV1_HD2RVT F_FILLV1_HD1RVT}
#再次更新电源和地的逻辑连接
derive_pg_connection -power_net VDD -power_pin VDD -reconnect
derive_pg_connection -ground_net VSS -ground_pin VSS -reconnect
set_preroute_drc_strategy -max_layer M6 -min_layer M1 #电源布线调整布线层设置
#电源线过孔设置
set_preroute_advanced_via_rule -move_via_to_center\
-size_by_array_dimensions {5 1}
#电源轨道布线，因为这里没有宏块，对标准单元供电布线
preroute_standard_cells -nets {VDD VSS} -fill_empty_rows\
 -do_not_route_over_macros \
 -advanced_via_rules -within {{0 0} {940 940}} -route_pins_on_layer M1 \
 -remove_floating_pieces  -skip_pad_pins
#电源布线完成后调整布线层设置
set_preroute_drc_strategy -max_layer TM2 -min_layer M2
#电源轨道铺设完后，去除版图中临时放入的标准单元填充单元
remove_stdcell_filler -stdcell
#去掉开始步骤设置的设计四边区域的禁止布线区
remove_routing_blockage [get_routing_blockage *]
```

该布图规划中插入 tap cell 的版图局部如图 11-3-2 所示。

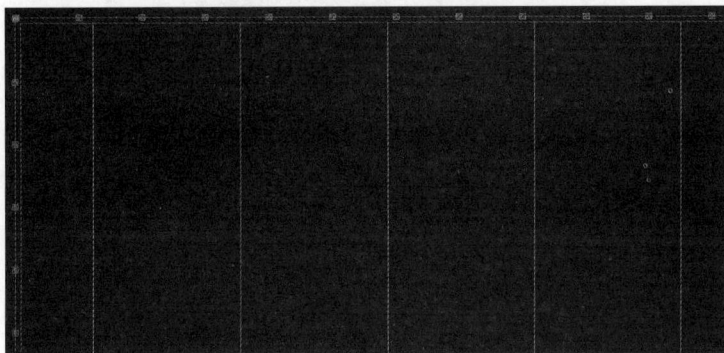

图 11-3-2　JPEG 模块插入 tap cell 的版图局部

该项目电源网络如图 11-3-3 所示，该项目中规划了 VDD、VSS 两条电源线，VDD、VSS 通过 via56、via45、via34、via23、via12 从 M6 层连接到标准单元的 M1 层轨道上给所有的标准单元供电。

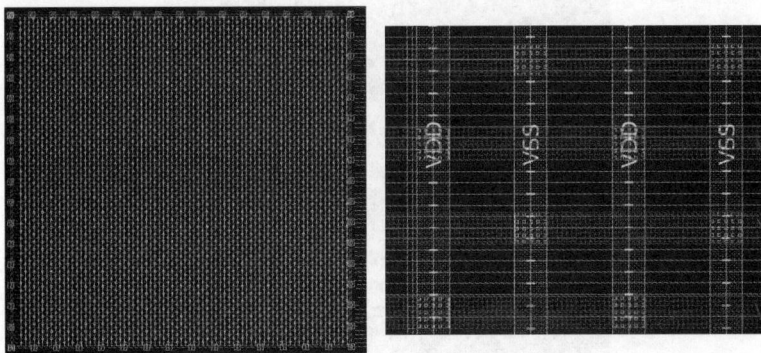

图 11-3-3　JPEG 模块电源网络

图 11-3-3 中左图为芯片电源规划全景图，右图为局部的从 TM2 层经 M6 层再到 M1 层

轨道的局部电源图。

（3）执行完上述步骤之后，执行以下命令。

```
save_mw_cel -as init_design_icc
```

将已经布图规划好的设计进行保存，以便供后续的布局、时钟树综合以及布线使用。

11.3.4 标准单元的布局和优化

由于 jpeg_top 模块只有标准单元，因此不需要进行宏块的摆放，可以直接使用下面脚本进行布局以及标准单元优化。

```
icc_shell -f ./icc_scripts/place_opt_icc.tcl | tee ./log/place_opt_icc.log
```

这里具体的 place_opt_icc.tcl 脚本为通用模板脚本，具体代码参见 11.1.8 节的 SPI 模块布局阶段的对应脚本。执行完上述脚本之后，版图如图 11-3-4 所示。

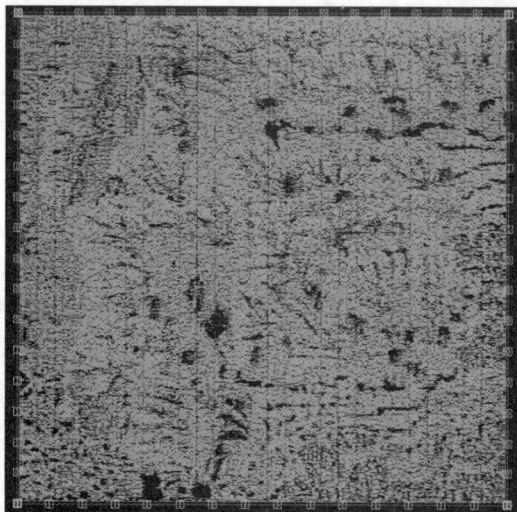

图 11-3-4　JPEG 模块布局优化命令执行之后的版图

插入空闲单元，其摆放位置如图 11-3-5 白色高亮部分所示，这部分空闲单元用于后续 ECO 阶段使用。可以使用 change_selection [get_cells –hier –filter "is_spare_cell== true"]选择设计中的空闲单元。

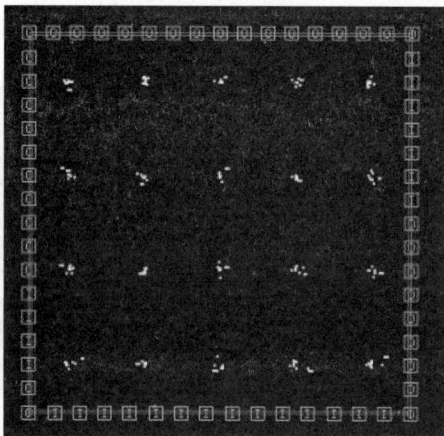

图 11-3-5　JPEG 模块空闲单元在版图中高亮显示

在布局优化完成之后，检查./reports/place_opt_icc.qor_snapshot.rpt，其内容如下。

```
No. of scenario = 1
Setup WNS:                                    -0.010
Setup TNS:                                    -0.015
Number of setup violations:                        4
Hold WNS:                                      0.000
Hold TNS:                                      0.000
Number of hold violations:                         0
Number of max trans violations:                    6
Number of max cap violations:                      0
Number of min pulse width violations:              0
Route drc violations:                              0
Area:                                         726529
Cell count:                                   195076
Buf/inv cell count:                             8839
Std cell utilization:                         84.04%
```

报告显示，建立时间违例有 4 条，且违例值均较小。保持时间违例没有，同时该设计的标准单元利用率为 84.04%，该数值较初始化设置的 80% 增加了 4.04%，这是因为布局过程中的优化增加了逻辑单元。

11.3.5　时钟树综合

该项目的时钟树综合分为 3 个阶段实现，具体与前面项目相同。

（1）只生成时钟树，但是并不进行时序优化。

```
clock_opt -only_cts -no_clock_route -update_clock_latency
```

（2）进行时序优化、DRV 优化。

```
clock_opt -only_psyn -no_clock_route -congestion -area_recovery
```

（3）时钟线的全局布线。

```
route_zrt_group -all_clock_nets -reuse_existing_global_route true\
  -stop_after_global_route true
```

上述 3 个阶段通常放在如下脚本里面一起执行。

```
icc_shell -f icc_scripts/clock_opt_icc.tcl | tee ./log/clock_opt_icc.log
```

详细的时钟树综合 TCL 脚本参见 5.5.6 节 clock_opt_icc.tcl。

执行完时钟树综合之后，时钟树结构如图 11-3-6 所示。

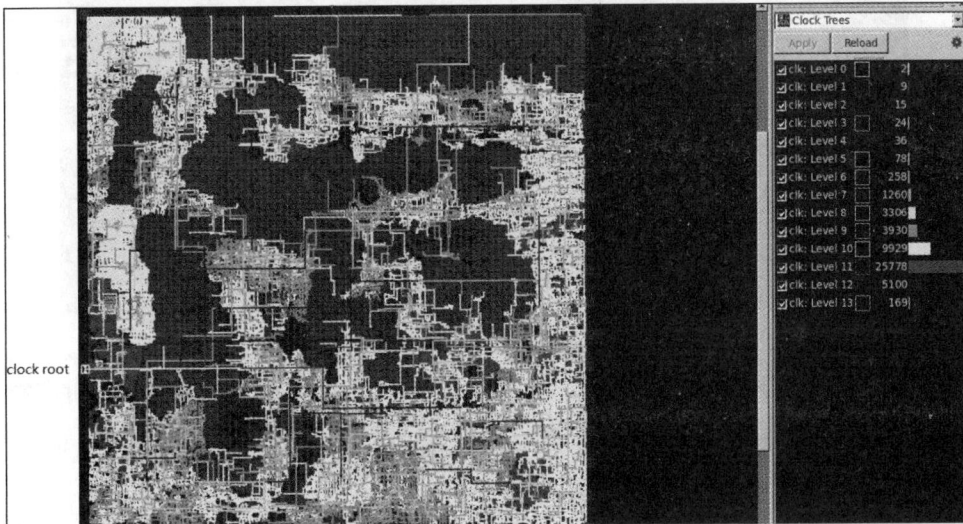

图 11-3-6　JPEG 模块的时钟树结构

（4）时钟树综合完成之后，检查./reports/clock_opt_icc.qor_snapshot.rpt，其内容如下。

```
No. of scenario = 1
clk                                        -0.072
Setup WNS:                                 -0.072
Setup TNS:                                 -0.506
Number of setup violations:                    24
Hold WNS:                                  -0.003
Hold TNS:                                  -0.022
Number of hold violations:                     21
Number of max trans violations:                 7
Area:                                      731942
Cell count:                                198033
Buf/inv cell count:                         11688
Std cell utilization:                      84.66%
```

报告显示，建立时间违例有 24 条，保持时间违例有 21 条，同时该设计的标准单元利用率为 84.66%，较 84.04%增加了 0.62%，这是因为时钟树综合优化阶段插入了 CTS 单元。

11.3.6 布线及优化

该阶段主要进行时钟线和信号的布线，同时进行天线效应违例修复和时序优化。

我们将其合并到如下脚本中执行，执行脚本的命令如下。

```
icc_shell -f icc_scripts/route_opt_icc.tcl | tee  ./log/route_opt_icc.log
```

该脚本包括如下几个步骤。

（1）首先进行时钟布线。

```
route_zrt_group -all_clock_nets -reuse_existing_global_route true
```

时钟布线结果如图 11-3-7 所示。

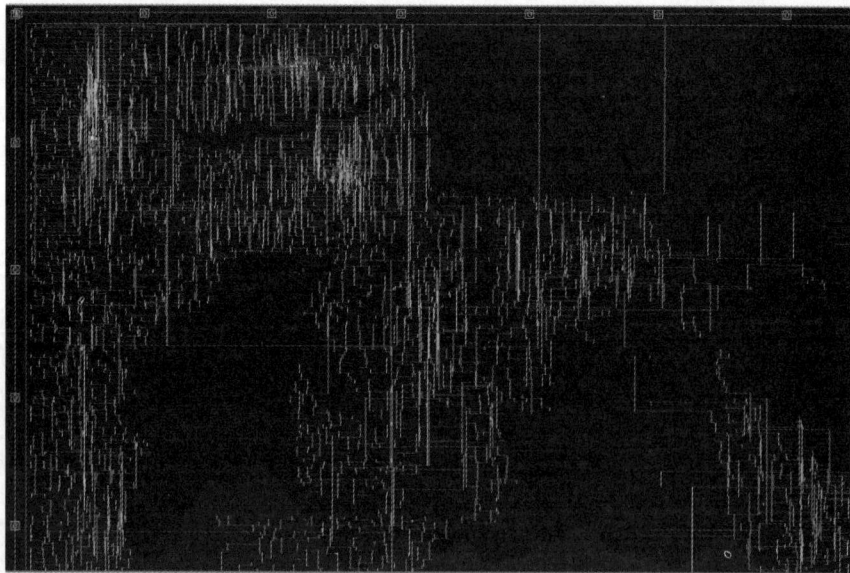

图 11-3-7　JPEG 模块时钟布线结果

检查 ICC 运行输出的.log 文件，显示"Total number of DRCs = 0"，表示时钟布线成功，无 DRC 错误。

（2）调用天线规则文件，方便 ICC 自动修复天线效应违例。

```
Total number of DRCs = 0
```

（3）执行布线和时序优化。

```
route_opt -xtalk_reduction -area_recovery -effort $ROUTE_OPT_EFFORT
```

执行完布线优化之后的版图局部如图 11-3-8 所示。

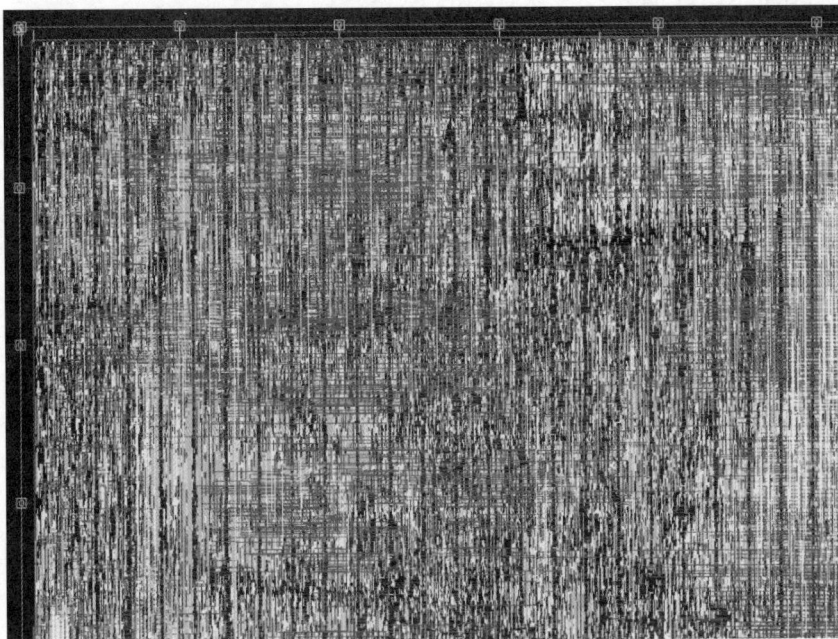

图 11-3-8　JPEG 模块执行完布线优化之后的版图局部

执行完布线优化的布线结果如下。

```
Verify Summary:
Total number of nets = 247483,  of which 0 are not extracted
Total number of open nets = 0,  of which 0 are frozen
Total number of DRCs = 0
Total number of antenna violations = 0
Total Wire Length =                5131163 micron
Total Number of Contacts =         1788865
Total Number of Wires =            1505447
...
```

上述结果中"Total number of DRCs =0""Total number of antenna violations = 0",表示布线阶段没有 DRC 和天线效应违例问题。

（4）在布线优化完成之后,检查./reports/route_opt_icc.qor_snapshot.rpt,其内容如下。

```
No. of scenario = 1
Setup WNS:                            0.000
Setup TNS:                            0.0
Number of setup violations:           0
Hold WNS:                             -0.018
Hold TNS:                             -0.145
Number of hold violations:            34
Number of max trans violations:       0
Area:                                 732731
Cell count:                           198397
Buf/inv cell count:                   12052
Std cell utilization:                 84.76%
```

报告显示,布线之后没有建立时间违例,保持时间违例有 34 条,但是违例较小,在20ps 以内,这些违例最后会以 PT 里面的结果为准。若 PT 结果没有违例,则认为该设计没有违例。

11.3.7　RC 参数提取

本节采用 Star-RCXT 提取物理设计后的 RC 参数。

运行如下命令。

```
StarXtract -clean star_milkyway_smc.cmd
```

这里的 star_milkyway_smc.cmd 是同时进行多个 corner 的 RC 参数提取的脚本，本例中一共进行 8 个 corner RC 参数的提取。该.cmd 文件的部分修改内容如下。

```
BLOCK: route_opt_icc
MILKYWAY_DATABASE: ../icc/jpeg_top_LIB
...
```

其中使用../icc/jpeg_top_LIB 的 route_opt_icc 这个数据库进行 RC 参数提取，且用来配置 8 个 corner 所需的 RC 参数文件 corners.smc 的内容与 11.1 节相同。

可以得到如下 8 个不同 corner 下的 RC 参数文件，用于 PT STA。

- jpeg_top.cmax_125.spef
- jpeg_top.cmax_m40.spef。
- jpeg_top.cmin_125.spef。
- jpeg_top.cmin_m40.spef。
- jpeg_top.rcmax_125.spef。
- jpeg_top.rcmax_m40.spef。
- jpeg_top.rcmin_125.spef。
- jpeg_top.rcmin_m40.spef。

生成的这些.spef 文件可以给时序分析工具进行时序分析。

11.3.8　PT STA

本节使用 PT 进行时序的签核检查。PT 使用布局布线输出的.v 文件、.sdc 文件、Star-RCXT 提取出的寄生参数.spef 文件以及时序逻辑库.db 文件。设置好这些输入文件之后，进行 check_design、check_timing、update_timing 等检查就可以产生对应的报告文件。同时我们可以将运行的结果进行保存，以便下一次重新观看时序结果。如果希望将多个 corner 一起进行分析，还可以通过 DMSA 环境来进行时序分析。

运行如下命令。

```
pt_shell -multi_scenario -file PT_DMSA.tcl | tee pt.log
```

得到时序报告文件 pt_merged.qor，该报告显示无建立时间违例或保持时间违例，这说明 STA 没有任何时序问题。若有时序问题，PT 会调用脚本里面的 fix_eco_timing 命令产生可用于 ICC 的 ECO 文件，进行 ECO 时序问题修复。同样，fix_eco_drc 命令会进行 max_transition、max_ capacitance 等 DRC 问题修复。修复完成后，重新提取 RC 参数，进行 STA。

11.3.9　DRC 及 LVS 检查

本节使用 Calibre 工具来做布局布线后版图的 DRC 以及 LVS 检查。

在与后端设计 icc 文件夹同级的物理验证 pv 文件夹的 merge/scr 下创建 merge.tcl 脚本，使用 calibredrv 的 filemerge 指令将布局布线后的 GDS 文件与底层标准单元以及 IP 的 GDS 文件合并，脚本内容如下。

```
layout filemerge -in ../../../icc/results/jpeg_top.gds \
 -in ../../../../../ADC_Chip/IP/StdCell/SCC55NLL_HD1_RVT_V0.2\
 /SCC55NLL_HD1_RVT_V0p2\
 /gds/scc55nll_hd1_rvt.gds
 -out ../jpeg_top_FULL.gds
```

编辑完 merge.tcl 脚本后，在 Linux 命令行中执行 pv/merge/run 路径下的./run_merge 脚本，该脚本输出合并后的 GDS 文件，其执行的具体命令如下。

```
calibredrv ../scr/merge.tcl
```

接着在 Linux 命令行执行以下命令将布局布线后带电源和地端口的网表与标准单元以及 IP 的.cdl 网表合并，输出合并后的.cdl 网表。

```
v2lvs -w 1 -v ../../ICC/results/jpeg_top_lvs.vg -o jpeg_top_lvs.cdl\
 -log jpeg_top_v2lvs.log\
 -s /home/eda/TeachPrj/DigitalBackend/ADC_Chip/IP\
 /StdCell/SCC55NLL_HD1_RVT_V0.2\
 /SCC55NLL_HD1_RVT_V0p2/cdl/scc55nll_hd1_rvt.cdl -s0 VSS -s1 VDD
```

修改 DRC 与 LVS 检查的 cmd file（drc/scr/SMIC_CalDRC_55LLULPGE_0912182533_V1.13_0.drc 以及 lvs/scr/SMIC_CalLVS_55ULP_09121825_V1.16_0.lvs）中的 option 选项，选择适合当前工艺与检查要求的选项，并修改 SOURCE PATH/PRIMARY 以及 LAYOUT PATH/PRIMARY 为自己当前文件地址。一个典型的 LVS 检查 cmd file 如下。

```
SOURCE PATH "../../v2lvs/jpeg_top_lvs.cdl"
SOURCE PRIMARY "jpeg_top"
SOURCE SYSTEM SPICE
LAYOUT PATH "../../merge/jpeg_top_FULL.gds"
LAYOUT PRIMARY "jpeg_top"
LAYOUT SYSTEM GDSII
LVS REPORT "lvs.rep"
```

编辑完 cmd file 之后，在 Linux 命令行执行 calibre -drc/lvs 命令加上 cmd file，文件即可运行 DRC/LVS 检查，如执行 LVS 检查的命令如下。

```
calibre -lvs ../scr/SMIC_CalLVS_55ULP_09121825_V1.16_0.lvs\
 | tee ../log/SMIC_CalLVS_55ULP_09121825_V1.16_0.lvs.log
```

检查结束后在 Linux 命令行执行 calibredrv 命令，打开 Calibre 工具图形用户界面。界面操作步骤请参考 6.4 节。根据检查结果的报错信息，逐条修正电路，然后重新运行检查，直至检查结果报告正确，如图 11-3-9 所示。

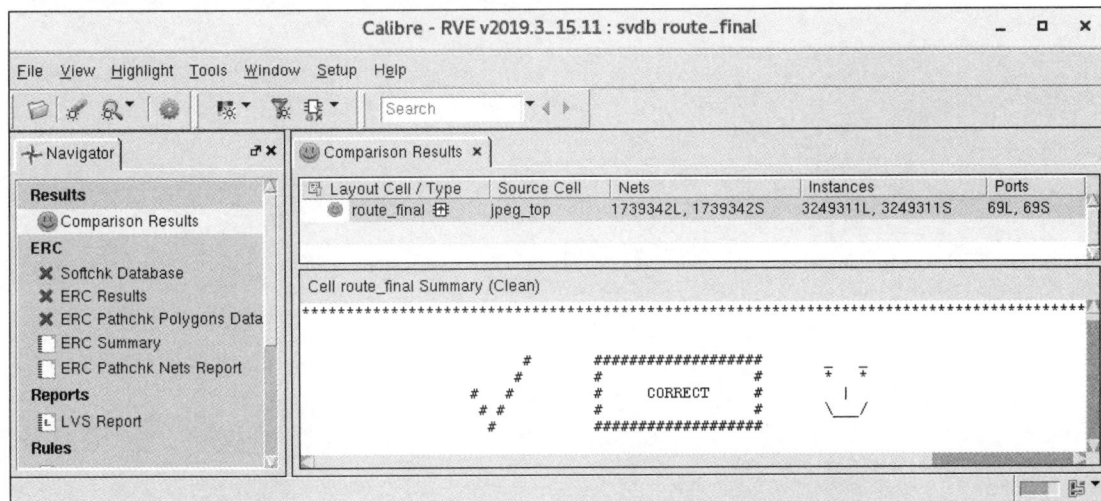

图 11-3-9　在 Calibre 中查看 JPEG 模块的 DRC/LVS 检查结果

11.4 模块小结

本模块结合两个实际研发项目（SPI 模块、ADC 芯片）和一个开源项目（JPEG 编码器模块）讲解了后端设计较完整的开发流程。结合 Synopsys 的后端脚本模板，展示了 SPI 模块、ADC 芯片、JPEG 编码器模块 3 个实际的芯片设计项目实践。读者可结合这些项目案例，综合所学的理论知识、实践设计融会贯通。

11.5 习题

1. 如果将综合过程中 set_clock_gating_style -min 3 -max_fanout 32 的 min 的值由 3 分别改为 1 和 4，综合的 ICG 数量会有怎样的影响？如果将 max_fanout 改为 64 或者 16 又会有怎样的影响？

2. DFT 脚本中为什么要加上 set_scan_element 这一行约束？如果去掉它对扫描链上的单元有怎样的影响？

3. 设计规划阶段使用 create_floorplan 命令对设计进行布图规划时候，如果将设计的宽度改为 600μm、高度改为 600μm，对设计有怎样的影响？

4. 将时钟树综合阶段去掉是否可以？该阶段主要对设计有怎样的影响？

5. 形式验证中 .svf 文件的主要作用是什么？如果没有 .svf 文件对形式验证有怎样的影响？